广东省中小学"百千万人才培养工程"
初中理科名教师培养项目丛书

丛书总主编：于　慧　李晓娟

"活慧生物"
教学主张

李文送　著

暨南大学出版社
JINAN UNIVERSITY PRESS

中国·广州

图书在版编目（CIP）数据

"活慧生物"教学主张/李文送著 . —广州：暨南大学出版社，2024.3
（广东省中小学"百千万人才培养工程"初中理科名教师培养项目丛书/于慧，李晓娟总主编）
ISBN 978 - 7 - 5668 - 3835 - 3

Ⅰ.①活…　Ⅱ.①李…　Ⅲ.①生物课—教学研究—初中　Ⅳ.①G633.912

中国国家版本馆 CIP 数据核字（2024）第 001509 号

"活慧生物"教学主张
"HUOHUI SHENGWU" JIAOXUE ZHUZHANG
著　者：李文送
···

出 版 人：阳　翼
统　　筹：黄　球　潘江曼
责任编辑：黄　球　曾　茜
责任校对：曾小利
责任印制：周一丹　郑玉婷

出版发行：暨南大学出版社（511443）
电　　话：总编室（8620）31105261
　　　　　营销部（8620）37331682　37331689
传　　真：（8620）31105289（办公室）　37331684（营销部）
网　　址：http://www.jnupress.com
排　　版：广州良弓广告有限公司
印　　刷：广州市金骏彩色印务有限公司
开　　本：787mm×1092mm　1/16
印　　张：16.75
字　　数：305 千
版　　次：2024 年 3 月第 1 版
印　　次：2024 年 3 月第 1 次
定　　价：69.80 元

（暨大版图书如有印装质量问题，请与出版社总编室联系调换）

序 一

听李文送老师说他的新作《"活慧生物"教学主张》即将出版，感佩和贺喜之情油然而生。半年多前，刚听他讲过自己的"活慧生物"教学主张，当时还一起切磋一些细节，没想到这么快就要出书了，他的勤奋精进和写作能力，由此可见一斑。

跟文送老师的学术交往始于2016年。有一天，他发来邮件说，准备出版专著《中学生物学教师的生命成长》，并把电子稿发给我，希望我能写几句读后感。看过书稿，不禁为其中鲜明的观点、丰富而鲜活的内容所打动，于是我回信说："浏览一遍，不禁为你对中学生物学教学的倾心付出而感动，书中的许多观点我也深有同感。的确如你所说，中学生物学教育是一份值得让我们倾毕生心血为之奋斗的崇高事业。教书的目的是育人。人都要过生物的生活，必须接受生物的教育。中学生物学的育人价值是无可替代的。我们在通过生物课育人的同时，自己的生命也在成长。学生的点滴进步都会带给我们纯粹的快乐，送给我们丝丝缕缕春天的气息。从这个意义上说，教育的春天要靠教师自己来营造。正所谓惠人实乃惠己，对学生、对他人、对社会的每一份付出，都是在提升自己人生的高度，丰富自己生命旅程的体验，催化自己生命的成长。"

2018年11月，文送老师又发来邮件说，他根据给生物教育专业师范生开设的自主研发课程而撰写的著作《为生命成长而设计教学——中学生物课程教学设计与说课》计划出版，希望我赠言几句。读完书稿后，我提了些建议。文送老师欣然接受，并重新修改了书稿，还把书名改为《中学生物学教学设计与说课》。我也写了几句读后感："有好的教学设计才能有好的课堂教学。好的教学设计来自对学科育人功能的高度自觉，对课标和教材的深度理解，对学生心理特征的了解和把握。每一篇好的教学设计都是高度智慧的创造，是教师综合素养的体现。正如李文送老师所说，教书育人的过程，既是促进学生生命成长的过程，也是教师自身生命成长的过程。随着一篇篇教学设计的创生，教师的智慧之库不断丰盈；随着一篇篇教学设计的实施，学生的生命之树不断成长，乃至根深叶茂，终成栋梁。"

2023 年 3 月 27 日，文送老师借出差北京之机来我办公室造访。和他一起来的还有广东省中小学"百千万人才培养工程"名教师培养对象何小霞、王惠两位老师。他们的实践导师、我的老朋友深圳市育才中学夏献平老师时有提及他们的成长。那次我们交流了一两个小时，相谈甚欢。文送老师说他想提炼"活慧生物"教学主张，并咨询我的看法。我们围绕"活慧"二字，一起探讨了如何让生物学教学活起来，如何通过生物学教学来促进学生思维的发展。我从我的书架上找出关于思维科学和科学思维的专著，与他们分享阅读心得。文送老师兴奋地用手机拍下每一本书的封面和版权页，表示回去要把这些书找来研读。读了文送老师这部书稿，才知道他的博览群书，其实是远胜于我的。此刻一边拜读文送老师的书稿，一边回忆当时促膝交谈的情景，惊喜于当时碰撞而生的思想火花，交流而生的观点共鸣，经过文送老师的研究实践和妙笔转化，不仅在理论上得到系统提升，而且在实践上形成了一整套可操作的策略、路径和方法，以及一批实实在在的、鲜活而新颖的案例。

如何让生物学教学活起来？我在那次交流中提及自己在《基于核心素养的听评课》一文中提出的不成熟的观点：第一，知识要学活；第二，思维要活跃；第三，思维要灵活；第四，要有有效的学生活动；第五，要联系现实生活；第六，启迪人生，引导学生创造未来生活。在文送老师看来，我把生物课"启迪人生，引导学生创造未来生活"看作"活"的最高境界，实为"慧"的境界。他在书中说，"慧"的形成与进阶，又能促进我们更"活"，且更好地生活。正因为如此，读罢此书，同频的心弦再次共鸣："活"生物，"慧"教学；活生慧，慧促活。

如何通过生物学教学促进学生思维的发展？我在《生物学概念教学论》一书中提出，生物学概念教学本质上也是思维教学，应当让学生在概念的学习和应用过程中发展思维，并且从教学目标的确定、教学设计的策略和评价应用等方面提出了一些原则，呈现了一些案例。文送老师"活慧生物"教学主张的提出与探索，可以说在这方面提供了更为系统的理论框架和实践方案。这一教学主张以促进学生的活慧成长为根本目的，凝练出"活以至慧，慧以至活"的核心理念，以"根植生活，活思生慧；活体察究，发现智慧；活动成长，启智增慧；活学活用，实践至慧"为教学思路，形成了"以生活创设情境，以情境引发问题，以问题串联活动，以活动活跃思维，以思维涵育智慧"的课堂操作，坚持以学习为课堂教学中心，以师生为教学"双主体"，讲究环境、情境和心境合一，追求发挥"心花怒放""心有芳香"和"心向远方"三种育人功效，营造发挥与发现、有味与有料、生动与生长、立德与立志四种生命气象，突出生命性、生活性、生动性、生成性和生长性五大特征。此外，还提出"活慧"之教要遵循因人而异、因地制宜、因材施教、因势利导和因时而变"五因"原则；"活慧"之学在效果上追求学以激趣、学以励学、学以致用、学以增信和学以明慧"五学"原则。

通览全书，感到本书有以下突出特点：一是理实结合，既有理论研究与构建，又有实践探索与案例，可读性强；二是观点鲜明，富有逻辑和启发性；三是结构完整，包括教学主张的提出背景、理实依据、理念体系、课堂表征、操作体系、教学课例和创意作业；四是语言活泼生动，表达酣畅淋漓，字里行间每每有"活慧"二字呼之欲出，反映出作者对"活慧教学"这一教学主张早已内化于心、外化于行，是教师提炼教学主张的可贵范例。

诚然，"活慧生物"教学主张主要是针对生物学课堂教学提出的。我们在重视课堂教学的同时，不要忘了社会是学生的大课堂，大自然是最好的教科书。社会实践和自然考察同样是促进学生全面发展的不可或缺的途径，这方面的研究和探索也是目前亟待加强的。

期待此书的出版能够在生物学教育领域引起广泛的关注和讨论，助推我国生物学教育的高质量发展。

谨以此为序。

赵占良

2023 年 11 月 16 日于北京

（赵占良，人民教育出版社副总编辑、人教版《生物学》教材主编）

序 二

再一次应约为李文送老师的著作写序，除了诧异就是惊奇！收到邀约的第一反应，不是写不写和写什么，而是满脑子的疑惑——文送写书为何来得这么快？阅读完全书，我似乎找到了答案。本书是他过去 20 年时间的默默耕耘、思考和探索而积淀形成的理实研究成果。其坚持与用心，令人欣慰和感动。

文送老师是第三批广东省中小学"百千万人才培养工程"初中理科名教师培养对象。前不久有过一次年度考核汇报，他一年中居然发表教育教学类文章（含论文）多达 30 余篇，着实让人艳羡不已。文送老师的确有"异于常人"之处，年纪轻轻却著述等身，他点子多、勤动脑、有思想、会写作，在圈内是出了名的。后生可畏，前景可期！其实该名师班的其他培养对象也都成绩不俗，作为广东省中小学"百千万人才培养工程"初中理科名教师培养项目的首席专家，与有荣焉！

"活慧生物"之说是否贴切？还是留给读者将来去评判，在这里我谈谈对该组合词的个人理解。毫无疑问，"活慧"这个组合词本身很特别，现用的汉语词典中没有，现有的话语体系中也几乎没有人使用，可以说是新的。"活"当然是指活力、生动和有生命；"慧"自然是智慧、聪明和有才智。从字面上理解，"活慧生物"具有多重意蕴：一是指生物体，即生物是有生命的和拥有智慧的，可以简称为"活生物"和"慧生物"；二是指生物学研究，生物学要研究"活的"生物，而不是"死的"生物，也就是现代生物学更关注生物的生理功能、活动机制和生命智慧；三是指生物学教学，生物学教学要生动和充满教学智慧，充满智慧的生物学教学即"活教学"和"慧教学"。三者相辅相成，前两者是基础，第三者则是生物学教师应追寻的境界和目标。

本书将"活慧生物"作为教学主张而不是教学风格，这很好。近些年来，"教学风格"一词被滥用，以至于"教学风格"满天飞。我在不同场合多次批评过这种现象。30 年前我做中学教师时就接触过这个术语，觉得高山仰止！当时中学生物学教育领域只有朱正威先生形成了自己的教学风格，其他人不敢妄言。当然现在的教师成长很快，这得益于这个伟大的时代，这个时代为青年教师的专业发展搭建了平台，创新了机制！成熟的教师都应该有自己的"教学主张"但不一定就能形成自己的"教学风格"，因为教学风格是在长期的教育教学实践中形成的，是稳定的，是科学与艺术的结合。

总之，"有教无研难发展，有研无教是空谈，研教结合天地宽"。这是我从教 30 多年来一直信奉的座右铭，同样送给本书的读者，与大家同励共勉！

胡继飞

2023 年 11 月 20 日于广州

（胡继飞，教育部"国培计划"专家库首批专家，广东第二师范学院科学教育研究所所长、教授）

序 三

今天能再次为李文送老师的著作作序，很荣幸。作为他的广东省"百千万人才培养工程"实践导师，我既高兴又欣慰。高兴的是，文送老师继 2022 年出版专著《中学生物学教学设计与说课》后，又出版新专著，并且都是他独立完成的。前者，他用了十年的实践与探索；后者，凝聚了他二十年的耕耘与思考。他的著作与他发表的数百篇论文一样，饱含着对教育的热爱，尤其是对生物学教育的深情与守望。他的这种执着与坚持、睿智与激情，实属难能可贵。

《"活慧生物"教学主张》这本专著不仅系统介绍了他提出的"活慧生物"教学主张的时代背景、理实依据、理念体系、课堂表征、操作体系，而且提供了基于这一教学主张的教学课例和创意作业，还是他从初中到高中再回到初中任教生物学后提炼形成的理论研究和实践探索的成果。所以，该书既适合初中生物学教师阅读，也适合高中生物学教师借鉴，还适合其他从事生物学教育相关工作的教育同行参考，对中学名师研修参与者提炼教学主张大有裨益。

多年来，本人担任《中学生物教学》期刊"互动平台"栏目主持人，与全国 20 多个省（区）教师也有过面对面的互动交流，有幸结识全国各地生物学教师和专家，对全国中学生物学教育的现状有一定了解。虽然目前我只任教高中，直接教授初中教材的时间也不到 10 年，但后来多年兼任深圳市南山区中学生物学教研员，与初中教师也有比较多的接触。我之所以非常乐意而不间断地与初中生物学教师作分享交流，是因为我深刻感受到初中生物学教师所面对的受教育群体远远大于高中，初中生物学教育更需要广大教育工作者的关注、出谋献策或贡献应有的力量。文送等优秀生物学科教师能从高中重新回到初中任教，我倍感欣慰，特别是看到他做得有声有色，还有成长和成果，不仅成长为湛江市（2021—2023）名教师工作室主持人，还成长为广东省（2024—2026）名教师工作室主持人，他的成长经历，对一线生物学科教师和教研员有特别的借鉴意义。

该书的出版意味着文送老师做成了他当初竞选广东省"百千万人才培养

工程"初中理科名教师培养对象时最想做的"那件事"。也就是说，经过多年的默默"平整"后，终于在中学生物学教育的田野上，种出了"那棵树"，即形成了自己的教学主张。正如他在该书自序中所说，"活慧生物"教学主张还只是一棵成长中的"小树"，期待更多教育专家、教育学者和教师一起添光赋能，为其提供或创造更多的养分和养料，一起共同耕种"为活慧成长而教"的育人森林。

借此，期待更多生物学教师都能提出和形成自己的教学主张，为生物学教育的高质量发展提供更多行之有效的方案。

夏献平

2024 年 1 月 24 日于深圳

（夏献平，人教版高中《生物学》教材核心作者，特级教师、正高级教师）

自 序 为活慧成长而教

提炼教学主张，是我参加竞选广东省新一轮（2021—2023 年）中小学"百千万人才培养工程"名教师培养项目学员最想做的"那件事"，因为我觉得在教师成长的不同阶段，应形成相应的可视化成果。

在福建师范大学余文森教授看来，教学主张是教师打开专业成长的"天眼"，一个教师即使著作等身，荣誉无数，如果缺乏自己的教学主张，从专业上讲，他依然还是一个无"家"可归的"流浪汉"或"门外汉"[①]。在教学上，教师都应成为有"家"之人，而不应成为"流浪汉"或"门外汉"。这就启迪我，要去提炼自己的教学主张。

那么，提炼怎样的教学主张？如何提炼教学主张？为了解决好这些问题，我开始大量阅读有关图书和文章，并听取了不少相关讲座，还主动请教了国内多名教育学者和专家，从而渐渐认识到提炼生物学教学主张，既要基于生物学的学科特征，又要基于教学的本质规律，还要基于生物学课程标准和人的生命成长。有没有一个"词汇"可以概括这些要素，从而成为一种教学主张？

经过反复多次的思考、琢磨和推敲，有一天，当我把"活慧"一词放置于"生物"之前时，"活慧生物"仿佛充满了神奇的力量，犹如精子和卵细胞形成受精卵那样，发出的生物电之光，闪烁于我的脑海。"活慧"与"生物"组合而成的"活慧生物"，是那么完美！就像中国古代木建筑中的榫和卯的关系一样，是那么浑然天成。可以说，"活慧生物"就像王国维先生《人间词话》中所说的"众里寻他千百度，蓦然回首"，出现在"灯火阑珊处"的"那人"。心中漾出的涟漪让我久久无法平静，但我不敢欢呼，而是选择焐暖的方式，如胡适先生所言"大胆假设，小心求证"。在我看来，提炼一种教学主张，教师需要保持足够的理性和敬畏，并找到充分的理据与支撑，以及进行内涵的界定、理论的建构和实践的探索。

生物学是研究生命现象及其活动规律的科学，其课程与教学理应要培育学

---

① 余文森. 教学主张：打开专业成长的"天眼"[J]. 人民教育，2015（3）：17 –21.

生的生命情怀与智慧、生态意识与思维。生物学无论作为一门科学还是学科，抑或一门课程，它和生物学教学都是围绕生命、基于生命和为了生命而进行的实践与探索。生命最根本的属性是"生的"，即"活的"；生命最核心的特征是"活的"，即"慧的"。

在生物学教学的实践中，我一直坚持渗透人生哲理的教育，引导学生在生物学课程学习中不断寻找和涵育生命的智慧。正如学生丽敏同学所说："我的生物老师，人长得不高，却从内而外表现出一种幽默……他本着教书育人的天职，在课堂上，时不时还会言传身教一些大道理给我们。他是我们人生道路上的导师。上课时，他不会循规蹈矩，按照老一套的教学方法，考试考什么，他就讲什么。更多时候，他在培养学生的学习兴趣，活跃课堂气氛。正所谓'知之者不如好之者，好之者不如乐之者'。所以，人生得此师，夫复何求？"还有个叫伟连的学生说："除了教我们课本上的知识，李老师还给我们讲了许多人生的大道理，记得他常说的一句话是'万物都有联系'，他把生物与人生大道理联系得是那么密切，让我们醍醐灌顶，受益终生。"也许，自己一直在追求和耕耘的教学在本质上就是"活慧教学"。

当漫步教育家陈鹤琴先生的活教育思想、陶行知先生的生活教育理论、李吉林先生的情境教学理论，以及著名中学生物学教育家朱正威先生，中学生物学特级教师顾巧英老师，人民教育出版社副总编辑、人教版《生物学》教材主编赵占良先生等名师名家的教学思想之花园，我闻到了"活慧"的生命气息与思想芳香，也感受到"活慧"育人的教学立意和生命律动。

朱正威先生说："研究生物学，就要去观察活的生物界，了解它们的生活，发现值得研究的问题。就是在实验室里，也要研究活的有机体。"① 顾巧英老师指出，生物学教学要主张"教活学活"。赵占良先生说："生物课最基本的是要突出一个字——'活'。生物都是活物，一定要讲活。"② 此外，他还在《生物学概念教学论》一书的"前言"中呼吁广大中学生物学教师："让我们共同努力，将中学生物学课堂打造成'培根铸魂，启智增慧'的重要平台。"③

现行的中学生物学课程标准凝练了本课程要培育的生命观念、科学思维、探究实践（科学探究）、态度责任（社会责任）等核心素养，而核心素养在国

---

① 储召生. 还原朱正威［N］. 中国教育报，2005 - 04 - 25（4）.

② 赵占良. 基于核心素养的听评课［J］. 中学生物教学，2017（13）：4 - 7.

③ 赵占良. 生物学概念教学论［M］. 南宁：广西教育出版社，2021：5.

家督学成尚荣先生的字典里，就是"智慧的合金"。这就意味着，生物课要教活、学活；同时，生物课也应慧教、慧学。

生物与非生物的本质区别，除了生物具有新陈代谢、呼吸、应激性、繁殖、生长、发育、遗传与变异、进化等基本特征外，生物是"活的"，且具有"智慧"。人不仅是生物大家庭中的一员，而且是生物学教学的逻辑起点和归宿点。可以说，"活慧"既是生命的核心表征又是生物学的学科属性，既是生物学教学之灵魂又是学生生命成长之要义。这就决定了在育人目的上，"活慧生物"教学主张是"为活慧成长而教"。这和教育哲学家怀特海的著名论断"教育全部的目的就是使人具有活跃的智慧"是一致的。

我想，要形成一个相对完整的教学主张，需要厘清其提出背景，找到其理实依据，构建其理念体系，归纳其课堂表征，形成其操作体系，产生其教学课例，设计其创新作业。"活慧生物"教学主张亦然，故依此设计了本书的章节框架。本书内容共7章，包括第一章"活慧生物"提出背景、第二章"活慧生物"理实依据、第三章"活慧生物"理念体系、第四章"活慧生物"课堂表征、第五章"活慧生物"操作体系、第六章"活慧生物"教学课例、第七章"活慧生物"创意作业。

虽然生命有限，但是成长无止境。教育是问道成长的哲学，而教学则是促进生命活慧成长的学问。"活慧生物"教学主张还只是一棵成长中的"小树"，目前的探索、实践和思考可能还存在许多不足，需要不断吸取更多的养分和养料，一起和广大师生共成长。因此，期待更多专家、学者和教师添光赋能，共同耕种"为活慧成长而教"的育人森林。

李文送

写于 2023 年 10 月 21 日

目 录
CONTENTS

第一章 "活慧生物" 提出背景

　　学科教学主张既要扎根学科课程与教学，又要融入教育发展新时代。我认为，对于生物学科而言，则应立足生物学科专业，根植理论研究，积极实践探索，用追求教师专业成长乃至整个生命成长的姿态，以志业或事业，甚至命业的高度与敬畏来提炼教学主张。那么，"活慧生物"教学主张的提出背景是什么？

第一节　教育需求

　　不管是任何学段、任何课程的教学，都肩负着立德树人的根本教育任务。随着社会的不断发展，教育需求从"有学上"转向"上好学"，必须进一步明确"培养什么人、怎样培养人、为谁培养人"。诚然，生物学教学是落实生物学教育使命的主渠道，是"为党育人，为国育才"的主阵地之一，是学生生命成长的重要经历。教育的高质量发展、学生核心素养的培育和生物学教育的升级，都需要生物学教学进一步优化和提质增效，以发挥"培根铸魂，启智增慧"的育人效能。

一、基于教育高质量发展的需求

　　党的二十大报告指出，高质量发展是全面建设社会主义现代化国家的首要任务，实现高质量发展是中国式现代化的本质要求，并强调要"坚持以人民为中心发展教育，加快建设高质量教育体系，发展素质教育，促进教育公平"。教育的高质量发展、高质量人才的培养和学生的高质量成长，都需植根在高质量教学的沃壤里。

　　2022年12月，在《人民教育》杂志社组织召开的线上"学习贯彻党的二十大精神·推动基础教育高质量发展研讨会"上，华东师范大学第二附属中学校长周彬说："实现高质量的课堂教学，一要切实提升课堂内涵，二要让学生听后有获得感，这样才会增加课堂对学生的吸引力。"有内涵的生物学课堂，于教师而言，不仅要有自己的生物学教学风格，还要有自己对生物学教学的独到见解和创意构设，乃至形成自身的生物学教学主张。有获得感的生物学教学，于学生来说，则是指学生在课堂学习中获得真实成长的教学。有吸引力的生物课，是"活"的课，也是"慧"的课，即"活慧"的课。

重庆市谢家湾教育集团总校长刘希娅认为："教育现代化的核心是人的现代化，有学习生态、学习流程的高质量才有学习结果的高质量，关键要看孩子们是怎么学习的。"他们坚持以变革学习方式为突破口，优化学生在校学习生活生态。即"从教育者视角转向学习者视角，构建学校价值文化体系，激发学生对自己负责、对未来负责的内驱力；构建全开放、可参与的学习场域环境，倡导多主体互动式的对话教学；倡导生态生活生成、主动生动互动的'三生三动'课堂，增加输出式学习比重；将统一的国家课程标准和教材，落地转化为学科之间融合、与生活融合、与师生个性特质融合的'小梅花'课程，满足学生选择性、实践性和多元性学习需求；倡导多维度全方位从静态性、终结性评价转变为过程性、表现性评价和'重激励、强反馈'的对话评价"。①

由此可见，教育的高质量发展需要生物学教学提升课堂的内涵发展，增强教学的魅力，把学生的学习主动性、成长自觉性、生活自律性和生命感、价值感等激发出来，并加以培育和强化，使他们的身心得到健康而优质的发展，从而成长为"有理想、有本领、有担当"的时代新人。

可以说，"有理想、有本领、有担当"的时代新人是我国教育高质量发展提出的育人目标，回答了"培养什么人"的问题，同时也回答了"为谁培养人"的问题。

何为"有理想"的人？根据2022年版的《国家义务教育课程方案》，"有理想"的人，不仅要热爱祖国，热爱人民，热爱中国共产党，学习伟大建党精神，而且要努力学习和弘扬社会主义先进文化、革命文化和中华优秀传统文化，理解和践行社会主义核心价值观，逐步领会改革创新的时代精神；还要懂得坚持走中国特色社会主义道路的道理，树立共产主义远大理想和中国特色社会主义共同理想，以及明确人生发展方向，追求美好生活，能够将个人追求融

---

① 施久铭，陶玉祥.走好基础教育高质量发展的实践之路［J］.人民教育，2022（23）：20−23.

入国家富强、民族复兴、人民幸福的伟大梦想之中。

何为"有本领"的人？基础教育要培养的"有本领"的人主要具有以下四方面的特征：

一是乐学善学，勤于思考，保持好奇心与求知欲，形成良好的学习习惯，初步掌握适应现代化社会所需要的知识与技能，具有学会学习的能力。

二是乐于提问，敢于质疑，学会在真实情境中发现问题、解决问题，具有探究能力和创新精神，自理自立，热爱劳动，掌握基本的生活技能，具有良好的生活习惯。

三是强身健体，健全人格，养成体育运动的习惯，掌握基本的健康知识和适合自身的运动技能，树立生命安全与健康意识，形成积极的心理品质，具有抗挫折能力与自我保护能力。

四是向善尚美，富于想象，具有健康的审美情趣和初步的艺术鉴赏、表现能力，学会交往，善于沟通，具有基本的合作能力、团队精神。

何为"有担当"的人？现行的国家义务教育课程方案对"有担当"的人进行了"画像"，即"有担当"的人表现出坚毅勇敢、自信自强、勤劳节俭，保持奋斗进取的精神状态；"有担当"的人诚实守信、明辨是非、遵纪守法，具有社会主义民主观念与法治意识；"有担当"的人孝亲敬长、团结友爱、热心公益，具有集体主义精神，积极为社会做力所能及的贡献；"有担当"的人热爱自然、保护环境、爱护动物、珍爱生命，树立公共卫生意识与生态文明观念；"有担当"的人具有维护民族团结，捍卫国家主权、尊严和利益的意识；"有担当"的人关心时事、热爱和平，尊重和理解文化的多样性，具有国际视野和人类命运共同体意识。

这就意味着，教师要清楚且坚定"为谁培养人"的立场问题，围绕"培养什么人"的方向问题，利用好包括教育现代化技术和手段在内的各种课程教学资源，解答好"怎样培养人"的策略问题，为学生的全面发展和个性化成长创造充满"活慧"之生命气息的课堂教学。

总的来说，我们要在"坚定理想信念、厚植爱国主义情怀、加强品德修养、增长知识见识、培养奋斗精神、增强综合素质"上下功夫，把学生培育成为有理想、有本领、有担当的，德、智、体、美、劳全面发展的社会主义建设者和接班人。

二、基于核心素养培育的需求

国家督学成尚荣先生说："核心素养是世界教育改革与发展的共同主题，不是某些人的'心血来潮'，更不是'玩新概念'。核心素养是智慧的合金，而智慧是核心素养的中国表达。"[①] 智慧是抽象的，也是宽泛的，在以育人为宗旨的教育境域，应有其更具象性、方向性、价值性和落实性的表述方式，从而产生了以"培育全面发展的人"为核心命义的中国学生发展核心素养。

中国学生发展核心素养包括了各学段中国学生发展的核心素养。核心素养要落地落实，并真正转化为学生的核心素养，需要进一步从课程维度进行凝练和具体化。根据 2017 年版的普通高中课程标准和 2022 年版的义务教育课程标准，从小学到高中，各门课程都凝练了本课程要培养的核心素养。

2016 年，《中国学生发展核心素养》发布；2017 年，《普通高中课程方案和课程标准（2017 年版）》公布（2020 年进行了修订）；2022 年，《义务教育课程方案和课程标准（2022 年版）》颁布。中国基础教育全面迈进了以核心素养为导向的教育新时代。

课程核心素养的凝练，不仅强调了核心素养的育人地位，明确了各门课程的育人任务，而且建立了以核心素养为纽带的课程体系，使同学段不同学科的、同学科不同学段的课程之间找到"左右相连、上下连通"的耦合点，为课程衔接育人创造了可能，从而使整个基础教育的课程体系形成一个相互联系、彼此赋能的有机整体；同时，也为跨学科实践和跨学科（甚至跨学段）教研找到了智慧通道。

核心素养贯穿于课程与教学的方方面面，成为立德树人的"魂"。这就意味着，中国基础教育构建了以核心素养为共同话语的融通不同学段、不同课程的育人体系。核心素养导向的生物学教学需要较高的教学转化保真性，就应按照核心素养之内涵进行纵深转化，进而达成类似遗传物质传递时的忠实。[②]

因此，教师可以根据生物学家拉马克的中心法则原理，从"遗传信息的传递和表达"的生命视角，理解好核心素养的三重内涵：中国学生发展核心素养、课程培养的核心素养和教学中生成的核心素养（见图 1.1）。

---

① 成尚荣. 核心素养的中国表达 [M]. 上海：华东师范大学出版社，2017：10 - 26，30 - 31，42.
② 杨守菊. 生物学学科核心素养教学转化的"按书索骥"——兼评《生物学学科核心素养的教学与评价》[J]. 中小学班主任，2021（22）：43 - 45.

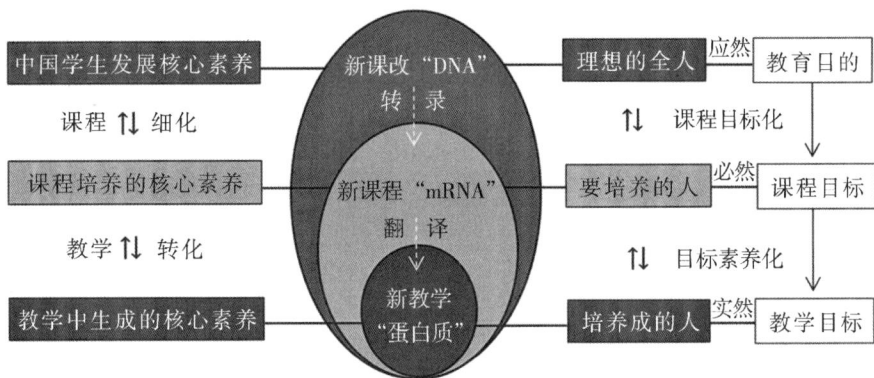

图 1.1 核心素养的三重内涵和育人指向

教育领域中的核心素养，不仅是新课改的"DNA"，而且是新课程的"mRNA"，还是新教学的"蛋白质"性状，其育人指向分别是应然的教育目的（即理想的全人）、必然的课程目标（即要培养的人）和实然的教学目标（即培养成的人）。新课改的"DNA"所蕴含的育人信息（中国学生发展核心素养），如遗传信息要转录为 mRNA 上的密码子一样，必须先转化为新课程的密码（课程要培养的核心素养），然后经过翻译（课堂教学的转化）的过程，合成相应的蛋白质，从而表现出生物性状即形成教学中生成的学生核心素养。

1. 作为新课改"DNA"的核心素养

由图 1.1 可知，以核心素养为导向的新课改，其"DNA"核心素养指的是中国学生发展核心素养。中国学生发展核心素养的内容十分丰富而全面，包括文化基础、自主发展、社会参与三个方面，分为人文底蕴、科学精神、学会学习、健康生活、责任担当、实践创新六大素养，人文积淀、人文情怀、审美情趣、理性思维、批判质疑、勇于探究、乐学善学、勤于反思、信息意识、珍爱生命、健全人格、自我管理、社会责任、国家认同、国际理解、劳动意识、问题解决、技术运用十八个基本要点。①

上述学生发展核心素养，是任何单一课程或单一学段都难以胜任的育人任务，需要全学段进行衔接育人、全课程联合育人和各课程综合育人。中国学生发展核心素养指向的是理想的全人（全面发展的人），是描绘中国教育的育人蓝图之全景，是中国教育落实立德树人根本任务和"为党育人、为国育才"教育使命的新课改的"DNA"。

---

① 核心素养研究课题组. 中国学生发展核心素养 [J]. 中国教育学刊, 2016 (10)：1-3.

分子生物学研究表明，DNA 分子上有遗传效应的片段是基因，而每个 DNA 分子上都包含许多个基因。所以，在学生发展上，提出多方面的核心素养是可取的、可行的。这就好像人体结构中的呼吸系统、消化系统、运动系统、循环系统等系统一样，每个系统都由多个器官组成，且往往存在核心器官，如呼吸系统是肺，循环系统是心脏，泌尿系统是肾脏，神经系统是大脑。大脑、心脏、肺和肾脏等都是人体需要且重要的器官，犹若学生成长不可或缺的核心素养。从这个视角去理解中国学生发展核心素养，或许能较容易读懂其中的要义和育人意蕴。

2. 作为新课程"mRNA"的核心素养

课程承载着育人的使命，既是学校教育最基本、最核心、最重要的载体，又是组织课堂教学活动的主要依据和指南，为教师的教学育人工作规定了内容，给出了标准，指明了方向。根据图 1.1，核心素养的第二重内涵如遗传信息传递中的信使核糖核酸，即新课程的"mRNA"，指的是课程要培养的核心素养。例如，义务教育生物学课程培养的核心素养主要包括生命观念、科学思维、探究实践、态度责任；高中生物学课程培养的核心素养是生命观念、科学思维、科学探究、社会责任。

从各学段的各门课程维度凝练本课程要培养的核心素养，实际上就是中国学生发展核心素养在各门课程中的细化和转化，同时也明确各课程独特的育人价值和所要承担的育人目标。这一举措对中国教育而言，具有划时代的里程碑意义，是课改史上一次新跨越。如果说中国学生发展核心素养所指向的理想的全人是应然的育人目的，那么课程要培养的核心素养所指向要培养的人就是必然的育人目标，而教学中生成的核心素养所指向培养的人则是实然的育人效果。

要提高育人质量，在本质上就是确保核心素养从育人目的到育人目标的课程转化（如遗传信息的转录传递），再到课堂中的教学转化（如遗传信息的翻译表达）这一过程的保真性。其关键是做好两个环节的工作：其一，负责课程标准修订的专家、学者和教师要结合课程性质、学段学生特征等因素，把中国学生发展核心素养转化为本课程所要培养的核心素养，并修订完成各门课程的课程标准；其二，各门课程教师要认真学习和领会新课标，并结合具体的教学对象、教学内容、教学情境等创造性开展教学活动，帮助学生形成和发展其核心素养。

3. 作为新教学"蛋白质"的核心素养

新课改的"DNA"核心素养只有转化为新课程要培养的"mRNA"核心素

养并表达为新教学的"蛋白质"核心素养，即成为教学中形成的学生素养，核心素养才找得到主人，才是真正的素养，才具有生命的活力。那么，广大一线教师如何通过教学把各门课程要培育的核心素养转化为学生的核心素养呢？简言之，就是要开展好基于课程标准的教学。

那么，何为"基于课程标准的教学"？教育部义务教育课程方案修订组组长崔允漷教授指出，基于课程标准的教学就是指教师根据课程标准对学生规定的学习结果来确定教学目标、设计评价、组织教学内容、实施教学、评价学生学习、改进教学等一系列设计和实施教学的过程。① 课程标准规定了课程性质、课程理念、课程目标、课程内容、学业质量和课程实施等，是教材编写、教学、考试评价以及课程实施管理的直接依据，既是对课程开发和实施等各方面进行明确规定的纲领性文件，也是各门课程规范教学的指导性文件。

基于课程标准的教学从"标准要求"上明确了教学的方向。这一方向是落实国家课程育人目标的专业引领，是课程教学走向专业规范的依据与指南，是教师重整专业发展的指引和导向。

此外，一线教师还应厘清课程与教学的关系。如果把课程看作根据学生全面发展和个性成长所需而设置的"食谱"，包括课程目标、课程内容、课程实施和课程评价等要素，那么教学就是师生现场共同烹制而成的"菜肴"，教材则是"主食材"。

"菜肴"中的营养物质如何转化为学生的核心素养？首先，"菜肴"得先入学生之口，并进入他们的胃和小肠才能被消化，其次需经过胃、小肠和大肠等的吸收才能进入人体的循环系统，从而运达组织细胞，方能参与细胞的新陈代谢，进而成为机体的有机组成。在这一过程中，教师要调动学生学习的主体性，使其能主动地参与"菜肴"的烹制，且讲究"菜肴"的色香味俱全和营养均衡，以激发其食欲和促进他们健康成长。②

诚然，食材中除了维生素、水和无机盐可被直接吸收利用外，蛋白质、脂肪和糖类等物质均不能被有机体直接吸收利用，而需在消化管内被分解为氨基酸、葡萄糖、甘油和脂肪酸等结构简单的小分子物质，才能被吸收利用。因此，教师在课程教学中要通过合理的安排、巧妙的讲解、恰当的比喻、智慧的点拨等教学策略和育人艺术，为学生消化和吸收营养物质创造必要的环境及条件。

---

① 崔允漷. 课程实施的新取向：基于课程标准的教学［J］. 教育研究，2009（1）：74–79.
② 李文送. 读懂课程：教师重要的职责［N］. 教育导报，2022–04–14（3）.

总而言之，教师应让学生认识和体验到学习之律、方法之妙和课程之美，帮助他们化繁为简，转难为易，并平中见奇，从而发挥学以致用和用以励学的育人功效。

三、基于学科教育的升级

在教育高质量发展的进程中，作为自然科学领域的学科课程，生物学教育需要根据新课标的转型和未来社会对人才成长的需求，进行优化升级。那么，生物学教育如何实现高质量发展呢？

显然，生物学教育高质量发展要坚持全面发展和育人为本。从根本上来说，我们谈论的教育是人的教育，而学生的全面发展是教育的根本旨趣，所以生物学教育高质量发展就是要使学生经过生物学课程学习后得到充分发展。

什么是学生的全面发展？学生为何要全面发展？学生如何实现全面发展？学界普遍认为，全面发展是指学生在德、智、体、美、劳等方面得到充分发展。人的生命具有生物性、综合性、完整性、社会性和思想性等特征。从这些特征维度来看，学生都需要全面发展。学生的生命成长，就像植物的幼叶一样，需要全面地展开，才能展现出其生命的本然芳华，美美地做自己。① 《国家中长期教育改革和发展规划纲要 （2010—2020 年)》强调："树立科学的质量观，把促进人的全面发展、适应社会需要作为衡量教育质量的根本标准。"而《中国学生发展核心素养》的发布，意味着课程教学的旨归是聚焦"实现人的全面发展"。

所以，生物学教育要尊重人之生命"全面性"的本质属性，遵循学生的成长规律和成长需求，让他们在课程学习的过程中，不仅能习得课程知识、提高自己的智力，也能汲取课程知识中所蕴含的"丰富营养"，从而提升自身的能力、悟性和修为，还能在课程学习的互动交往中丰富情感、丰盈情思、丰润情商。即在生物学课程教学中，教师应让学生在一种完整的课程学习的生活中，不断提高他们的综合素质，持续修炼他们的品行，使他们的生命得到伸展，从而成为全面发展的人。

在尊重和发展人之生命"全面性"的同时，生物学教育还要看到和尊重学生的"差异性"，以及成长的个性化。高质量发展不是齐步发展、同质发

---

① 李文送. 好课程，成就学生的"四种发展"［J］. 四川教育，2019（20）：7 – 8.

展、同层发展，而是基于全体受教育者都在原有基础上取得实质性发展和个性发展的高水平发展，是兼具个体特色化发展和群体多样化发展于一体的发展。①

在这样的教育背景下，生物学教学要做到因材施教，就要基于差异、尊重差异和成就差异，即在培育学生共性的基础上，关注、挖掘和发挥每个学生的个性优势，让每个学生都能获得成长，成为更好的自己。我们生物学教师要相信每个学生都是可造之才，学会"用欣赏的眼光看待他们的优点，用发展的眼光看待他们的缺点，主动探索契合不同学生发展的内容、形式和方法，让学生都拥有健康的心态、健全的人格和自信的人生"。这就需要生物学教育走向"活慧"之境。

第二节 课程需要

课程是学校教育最基本、最核心、最重要的载体，是组织课堂教学活动的主要依据和指南，是实现教育与教学育人的蓝图。2022 年版义务教育生物学课程标准在"课程性质"中指出，生物学的研究经历了从现象到本质、从定性到定量的发展过程，形成了结论丰富的知识体系，以及人类认识自然现象和规律的一些特有的思维方式和探究方法。当今，生物学在宏观和微观两个方向的发展都非常迅速，并且与信息技术和工程技术方面的结合日益紧密，在人类健康与疾病防治、粮食和食品安全、生态环境保护等方面产生越来越大的影响。学习生物学课程有利于学生养成科学思维的习惯，形成积极的科学态度，学会学习，提升科学素养，对学生的健康生活、终身发展具有重要意义。② 诚然，教学是课程实施的必经之路和必由之路，课程的育人功能只有通过高质量的教学转化，才能更好地内化为学生的核心素养和真实的成长。

一、课程目标的育人指向

课程目标是课程学习者要抵达的"目的地"，是课程实施效果的"方向

---

① 吴伟平. 引领·创新·均衡·特色：教育高质量发展的四大要素 [J]. 教育评论，2022（8）：3 - 7.

② 中华人民共和国教育部. 义务教育生物学课程标准（2022 年版）[S]. 北京：北京师范大学出版社，2022：1.

标"，是对学生学习这门课程所应达到的发展水平和最终结果的预设及期待。课程目标也是连接教育目的和教学目标的纽带，对课程的设计、内容的选择、课程的实施和教学目标的制定等具有统领作用。《义务教育生物学课程标准（2022年版）》以核心素养为导向，确立了生物学五大新课程目标，其育人指向分别是：有知识、会行动的人；有方法、能思考的人；有能力、懂实践的人；有态度、乐探究的人；有责任、讲奉献的人。① 这既体现了"育人为本、素养铸魂"的思想和价值取向，又是义务教育生物学要培养的生命观念、科学思维、探究实践和态度责任的一种具体表达。

1. 指向有知识、会行动的人

"掌握生物学基础知识，形成基本的生命观念"是义务教育生物学新课程的第一个目标。根据课程标准的要求，学生通过义务教育生物学课程的学习，不仅要"获得生物体的结构层次、生物的多样性、生物与环境、植物的生活、人体生理与健康、遗传与进化等方面的基础知识"，而且要"初步形成生物学的结构与功能观、物质与能量观、进化与适应观、生态观等生命观念"，还要"能够运用生命观念探讨和阐释生命现象及规律，认识生物界的多样性和统一性，认识生物界的发展变化，认识人与自然的关系等，初步形成科学的自然观和世界观，以及分析生活中遇到的一些与生物学相关的实际问题"。这表明，义务教育生物学新课程的目标之一是培养有知识、会行动的人。

什么样的人是有知识、会行动的人？所谓"有知识、会行动的人"，就是指有知识、有见识，且能应用自己的知识和见识去为人、为学、为事的人，即知行合一的人。华中师范大学郭元祥教授指出，"落实立德树人根本任务，培养德智体美劳全面发展的社会主义建设者和接班人，必须把握知与行的辩证关系，在教育价值观、育人方式、育人过程上做到知行协同、言行一致、行知互动、相互转化，实现知行合一"②。

说到知行，就不得不提到心学大师王阳明"知是行之始，行是知之成"和教育家陶行知"行是知之始，知是行之成"的经典论断。即在人的行为发生中，既存在"先知后行"的行知之态，又存在"先行后知"的知行之态，还存在"知行同生"的知行之态；知行不但可以互为基础，而且可以相互转化，甚至可以合二为一。所以，教师一方面要不断厚实学生之知；另一方面，要不断指导学生应用所知以强化自身之行，促进学生知行之间的相互转化，从

① 李文送. 义务教育生物学新课程目标的育人指向 [J]. 中学生物学，2023（1）：91 - 94.
② 郭元祥. 知行合一教育规律：本质内涵与时代意蕴 [J]. 人民教育，2022（2）：53 - 56.

而实现共同发展。

在生物学教学中，培养有知识、会行动的学生，教师既要立足于生物学广袤的学科知识大地，指引学生感受生物学陈述性知识的简洁与直接，发现生物学程序性知识的神奇与功效，体悟生物学策略性知识的智慧与艺术；同时又要根据学生成长的需求，科学安排不同形式的学生学科学习活动，使"闻知""说知""亲知"搭配合理，和谐共生，共同促进学生生命观念等核心素养的形成和发展，从而赋能学生的学科实践和个体行为的发生。

2. 指向有方法、能思考的人

义务教育生物学新课程的第二个目标是"初步掌握科学思维的方法，具备一定的科学思维习惯和能力"。

通过生物学课程的学习，学生不仅能够"尊重事实证据，运用比较和分类、归纳和演绎、抽象和概括、分析和综合等思维方法认识事物，解决实际问题，初步形成基于证据和逻辑的思维习惯"，而且能够"进行独立思考和判断，多角度、辩证地分析问题，提出自己的见解"和"对他人的观点进行审视评判、质疑包容"，还能够"运用科学思维，探讨真实情境中的生物学问题，参与社会性科学议题的讨论"。可见，义务教育生物学新课程的目标之二是培养有方法、能思考的人。

学习之窍门，在于得法，故而有言"授人以鱼，不如授人以渔"。方法正确，学生的努力才不白费；如果方法不对，可能会越努力越受挫。好的方法，是解决问题的窍门，同时离不开能思考的大脑。华罗庚指出，"独立思考能力是科学研究和创造发明的一项必备才能。在历史上任何一个较重要的科学上的创造和发明，都是和创造发明者的独立地深入地看问题的方法分不开的"。因此，方法和思考不仅是学生学习生物学课程必备的基础，而且是他们成长和成才的关键因素，还是他们能够发现生命活动规律的前提。例如，遗传学家孟德尔运用"假说—演绎法"发现了基因分离定律和基因自由组合定律，生物学家沃森和物理学家克里克采用物理模型的方法找到了 DNA 分子的双螺旋结构。科学家爱因斯坦说："学习知识要善于思考，思考，再思考。我就是靠这个方法成为科学家的。"

教师如何培养有方法、能思考的人？有方法、能思考的人，在本质上就是具备科学思维核心素养的人。所以，一言以蔽之，教师在生物学教学中要注重培养学生科学思维的方法、习惯和能力，尤其是生物学科所特有的科学思维，如进化思维、生态平衡思维、统一性和多样性思维、遗传与变异思维等。当学生掌握了生物学的学习方法和学科思维后，他们就能找到打开生物学科这个宝库的钥匙，从而汲取生物学科和生物学课程所特有的"营养"。经过上述"营养"的滋养，学生就能够在认识生命等事物、解决生物学等实际问题的过程中，做到尊重生物学事实，基于事实证据和思维逻辑进行思考，崇尚严谨求实的作风；就能够运用比较、分类、归纳、演绎、分析、综合、建模等科学方法探索生命世界；就能够进行独立思考，从不同角度和维度，客观而辩证地分析问题，从而作出科学合理的判断；甚至能够对已有观点和结论进行批判性审视、质疑性包容，乃至提出创造性见解。

3. 指向有能力、懂实践的人

根据课程标准，义务教育生物学新课程以"初步具有科学探究和跨学科实践能力，能够分析解决真实情境中的生物学问题"为第三个目标。在课程实施过程中，学生要达成这个目标，一方面要"能够从生物学现象中发现和提出问题、收集和分析证据、得出结论"；另一方面，要"综合运用生物学和其他学科的知识、方法与实验操作技能，采用工程技术手段，通过设计、制作和改进，形成物化成果，将解决问题的想法或创意付诸实践，逐步形成团队合作意识、坚持不懈的探索精神、实践创新意识、审美意识和创意实现能力"。这就意味着，义务教育生物学新课程的目标之三是培养有能力、懂实践的人。

实践出真知，实践生素养。学生的核心素养包括关键能力，而生物学核心素养具有实践性的特征，是在真实的情境、丰富的（跨）学科学习与实践中养成的素养。老子说："九层之台，起于累土；千里之行，始于足下。"《荀子·劝学》一文中曰："不登高山，不知天之高也；不临深溪，不知地之厚也。"宋代诗人陆游在《冬夜读书示子聿》中写道："纸上得来终觉浅，绝知此事要躬行。"所以，学生在生物学课程的学习过程中，要形成相应的核心素养，就需要在实践中进行历练，提高综合实践能力。显然，未来社会之建设，面对的是不确定的情境，甚至是更为复杂的时代背景，学生要胜任未来的重任，并且想要生活得更美好，就不能停留在"纸上谈兵"，而要在实践中练就真才实干。

学生如何在义务教育生物学课程学习中提升实践能力？这就需要教师利用好现有的各种课程资源，扎实地开展初中生物学实验教学，让学生可以亲手制作临时装片、生态瓶、细胞结构模型，或操作显微镜、解剖镜、恒温箱，或分离绿叶的光合色素；让学生可以亲眼看看微观下美丽的生物结构和奇特的生命现象；甚至让学生可以"零距离"地接触"活"的生物，或者探究不同环境下"活"的生物是如何变化的，从而领悟生物与环境的关系。当然，还需要教师勇敢地带领学生走出教室、走出实验室，到校园、公园、自然界中，去感受真实的形形色色的生物世界，去认认真真地开展基于生物学科或其他学科背景的综合实践活动。如教师可以指引学生聚焦身边真实的生态环境污染问题开展系列研究，并形成有效的解决方案，甚至可向有关部门提交相关建议，让学生用实际行动参与保护家乡的绿水青山。

4. 指向有态度、乐探究的人

在义务教育生物学新课程目标中，"初步确立严谨求实的科学态度，乐于探索生命的奥秘"位列第四。其内涵有三：第一是初步理解科学的本质，能以科学态度进行科学探究；第二是面对各种媒体上的生物学信息或社会性科学议题，能做到不迷信权威，不盲从他人，能对自己或他人的观点进行理性审视，尊重他人的观点；第三是乐于探索自然界的奥秘，关注生物科学和生物技术的新进展及其对个人和社会发展的促进作用。这说明，义务教育生物学新课程的目标之四是培养有态度、乐探究的人。

有态度，在这里主要是指有科学态度，是一种积极心态，有着质疑、求真、理性、客观等表征，在行为上表现为追求真知、真理，对待权威论断或他人观点做到尊重但不崇拜、理解但不盲从。从事科学探究的人，特别需要这样的态度。也只有这样的态度，才能促进科学不断发展，并最终引领人们发现科学真理或进行发明创造。正如古希腊哲学家亚里士多德所说："吾爱吾师，吾更爱真理。"作为哲学家柏拉图的学生，他虽然非常尊敬自己的老师，但是在学术上也有自己的看法和见解，从而取得了许多新的成就。

科学探究不仅是学生学习生物学的重要方式，而且是他们发现生命活动规律的重要途径，还是他们发展成为创新型人才的重要标志。乐探究，就是乐于科学探究的意思，既是一种积极而乐观的心态，又是一种求真的精神、执真的信念和问真的行为。在科学探究路上，人难免遇到这样或那样的挫折和挑战，此时要做的就是用积极乐观的态度去面对挫折、迎接挑战，从而让这些挫折和挑战成为生命成长或事业发展的"垫脚石"。生物学家童第周不畏实验条件的艰苦和设备的简陋，以水滴石穿的精神自勉，用茶杯、废弃的玻璃瓶、碗等来代替玻璃器皿，坚持做生物科学实验，探索生命的奥秘，不仅率先在中国创建细胞融合技术，还培育出令世界震惊的"童鱼"。

在生物学课堂上，或者在生物学科课外实践活动中，教师一方面要端正学生学习生物学和参与科学探究的心态；另一方面，教师要通过组织学生开展形式多样的生物科学探究活动，在他们心中播下乐于探究的科学种子，并为种子萌发、生长和发育创造其所需的沃土、空气、水分和温度等环境条件，让中国大地涌现如童第周一样杰出的生物学家。这是新时代义务教育生物学新课程目标应有的站位和立意。在日常的生物学教育中，教师应从古今中外的生物学家及其探索故事中吸取课程资源，让学生可以在他们的探索精神与事迹中找到人生发展的大坐标。

5. 指向有责任、讲奉献的人

义务教育生物学新课程第五个目标是"树立健康意识和社会责任感，能够强身健体和服务社会"。根据新课标，这个目标内容分为五个：一是关注身体内外各种因素对健康的影响，在饮食作息、体育锻炼、疾病预防等方面形成健康生活的态度和行为习惯；二是能够基于生命观念和科学思维，破除封建迷信，反对伪科学；三是理解科学、技术、社会、环境的相互关系，参与社会性科学议题的讨论；四是初步形成生态文明观念，践行"绿水青山就是金山银山"的理念，积极参与环境保护实践，立志成为美丽中国的建设者；五是主动宣传关于生命安全与健康的观念和知识，成为健康中国的促进者和实践者。概括来说，义务教育生物学新课程的目标之五是培养有责任、讲奉献的人。

有责任的人，既要对自己身心健康和行为习惯负责，又要为建设和谐、稳定、安康的社会和弘扬真善美的价值观负责，还要为国家的健康发展和民族的持续进步贡献自己应有的智慧和力量。一个讲奉献的人，才是一个真正会行动、能思考、懂实践、乐探究的人。一个有知识、有方法、有能力、有态度，且有责任的人，才是真正有本领、有担当的人。正是因为有责任、讲奉献，科学家屠呦呦不惜以身试药，试验青蒿素的药效，以减轻人类的疾苦和挽救人类的生命。责任与奉献也是中国"杂交水稻之父"袁隆平强大的精神动力，使他不论风雨，不问年龄，都在书写着"我不在家，就在试验田；不在试验田，就在去试验田的路上"的传奇。

责任和奉献都不是天生的，而是可以通过后天培育的素养。要培养有责任、讲奉献的学生，教师首先要相信学生，相信他们可以负责任、讲奉献；其次，教师要利用好生物学知识和课程活动培育学生的责任心，并建立"分享是一种美德"的价值场；再次，教师要借用自身的言行，特别是相关行业的楷模和榜样的示范引领作用，促进学生找到自己的志趣和志向。王阳明说："故立志者，为学之心也；为学者，立志之事也。"总之，义务教育生物学课程要为培育生态中国、健康中国、美丽中国和幸福中国的建设者提供智慧和营养，以铸强其筋骨，宽厚其臂膀。

二、课程实施的教学转向

新课标的转型，必然要求并推动整个课堂教学的转型。根据新课标对教学的新要求和新挑战，义务教育生物学课程要有以下六大教学转向：教学立意从"知识本位"转向"素养本位"；教学目标从"旨在育分"转向"重在育人"；教学设计从"课时设计"转向"大单元设计"；教学活动从"碎片化学习"转向"整体化学习"；教学策略从"讲授灌输"转向"探究实践"；教学评价从"单一评价"转向"多元评价"。①

1. 教学立意：从"知识本位"转向"素养本位"

教学立意是教师预设教学活动时的观点或视角，它融入了教师本人对课程理念、教学内容及学生现实的理解与把握，整体定位教学目标，全面统摄教学过程，集中体现了教师的教育教学理想和追求。② 唐代诗人王维说："凡画山水，意在笔先。"清代画家方薰说："作画必先立意以定位置，意奇则奇，意高则高，意远则远，意深则深。"可见，教学立意之高低决定着课堂教学整体效能的强弱。

核心素养是新课标的"基因"，是新课标最突出的新意。义务教育新课标是以核心素养为导向和主线构建起来的新型课标，关注的是人的内在的品格和能力，是真正实现从学科到人、从知识到素养的转型。③ 这意味着，义务教育生物学的教学立意是从"知识本位"转向"素养本位"。

这种转向，不是不重视或不要生物学知识，而是要把生物学知识转化为学生素养。这是义务教育生物学新教学的使命。知识是素养形成之基础，没有知识的支撑，教学活动则成为无源之水、无本之木，而核心素养之大厦就无法建起。如果说知识本位的教学是"为了知识的教学"，那么素养本位的教学就是"通过知识育人的教学"。陈述性知识能帮助学生建立学科概念、养成正确的生命观念，掌握规范的学科语言，程序性知识和策略性知识则有利于学生提高学科技能，优化学科思维，从而促进科学思维和探究实践等素养的形成，进而形成应有的态度责任。

① 李文送. 论义务教育生物学新课程的教学转向 [J]. 中学生物教学，2023（2）：16-19.
② 刘正松. 教学立意的理解与提升 [J]. 基础教育课程，2022（6）：34-41.
③ 余文森. 以核心素养为导向：建立与义务教育新课标相适应的新型教学 [J]. 中国教育学刊，2022（5）：17-22.

那么，生物学知识如何内化为学生的素养？知识如食物，知识内化素养的过程就如营养物质转化为人体细胞组成成分的过程，需要经过人体的消化和吸收后，才能参与组织细胞的新陈代谢等生命活动。所以，新教学要让学生置身于真实情境，在主动参与完成生物学学习任务的经历与体悟中，形成并发展相应的素养。

2. 教学目标：从"旨在育分"转向"重在育人"

教学目标既是教学的逻辑起点，又是教学的预期学习结果，影响着教学过程，是教学效果应达成的要求。[①] 也许是为了便于评价和选拔，学校教育曾盛行崇尚分数的量化评价，形成"唯分数论"，出现"分分分，学生的命根；考考考，教师的法宝"的教育怪相。

随着教育的发展，人们逐渐意识到，中国的基础教育要打破"唯分数论"的枷锁，让教育回归本真，让教学回归本路，让教师回归本位，让学生回归本然。以核心素养为导向的义务教育新课标强调，义务教育要培养有理想、有本领、有担当的德智体美劳全面发展的社会主义建设者和接班人。这表明，义务教育生物学新教学的目标从"旨在育分"转向"重在育人"。

人，才是教学的目标，才是教学的出发点、着力点和落脚点。分数终究无法衡量学生成长的全部，也不能体现教师全部的育人价值。故教师要改变"见分不见人"的做法，深入关注、关爱和研究所教的学生，做到眼中有人，心中亦有人，让每一个学生都能收获应有的成长，都有出彩的机会。

那么，教师如何在教学中促进学生全面发展和个性成长？我认为，学生的生命成长就如植物的幼叶一样，需要阳光普照才会变得郁郁葱葱，要有雨水的滋养才会不断舒展。教师既要立足学科又要跨越学科，为学生提供成长所需的"食粮"。当他们得到充分"舒展"后，我们就能看见其生命本然的芳华，其个性就会闪烁。也就是说，学生的全面发展是其个性成长的前提，就好像人的早期胚胎和马、猪、鸡、鱼等动物的外形十分相似，但是经过"充分而全面"的细胞分裂和细胞分化后，才形成了各自不同的"胎儿"和"婴儿"，然后再经过后天继续发育和充分成长后，才能成为最好的自己。在育人道路上，教师要懂得"人间四月芳菲尽，山寺桃花始盛开"的原理，既惊叹"花开灿烂"的大美，也欣赏"含苞待放"的雅致，还能发现"无花也芬芳"的意蕴。

3. 教学设计：从"课时设计"转向"大单元设计"

教学是学生在教师的指导下进行的有目的、有计划的活动，需要课前设

---

① 李文送. 育全人·少而精·强主动·重探究·促发展——《义务教育生物学课程标准（2022年版）》的新教学取向［J］. 教学月刊：中学版（教学参考），2022（7）：11 - 15.

计。教学设计是依据教学的基本规律和目标要求，针对教学对象和教学环境，运用系统思想、学习理论、教学理论和传播理论等来设计教学过程的诸环节及各要素，以实现教学效果最优化。指向核心素养的大单元设计是落实立德树人、发展素质教育、深化课程改革的必然要求，也是学科核心素养落地的关键路径。[①] 即义务教育生物学新教学从关注单一知识点的"课时设计"转向聚焦大概念的"大单元设计"。

所谓"大单元设计"，就是通过生物学大主题、大概念、大问题、大任务来组织设计教学内容和教学活动。这种教学设计不同于"课时设计"，是基于真实的大情境，先整体后部分的设计，注重的不是对知识点的了解、理解和记忆，而是指向生命观念、科学思维、探究实践和态度责任等核心素养培养的整体设计。

那么，教师如何设计大单元教学？首先，要以核心素养为导向，从期望"学生学会什么"出发，明确目标。比如，旅游时，你要先知道去哪里，才清楚要带什么：如果你去热带地区，那么就没有必要带羽绒服；如果你去北极，那么你要带特别保暖的羽绒服。其次，基于整体把握课程标准、学科本质、学科逻辑、具体学情和教学情境设计"学生何以学会"的过程、方法、评价及依据。最后，通过"作业与反馈""评价与诊断""对话与反思"等环节开展基于证据的目标达成情况的综合分析及基于个体的课后辅导，让每个学生都学有所获，学有所成。

当然，教学设计是对教学的一种"预设"，而不是一种必须严格执行的"规定"，在实施时，往往需要教师根据实际的教学情境和学情进行适当调整。教师在教学中要有"变"的思维和"再生成"的思想，把握好教学过程的预设性、现场性、变化性和创生性等特征。

4. 教学活动：从"碎片化学习"转向"整体化学习"

教学活动实质上是学生在教师的组织下进行的学习活动，是决定育人质量的关键环节，也是新课标能否落地生根、开花和结果的核心过程。在此前的应试教育下，义务教育生物学课堂教学更多的是着眼于碎片化的知识点，指向的是学业水平（俗称"中考"）的考点，从而出现考试不考的内容教师不教、学生不学的现象。在这样的教育生态和课堂环境下，学生的学习只是知识点的堆积，进行的是碎片化学习，并且是为了应付考试的学习，很难形成系统的、整

---

① 崔允漷. 如何开展指向学科核心素养的大单元设计［J］. 北京教育（普教版），2019（2）：11－15.

体的学科认知和体验，从而导致学生在"背诵—记忆—遗忘"的不良循环中失去学习的兴趣和动力，学习后劲不足。

新课标聚焦生物学大概念，提倡注重整体设计的大单元教学，与之相对应的是整体化学习。整体化学习不是生物学知识的简单拼装，而是能从更高的视角发现学科知识之间的关联，并对知识进行结构化加工，能在不确定的情境中进行转移、转化和应用的一种深度学习。整体化学习的课堂教学呈现"三高"的特点：高参与——学生能积极主动地参与到学习中来，不仅是眼、耳、口、手等身体的参与，还是情感、意志等全人格的参与；高观点——能用上位的大概念来诠释事物或知识；高认识——有更高水平的认知活动发生。[①] 如果说碎片化学习"只见树木，不见森林"，那么整体化学习就是"先见森林，再见树木"。

那么，教师如何指导学生进行整体化学习？教师要做的不是让学生死记硬背生物学概念，而应营造对学生起"学以致用、用以励学"功效的学习场，在真实情境中培育他们的学科认知、感知和综合能力，特别是要强化他们思维的整体性、系统性、逻辑性和创新性，借助结构化的生物学知识、系统化的生物学技能、系列化的生物学概念和科学化的生物学原理，教化学生从"学会"走向"会学"，甚至"乐学"，并从中发现生物学知识、技能、概念和原理等所蕴含的"丰富营养"，提高他们的能力、悟性和修为，使他们形成生物学课程要培养的核心素养。

5. 教学策略：从"讲授灌输"转向"探究实践"

教学策略是指在特定的教学情境中，为完成既定的教学目标，根据具体的教学任务和学生特点，选择相应的教学内容、方法、手段、组织形式和教学步骤的方略。新课标不仅提出"核心素养为宗旨"和"教学过程重实践"的课程理念，而且凝练了"探究实践"的核心素养，还在"教学建议"中指出，教师要充分认识探究实践在培养学生核心素养中的价值，重视运用以探究为特点的教学策略，指导学生采用实验、资料分析、调查、测量等多种方式开展探究实践活动。[②] 因此，新课标下义务教育生物学教学的主要策略是"探究实践"。

核心素养具有综合性、发展性和实践性等特点，其每一个方面都是知识、

① 褚清源. 走向整体化学习 [N]. 中国教师报，2022 – 03 – 09 (6).
② 中华人民共和国教育部. 义务教育生物学课程标准 (2022 年版) [S]. 北京：北京师范大学出版社，2022：37 – 38.

能力、情感态度和价值观的综合表现，是学生在学习生物学课程的过程中从低水平到高水平逐步形成的，一般要经历对生物学概念的理解、对生物学技能的获得、对身边的生物学现象或问题的解释、对个人生活和社会生活中真实生物学问题的解决等过程。传统的讲授灌输教学策略显然已过时，不适合新教学的要求。教师要通过探究实践的教学策略，让学生在"做中学""用中学""创中学"等具身经历中发展核心素养。

那么，教师如何用好探究实践的教学策略赋能新教学？探究实践策略，本质上就是要指导学生在亲历发现并提出问题、作出假设、制订探究计划、实施计划获取并验证信息、分析信息得出结论和表达交流等环节中，习得生物学知识，养成科学思维的习惯，形成积极的科学态度和良好的社会责任，发展终身学习能力。教师要胜任这种教学策略，除了基本的教学能力外，还要具备一定的科研素养，如较强的问题意识和研究思维，特别是要掌握相关的科研常识、研究规范，以及常用的研究方法和探究实践的操作流程。这是目前广大一线教师相对比较缺乏的素养，教师可通过积极参加校本研修或校本教研等活动，或者主动主持或参与各级课题研究的方式来锤炼和强化这方面的本领与能力。

6. 教学评价：从"单一评价"转向"多元评价"

教学评价是教学质量管理体系的组成部分，是日常教学过程中不可或缺的重要环节，是了解教学过程、分析教学效果、调控教学行为、改善教学策略和提高教学质量等的重要手段，具有诊断、激励和促进作用。[①] 此前的义务教育生物学教学评价主要是通过纸笔考试的形式，并以分数的方式评价教与学的效果。这种评价方式最大的特点是容易把学生进行分层，如90分以上为优秀，70～89分为良好，60～69分为及格，60分以下为不及格。更有甚者，以学生的考试成绩（如优秀率、及格率、平均分）来评定教师的教学水平，从而出现"分数至上"的现象。

我们不妨静下心来想想：考试分数不及格等不等于学生不及格？考试成绩优秀的学生就是优秀学生了吗？60分和59分真的是及格与不及格的区别吗？如果换一份试卷，那么他们是考出同样的分数还是不同的分数？如果不同，学生的真实水平如何检测和评定？教师的贡献又如何做到合理评价？

正因为如此，新课标坚持育人为本的立场，重视以评价促进学生的学习和发展，强调建立主体多元、方法多样，既关注学业成就又重视个体进步和多方面发展的生物学课程与教学评价体系，即从"单一评价"转向"多元评价"。

---

① 李文送.高中生物学课程标准的五大教学取向［J］.教师教育论坛，2018（6）：25－28.

那么，教师如何应用好多元评价助力新教学？首先，要遵循以评促学、以评促教和多元评价的评价原则；其次，采取多种评价来研判教学目标的达成情况，反思教学行为，及时调整教与学；再次，实施主体多元评价，充分发挥学校、教师、学生在评价中的积极作用；最后，采用过程性评价和结果性评价、形成性评价和终结性评价、定性评价和定量评价相结合的方式，积极探索增值性评价，让每个学生的成长都看得见。

三、课程教学的构建导向

新课程的传递、执行、创生和开发，新课程内容的持续生成和转化，以及新课程意义的不断重构和提升，都离不开"新教学"这一基本途径。新教学以新课程标准为指南和依据，且以核心素养为导向，需要教师在教学目标上聚焦培育核心素养，确立以学习为教学中心赋能核心素养，通过结构化教学内容促进核心素养生成，创造真实的教学情境发展核心素养，并开展多元化教学评价提升核心素养。

1. 新教学目标聚焦培育核心素养

哲学家黑格尔说："如果一个人的人生之舟不知驶向何方，那么它的航行将会是痛苦并徒劳的。"教学是有目的、有计划的师生活动，承载着立德树人之使命，虽然辛劳但不能徒劳，所以不能不明确方向，并且需要在正确的方向上育人。只有教学的方向正确，教师越努力才离育人目标越近；反之则相反。从某种意义上来说，方向正确，教学上的每一步才真正算数。教育心理学家布鲁姆说："目标是预期的教学结果，有效的教学始于准确地知道希望达到的目标是什么。"所以，构建新教学的第一步是明确新教学目标。

新教学目标是什么？根据对比新旧课标可知，新课程目标从三维目标走向了核心素养。这表明，作为新课程目标的下位目标，新教学目标要聚焦本课程要培育的学生核心素养。比如，义务教育生物学新课程的教学目标就要聚焦学生的生命观念、科学思维、探究实践、态度责任四个方面的生物学核心素养；义务教育地理新课程教学则要培育学生的人地协调观、综合思维、区域认知、地理实践力等地理核心素养。教师要认识到，任何学科、任何课程都是没有素养可言的，素养是指人的素养，而且是后天可以培养的素质，即新课程教学要达成的目标是培育核心素养。①

指向核心素养的培育之新教学目标如何制定？首先，教师要研读新课标，依据新课程的内容标准和学业要求，把准新教学目标的定位和方向。例如，义务教育生物学新课程学习主题"生物的多样性"的大单元教学中，其学业要求包括说明生物的不同分类等级及其相互关系，初步形成生物进化的观点；对于给定的一组生物，尝试根据一定的特征对其进行分类；分析不同生物与人类生活的关系，关注外来物种入侵对生态安全的影响，认同保护生物资源的重要性；主动宣传生物多样性的重要意义，自觉遵守相关法律法规，保护生物多样性。

其次，教师要对新课程目标进行分解和细化，从而转化为新教学目标。就义务教育生物学新课程要培养的生命观念而言，其课程目标是"掌握生物学基础知识，形成基本生命观念"，在制定"生物体的结构层次"的教学目标时，显然需要将上述课程目标分解为"在识别动植物结构和功能的异同的基础上，初步形成结构与功能观"等教学目标。

最后，教师要根据任教学生的实际情况和拥有的教学资源，结合具体的学习情境和时间，制定适宜的教学目标。教学目标的实现，本质上就是在教师的指导下，学生顺利抵达"目的地"。"目的地"的选择应体现因人而异、量力而行的原则，既合乎时机又合乎情境。因此，好的教学目标要做到"四适"：一是适人，二是适量，三是适时，四是适境（包括教学情境、师生心境和生活环境）。

2. 以学习为教学新中心赋能核心素养

明确教学目标后，新教学构建的第二步是确立课堂教学的中心。纵观课堂教学改革的历史，大体上，课堂教学的中心曾出现过以教师为中心、以教材为中心、以学生为中心等观点和做法。前两者可称为1.0版本的教学中心论，以教师的讲授为主，教师是课堂教学的权威；后者则可称为2.0版本的教学中心论，认为教师是课堂教学的主导，而学生是课堂教学的主体。张华教授在《课程与教学论》一书中指出："当教师在教学过程中的主导地位得以确立并发挥主导作用的时候，学生这个'主体'是被人（教师）主导的，学生的主体地位就无法得到真正体现。反过来，当学生的主体地位真正确立起来时，教

---

① 李文送.《义务教育生物学课程标准（2022年版）》六大新突破［J］. 中学生物教学，2022（7）：4－7.

师又如何能够'主导'?"① 这就启迪我们，以核心素养为导向的新教学要建立的既不是以教师（教材）为中心的教学，也不是以学生为中心的教学，而是以学习为中心的教学，即 3.0 版本的教学新中心，以赋能核心素养的形成和发展。

为什么要建立以学习为中心的新教学？教育部义务教育课程标准修订综合组专家成员余文森教授指出"构建学习中心课堂是创立新型教学的最直接的抓手，是实现核心素养落地的最实质的切入点"，并从教与学的关系上进行了精辟的阐释："教学过程本质上是学生的学习过程，没有学，教的价值也就荡然无存；没有学，核心素养的形成无异于缘木求鱼，即核心素养不是外在于学生的知识符号，而是长在学生身上的观念、品格和能力，需要由学生通过学习活动慢慢形成。"② 学习不但是生命的本能，而且是成长的需要，还是核心素养形成的路径。可以说，不学习，则不成长；不学习，核心素养则难以形成。

如何开展以学习为中心的新教学？在以学习为中心的新课堂中，教师和学生都是主体，前者是"教"的主体，后者是"学"的主体，根据学习活动的分工，分别承担着"教"与"学"的任务与职责，彼此相互协作，共同完成教学的目标，即形成本教学内容要培养的学生核心素养。当然，在特定的学习情境和任务中，教师也可能变为"学"的主体，而学生则可能变为"教"的主体。换言之，"教"和"学"在以学习为中心的新教学中，相互支撑、相互促进、相互服务，甚至相互转换，彼此属于"共生"关系。正如《礼记·学记》所言的"教学相长"。

3. 结构化教学内容生成核心素养

清楚了教学目标和教学中心（即确立了教学主体）后，接着就要解决教学内容的问题，这是构建以核心素养为导向的新教学的第三步。以核心素养为导向的新教学需要教师从更高的立意去设计和组织教学，"从关注单一的知识点、课时转变为大单元设计"，通过大观念、大项目、大任务或大问题来开展大单元教学，即义务教育新课程要从综合、整合、融合等视角对教学内容进行统整和优化，使之结构化，从而促进学生进入教学，并有时间和精力开展主动学习和深度学习③。通过结构化教学内容，为学生核心素养的生成提供相应的"营养"。

---

① 张华. 课程与教学论 [M]. 上海：上海教育出版社，2001：360-361.

② 余文森. 以核心素养为导向：建立与义务教育新课标相适应的新型教学 [J]. 中国教育学刊，2022（5）：17-22.

③ 李文送. 义务教育生物学新课程理念的教学意蕴 [J]. 教学与管理，2022（19）：15-18.

为什么要对教学内容进行结构化？最直接的原因是新课标以结构化的方式组织和设置新课程内容。新课标中的课程内容都包括内容要求、学业要求和教学提示三部分，分别陈述了"教什么或学什么""教得如何或学得如何"和"怎样教或怎样学"的问题。由此可见，这三部分是相互关联的有机整体，共同构成新课程内容的组织特色。

据教育部义务教育课程标准框架研制组组长郭华教授的介绍，课程内容结构化不仅可以"改变知识、技能的简单线性排列方式，强化知识间的内在关联，凸显学科的本质、思想方法以及内在逻辑"，而且可以"既强调学科知识结构，又强调在这样的结构中所隐含着的学生活动和活动方式的结构化，为课程内容的活化、动态化，教学活动的综合性、实践性提供内容基础"，还可以"凸显出不同的知识技能在学科知识结构中所处的不同地位、所承载的不同教育价值，提示着教学实践以整体有序、多样综合的方式来挖掘知识的育人价值"。① 这说明，以核心素养为导向的新教学，在教学内容上要进行结构化处理。

如何结构化处理教学内容？根据新课标所倡导的"少而精"原则和聚焦大概念、大单元、大任务的举措，以及课程内容结构化的新理念，教学内容结构化处理的主要思路有三条：一是教学活动主题化，注重知识之间的关联性、系统性和整体性，避免教学中知识点的逐点解析、技能的单项训练，并防止知识、能力和情感态度的割裂；二是聚焦学科大概念或大观念，并对大概念或大观念进行分解和细化，如义务教育生物学新课程的内容要求不仅聚焦了"生物体具有一定的结构层次，能够完成各项生命活动"等 9 个大概念，还分解为"细胞是生物体结构与功能的基本单位"等 25 个重要概念和"动物细胞、植物细胞都具有细胞膜、细胞质、细胞核等结构"等 88 个次位概念，从而形成了生物学课程与教学的概念体系；三是重视学生在教学活动中学习的主动性、积极性和持续性的同时，指引学生对知识、技能、方法、态度、责任等进行综合和融合，甚至超越学科的边界，做到综合运用和融会贯通，从而最大限度、最大可能地促进学生核心素养的生成。

4. 创设真实的情境发展核心素养

教学是根据教学目标和内容，经过预设的一种基于具体的教学情境、师生共同经历和创造的、对课程进行二次开发而生成的活动过程，旨在组织学生开

---

① 郭华. 让核心素养真正落地［EB/OL］.（2022 - 04 - 21）. http：//www. moe. gov. cn/fbh/live/2022/54382/zjwz/202204/t20220421_ 620116. html.

展课堂学习。真正的学习是在情境中发生的，而核心素养是对真实复杂情境的认知、辨别、顿悟，以及知识、能力、态度责任的综合体现，[①] 具有根基性、综合性、发展性、实践性、生成性、情境性等特征。东北师范大学柳海民教授说："情境之于教学内容，就如同盐与汤、咖啡与水、骨骼与血肉的关系。情境的价值在于激发学习热情，唤起求知欲望。情境既是直观的方式，又是理解的桥梁。"[②] 明确了教学内容，接着就需要创设真实的情境组织教学，以发展学生的核心素养。这属于构建以核心素养为导向的新教学的第四步。

为什么以核心素养为导向的新教学要强调在真实的情境中发生呢？从整体上来看，真实的情境中有真实的问题，蕴藏着真知和真理，是学生学以致用的"舞台"，是学生孕穗和拔节成长的"场地"，是学生练就真才实干之本领的"场所"，是学生素养生长或智慧形成的"场域"。

新课程对学业质量的要求强调要基于真实的情境。比如义务教育生物学新课程对学业质量的描述是"基于真实的生物学问题情境描述生物学现象或与生物有关的特征，运用生物学的结构与功能观、物质与能量观、进化与适应观、生态观等生命观念解释产生特定生物学现象的原因，分析生物学的发展趋势及对社会产生的影响"。

从新教学的学习活动来说，以核心素养为导向的新教学注重真实的情境，最重要的原因是要让学生在基于真实情境中的实践性学习、综合性学习或探究性学习等的经历中，能够发现和解决真问题，做到学以致用，从而获得真知识，增长真才干，并体悟到学习的真谛和真正的价值。正如教育家陶行知先生所说："千教万教教人求真，千学万学学做真人。"

因此，在实际教学中，教师要创设经过优化的、丰富多彩的真实情境，为学生之真学习、真任务、真成长提供必备的环境，并以此为契机，激发学生积极向上的求知欲望、健康的情感和良好的情绪，使其能自觉主动地参与到课程学习、学科实践，甚至跨学科实践中去，指导他们开展基于真实情境的"做中学""用中学""创中学"，从而不断培养其核心素养。同时，教师也要指引学生能够在真实情境中做到迁移和运用自己所知、所学和所悟，从而使自己的知识得以拓展、能力得以提升、人格得以健全、态度得以端正、责任得以增强，进而发展成为知行合一、德才兼备的有理想、有本领、有担当的时代新人。

---

① 成尚荣. 核心素养的中国表达［M］. 上海：华东师范大学出版社，2017：15，31.
② 李文送. 微谈教学［J］. 中学生物教学，2019（1－2）：1.

5. 开展多元化教学评价提升核心素养

教学评价是完整的教学过程不可或缺的环节，是了解教学过程、分析教学效果、调控教学行为、改善教学策略和提高教学质量的有效手段，具有测评、诊断、激励和促进等多种功能。哈佛大学教授威廉·詹姆斯等人的研究结果表明，缺少必要的激励，一个人的工作能力往往仅能够发挥 20%～30%；而在有效的激励之下，一个人的工作能力则能够发挥 80%～90%。因此，构建以核心素养为导向的新教学，还需完成第五步，即开展多元化教学评价，以提升学生的核心素养。

什么是多元化评价？所谓"多元化评价"，是相对单一评价而言的一种主张评价主体、评价方式、评价方法、评价时间、评价对象等多元化或多样化的评价机制。这种评价机制和学生具有多种素养、其核心素养包括多方面、不同学生存在差异、每门课程都有其独特的育人价值、每个学段的学生都其成长的重心等客观事实相吻合。无论是从核心素养的特征，还是从不同学生的成长需求，以及不同情境中的教学需要来看，以核心素养为导向的新教学都要采用多元化评价，以发挥好教学评价应有的作用。

以核心素养为导向的新教学如何开展多元化评价？首先，教师要根据新课标规定的内容和要求，并结合具体的教学目标、内容、任务和情境，以及学生个体，注重过程性评价和结果性评价、形成性评价和终结性评价、定性评价和定量评价相结合的方式，积极探索增值性评价，致力让每个学生的成长都被看见，都能做优秀的自己。

其次，教师要遵循以评促学、以评促教、多元多样等评价原则，牢记教学评价只是教学手段，不是教学目的，不能为了教学评价而评价教与学。教师要选择适时的评价时机、适当的评价方法、适宜的评价主体、适量的评价内容、适合的评价量规。这里的"适"，是一种恰到好处，可以是"家常便饭"的反馈与鼓励，也可以是"锦上添花"的表扬与赞美，还可以是"雪中送炭"的提醒与纠正，旨在发挥好教学育人的效应。

再次，在实际评价中，教师既要做到客观、公正，又要做到尊重人格，体现以人为本的思想，即讲究科学与艺术、智商与情商相结合。这就意味着，教师在开展教学评价时，不能一味崇拜"对的真理"而不分场合、不分时机、不分对象、不分情境地坚持客观的评价，也不能用线性思维去审视和评判，毫无节制、毫无智慧地囿于评价，还不能事无巨细、面面俱到地评价学生，否则就可能出现过犹不及、物极必反的现象，从而导致评价失效、评价负效的窘况。

最后，教师用好教学评价结果，对学生学习、教师教学过程和质量进行有效监控，及时改进学生的学习和教师的教学，不断提升学生的核心素养，并帮助学生实现自我评价的构建，形成正确的世界观、人生观、价值观，从而促进学生走向自主发展、全面发展、个性发展、持续发展和健康发展。

第三节　教学追求

教学是经过预设的一种师生共同经历和创造的过程，是对课程进行二次开发而生成的过程。这就意味着，教学的过程不是"背教案"的过程，也不是"填鸭式"的灌输过程，而是教学设计在具体教学情境中的再造过程。笔者认为，应追求好学好教的生物学教学。什么是好学好教的生物学教学？这样的教学要从生命的高度进行构建，应活慧地教，活慧地学，从而使人的生命活慧地成长。简言之，应追求好的、有境界的生物学教学，即追求人之活慧与幸福。

一、追求好的生物学教学

什么样的教学是好教学？好教学不仅能使学生自主、自由、自然地成长，而且能使学生成为"己善，且与人为善"的人，成长为有理想、有追求、有信仰的人。要做到这样的生物学教学，应具备如下四种生命脉象。[①]

1. 凸显生成性

华东师范大学钟启泉教授说："从生命的高度来看，每一节课都是不可重复的激情与智慧综合的生成过程。"[②] 这就意味着，在过程上，好的生物学教学是在具体的教学情境中由师生相互辉映而再造的生成过程。其内涵有四：一是指课堂教学活动本身是"动态生成"的；二是指学生对学习内容"内化生成"新的知识和新的认知；三是师生在分析、解决问题的过程中"重新生成"新的问题；四是在教与学的互动中师生"深化生成"新的思想观念或生命智慧。

---

① 李文送. 好教学的生命脉象 [J]. 中学生物教学，2021（7）：1.

② 钟启泉，崔允漷，张华. 为了中华民族的复兴　为了每个学生的发展 [M]. 上海：华东师范大学出版社，2001：278.

2. 遵循规律性

好的生物学教学应遵循教学的本质规律、学习的发生规律和人的身心发展规律。教学、学习、人，三者都是教师需要学习和研究的对象，这是通往好的生物学教学的必由之路。对生物学的理论学习、对生物学的原理探究、对生命现象的探寻、对生命活动规律的探知，不应是生物学家或高校学者的"专利"，也是广大中小学教师和学前教师的"必修课"。当然，生物学原理或生命活动规律都有其适切性。所以，教师要营造好的生物学教学，应依循"因地制宜""因人而异""因材施教""因时而变"的方法论而"以变应变"，即依规按律地开展教学育人。

3. 充满教育性

育人不但是生物学教学的根本使命，而且是生物学教学的根本价值。佐藤正夫在《教学论原理》一书中说，教学的过程也是教育的过程。杭州师范大学张华教授指出："教学永远具有教育性，即教学过程不是一个价值中立的过程，学生在此过程中不仅掌握知识、发展能力，而且会形成和改变思想品德和价值观念。"① 好的生物学教学是教师借助生物学的学科知识、学科技能、学科活动、学科思想、学科文化和学科生活的力量，用知识更新知识的同时，用技能培育技能，用活动淬炼成长，用思想生发思想，用文化修炼心灵，用生活滋养情感，从而成就一个个人格健全、德才兼备的活慧之人。

4. 流露艺术性

全国优秀教师郑英老师说："教育是向美而生的。"好的生物学教学也应是向美的而不是向丑的，是生动的而不是枯燥的，是高雅的而不是庸俗的。走进李吉林老师的情境教学、华应龙老师的化错教学，以及其他教师的情思教学、创意教学和生本教学，可以发现他们的教学都有一个共性：美如艺术。何谓美如艺术的教学？在教学语言上，亲切而亲近，悦耳而悦心，如诗又如画；在教学活动上，匠心运作，环环相扣，引人入胜；在答疑解惑上，举重若轻，巧方妙法，深入浅出；在思想交流上，平等对话，情思相融，求同存异；在教学策略上，以心灵为耕地，以情感为肥水，以思维为种子；在教学反馈上，点灯亮心，扬善育善，正能赋能。好的生物学教学也应如此。

---

① 张华. 课程与教学论 [M]. 上海：上海教育出版社，2001：365.

二、追求学科教学的境界

哲学大师冯友兰先生提出，人生有四大境界：一是混沌未开的"自然境界"；二是为己为利的"功利境界"；三是为人为公的"道德境界"；四是天人合一的"天地境界"。在思考和梳理学科教学的境界时，结合教师在教学上的专业成长进阶，我认为生物学教学同样存在以下四重境界，即"教会""会教""慧教""乐教"。①

1. 第一重境界是"教会"

从教初期，教师专业成长的核心特征是"适应"。适应期教师"教"的重心是"教会"，其内涵有三：一是将学科知识与技能教会，即教师要掌握"教"的基本要领、"学"的基本要义，理清学科知识的学理、熟练专业技能的操作，并能科学合理地将其阐述或表达出来；二是将学生教会，即使学生掌握所教的知识、技能和方法；三是把自己教会，即知晓所教的对象和内容，熟悉从教的基本要求和课堂教学的基本规范。这就表明，处于第一重境界的"教"，需要厚实"知"的积累、"能"的提高和"行"的规范。"固其根"以"求木之长"，"浚其源"以"促流之远"。

2. 第二重境界是"会教"

"会教"，意味着教师不但具备了"教会"的知与能，而且彰显"教"的艺术，又称为"善教"。在专业发展水平上，"会教"的教师属于高水平的教师，专业工作娴熟，教学方法得当，教育技艺高超，育人效果显著。不仅知道教什么、怎么教，而且懂得为什么教。清楚要给兔子喂草、给狮子投肉，而不会给狮子喂草，也不会给兔子吃肉，当面对杂食动物时，懂得讲究荤素搭配，且能根据不同对象的营养需求、口味或饮食习惯，采用合适的烹饪方式。即"会教"的教师能根据学习内容和不同基础的学生灵活采取适合的方式方法，让学生学得有趣、轻松、高效。这样的教师，学生亲之、信之、且效之。

3. 第三重境界是"慧教"

"慧教"之教，依托教师的教育思想和教学主张，注重从思想层面启发学生，活跃其思维，增长其智慧，使之拥有独立之精神和自由之思想，从而在教学过程中开悟、顿悟并觉悟，进而走向生命的自觉、自律与自强。在"慧教"

---

① 李文送：教学的四重境界 [J]. 中学生物教学，2019（12）：1.

的场域里，师生的思想是丰盈的，思路是丰富的，思考是深刻的。做到"慧教"的教师，要打破学科专业的"天花板"，从全人教育的视域进行规划、从事并深耕教育事业和教学工作；引领学生推倒学科边界的"四面墙"，从综合、关联和开阔的视野去认识、理解、改造和创造世界。

4. 第四重境界是"乐教"

这里的"乐"，不但指从教前的喜欢与向往，而且指从教后的深度热爱与愉悦。正如教育家第斯多惠所说："真正的永不消失的教学热情必须建立在对教师职业的热爱上，对教师工作的心驰神往，必须建立在对发展儿童世界事业的热爱的基础上，至于如何教学，那是次要的。"[①]"乐教"之教是一种"好为人师""为人好师"和"为人师好"的高度统一；是职业与事业、使命与生命、为教与为人的深度合一。这表明，达到此境界的教师，其为教是一种幸福体验，其从教是一种精神追求，其立教是一种灵魂皈依；为教是他们"悲天悯人、爱泽众生"教育情怀和为人处世的一种表达，超越了世俗的功利，是一种"天地人同和"的境界。

三、追求人之活慧与幸福

随着教学工作经历的日积月累，加上对教学不断深入思考和探究，我越来越认识到：教学不仅是一门科学，而且是一门艺术，还是一种生活，而科学的价值在于求真，艺术的意义在于创新，生活的旨趣在于追求幸福。哲学家赵汀阳先生在《论可能生活》中说："追求幸福是每个人的生活动力，这是一个明显的真理。如果不去或不能追求幸福，生活就毫无意义。"对此，我深以为然。于是，在生物学教学追求的道路上，我以幸福为动力和方向，致力打造"活慧生物"之方舟，以抵达彼此幸福的彼岸。

2022年12月7日，《辽宁教育》杂志社向我约稿，请我撰写关于教育幸福、教师幸福、教育高质量发展等方面的文章，我非常爽快地答应了。在构思如何完成这个"作业"时，我的脑海很自然就想到了《幸福：教育高质量发展的旨归》的标题。后来，文章刊登在《辽宁教育》管理版2023年第1期卷首。

文章中说，为了让人们过上更加美好的生活，教育需要用高质量发展来实现其核心价值和根本意义，即让每一个接受教育的人都能在自己所在的境遇里

---

① 第斯多惠. 德国教师培养指南［M］. 袁一安，译. 北京：人民教育出版社，2001：59.

自由而幸福地生活。① 幸福是人们对生活的向往，自然就是教育高质量发展的旨归。

首先，我追问：在学校教育下，幸福是什么？有人说，幸福是一种感觉，是一种自我需求得到满足并希望一直保持喜悦的心理状态；有人说，幸福是一种体会，是生活平顺、家人健康、事业有成、孩子上进的自我体验；有人说，幸福是一种心境，是顺其自然、知足常乐、积极向上的状态；还有人说，幸福是一门科学、一种方法、一种能力。这些理解和定义不无道理。那么，学校教育下的幸福究竟是指什么呢？诚然，幸福的主体是人，而学校的主体是师生。所以，学校教育下的幸福是指教师和学生的幸福。学校教育的高质量发展要指向师生的幸福生活，从而使其自主、自由、自在地生活，甚至福泽他人。

其次，我思考：在教师发展中，学校应何为？教师是教育的第一资源，教育的高质量发展离不开高素质专业化的师资队伍。这就需要学校为教师的专业发展赋能助力，不断强壮教师臂膀，使之更好地发挥自身在教育高质量发展中的作用，从而驱动教育这艘航母行游在美好的现在，并驶向更加璀璨的未来。其一，学校应建立促进教师专业发展的激励机制；其二，学校要帮助教师认清自己，且能在自身专业发展的方向和路径上不断成长。不同类型的教师，其专业发展的重心要与其特长相匹配。比如，"番薯"教师应重点发展其"根"，"青菜"教师则主要发展其"叶"，而"甘蔗"教师则可把发展重心放在"茎"上；其三，学校要营造协同育人的环境。只有教师间相互协作才能发挥好"1＋1＞2"的工作效能，达到同频共振的育人效应，从而提升教师的幸福感和成就感。

最后，我反思：在学生成长上，教师要何为？在教育高质量发展的进程中，教师要让学生感到幸运，成为他们的幸福。这样的教师，不会"把分数作为衡量学生优劣的唯一标准"。学校是允许学生犯错的地方，每一次改正错误于学生而言都是一次宝贵的成长机会，教师要引导学生正确地为人、为学和为事。教师在传授科学文化知识的同时，不仅要尊重和理解学生，还要引导学生追求幸福生活，使学生体悟到一个幸福的人要有明确的、能带来快乐和意义的目标，并在努力追寻的过程中懂得享受生长、生活和生命带来的幸福。

总之，教育的高质量发展就是要更高效、更高品质地成就师生的生命成长，为其当下和未来之幸福生活赋予最大的可能，使之成为幸福的创造者、享受者和分享者。要成为这样的人，显然需要拥有相应的智慧。

---

① 李文送. 幸福：教育高质量发展的旨归 [J]. 辽宁教育：管理版，2023（1）：1.

第二章 "活慧生物"理实依据

教学主张是教学理论与教学实践的"共生体"。没有前者，教学主张就立不住、站不稳，风吹就倒；没有后者，教学主张就坐不下、走不起，别人用不了。只有做到理实结合（乃至理实融合）的教学主张，才能避免陷入"空想主义"和"经验主义"的泥潭，体现可迁移性、可借鉴性，从而焕发应有的生命力。那么，在提炼"活慧生物"教学主张的过程中，我是如何找到其理实依据（特别是理论依据）的呢？首先，"活"字让我联想到教育家陈鹤琴先生的活教育思想、陶行知先生的生活教育理论；其次，"慧"字指智慧，而智慧的生成与体现都离不开真实情境，故而联想到教育家李吉林先生的情境教学理论。加上自己和生物学教育同行的研究与实践，也提供了很好的理实依据。

第一节 理论依据

在人类教育的长河里，流动着各种不同的教育理论和教学主张之慧水，为教育教学的发展做出了不可磨灭的贡献，有的至今依然具有强大的生命力和引领力，为新的教育理论或教学主张的提炼提供了依据。在提炼生物学教学主张的过程中，我从教育家陈鹤琴先生的活教育的思想、教育家陶行知先生的生活教育理论、教育家李吉林先生的情境教学理论中找到了"活慧生物"教学主张的理论依据。

一、活教育的思想

活教育是陈鹤琴先生的主要追求，是陈鹤琴教育思想核心之所在，其教育教学改革的具体观点、举措和实践操作，都是围绕活教育展开的。[①] 攀登陈鹤

---

① 成尚荣."活教育"的核心理念及现代意义 [J]. 江苏教育研究，2007（8）：4-7.

琴活教育的思想之高山，我不仅看见"做中教，做中学，做中求进步"教学观之花朵，还窥见其基于儿童心理学和教学实践经验所提出的十七条教学原则之育人意境。

第一条：凡是儿童自己能够做的，应当让他自己做。"'做'这个原则，是教学的基本原则，一切的学习，不论是肌肉的，不论是感觉的，不论是经验的，都要靠'做'的"[①]，陈鹤琴先生如是说。对此，我深以为然。在教学活动中，教师可以引导、教导或辅导学生，但不能代替学生。当学生去做时，"就与事物发生直接的接触，就得到直接的经验，就知道做事的困难，就认识事物的性质"。这样的过程就是真学习，就是活体验，就是慧成长。

第二条：凡是儿童自己能够想的，应当让他自己想。想，在这里主要是思考的意思。《论语·为政》中说："学而不思则罔，思而不学则殆。"意思是说，只是学习但不思考，则会被知识的表象所迷惑而茫然无所得；只是思考但不学习，则会疑惑不觉，不仅无所得，甚至还更加危险。于学生的学习过程而言，学与思是同行的，是共生的。陈鹤琴先生告诫说："最危险的，就是儿童没有思考的机会；越俎代庖，是教学中的大错。"鉴于此，我以为，思活了，则智慧生。

第三条：你要儿童怎样做，就应当教儿童怎样学。陈鹤琴先生说："你要儿童游水，一定要在水里教他，而且要他自己到水里去，否则，光是你游泳给他看，是没有用处的。"[②] 因为"在陆地上学游泳，是没有多大用处的，即使他日夜练习游泳，一到水中，还是会溺死的"。这就意味着，教师应创设真实的生活、生产和社会等情境，让学生可以"在水中学游泳，在厨中学烹饪，在田中学种地"。对生物学教学来说，教师就应组织学生对"活"的生物进行观察、比较和研究等的具身经历中学习、体验和成长。

第四条：鼓励儿童去发现他自己的世界。"儿童的世界是儿童自己去探讨去发现的，他自己所求来的知识才是真知识，他自己所发现的世界，才是他的真世界。"陈鹤琴先生如是说。每个生命都是其行为之主体，其感知、认知和体悟，就是他们的收获和成长。学生只有主动去发现其世界，才能认识和创造其世界。生物学教师就应鼓励学生去认识其身边的生命现象，去发现生命活动规律，去探寻复杂而充满智慧的生命世界。

---

① 陈鹤琴. 陈鹤琴教育思想读本·活教育 [M]. 陈秀云，柯小卫，选编. 南京：南京师范大学出版社，2012：14.

② 陈鹤琴. 陈鹤琴教育思想读本·活教育 [M]. 陈秀云，柯小卫，选编. 南京：南京师范大学出版社，2012：17.

第五条：积极的鼓励胜于消极的制裁。在陈鹤琴先生看来，教师不要禁止学生乱抛纸屑，而要鼓励他们把地上的纸屑拾起来，丢在纸屑篓里；教师不要禁止学生在墙上乱涂，而要鼓励他们把墙壁刷白；教师不要禁止学生高声说话，而要鼓励他们在公共场所轻轻地讲话。也就是说，在教育学生的过程中，与其堵之，不如疏之。这和战国时期李冰治水的思想一脉相承。服务于学生成长之教育教学应当以积极为上，重在引之、导之，而非禁之、制之。

第六条：大自然、大社会是我们的活教材。根据活教育的思想，大自然、大社会是活知识的宝库，是"取之不尽，用之不竭"的活教材。如果把学生比作鱼儿，那么大自然、大社会就是能让鱼儿畅游的活水。在日常教学中，我常常把自然之生命现象，特别是学生身边的生物资源和生活中的生物事件或社会性议题等引入课堂，让他们可以找到所学文本内容与校园生活、社会生活甚至大自然的真实生命现象的连接，为其学以致用创造最大可能。

第七条：比较教学法。俗话说："不怕不识货，就怕货比货。"比较教学法让学生对所学事物"认识得格外正确，印刻得格外深切，记忆得格外持久"。陈鹤琴先生举了教学生认识鸡的例子，即用鸭和鸡进行比较教学。这样，学生就能比较清楚地知道：鸡的嘴巴尖，其脚趾分开，而鸭的嘴巴扁，其脚趾间有蹼；尖的嘴巴有利于在地上找食物，扁的嘴巴有利于在水中找食物，分开的脚趾有利于在陆地上行走，趾间有蹼的脚有利于游水。在科学探究上，特别是对照试验，也是需要设计对照组的。

第八条：用比赛的方法来提高学习效率。根据活教育的思想，学生大多是喜欢比赛、喜欢竞争的，教师要利用学生的这种心理，去增加学生的兴趣，去提高学生的学习效率。[①] 在生物学教学过程中，我和其他教师一起组织学生开展叶脉书签制作、动植物模型制作、创意作业水果画、航模制作、手抄报、青少年科学创新大赛等比赛。这样的比赛，确实能有效提高学生的兴趣、综合能力和创新思维的发展，从而有助于学生学会如何为人处事。

第九条：积极的暗示胜于消极的命令。积极的暗示对学生具有激励和指引的作用。暗示，分为语言暗示、文字暗示、图画暗示和动作暗示。无论是积极的语言暗示或文字暗示，还是积极的图画暗示或动作暗示，在课堂教学中，如果教师运用得当，都能发挥非常好的教学效果，帮助学生更好地完成学习任务和克服困难。例如，教师的身体语言，能让教学更加生动而形象，不仅能吸引学生的

---

① 陈鹤琴. 陈鹤琴教育思想读本·活教育 ［M］. 陈秀云，柯小卫，选编. 南京：南京师范大学出版社，2012：30-36.

注意，而且能让其感受到教师和教学的趣味，从而强化其主动学习的内驱力。

第十条：替代教学法。所谓替代教学法，就是指教师根据学生的喜好和行为特点，选择恰当的活动、物体和方式等，以满足学生个性成长和健康发展的需求。在阐述这一教学原则时，陈鹤琴先生举了些例子，如小孩子是喜欢玩弄的，如果看见他玩脏的、坏的东西，就得想方设法用清洁的、好的东西去代替。在生物学教学中，当讲解人体的结构等相关内容时，教师就可以用教师或学生的身体来替代传统的挂图、人体结构模型等教具。

第十一条：注意环境，利用环境。陈鹤琴先生说："环境中有许许多多的东西，初看看与你所教的没有关系，仔细研究研究看，也可以变成很好的教材，很好的教具。"当然，于生物学教学而言，教师不仅可以从环境中找到活教材、活教具，还可以利用好环境的育人功能，因为任何生物都离不开环境，都受到环境的影响。例如，阳光就能影响植物在海洋里的分布，而温度让高山上的植被出现分层。《晏子春秋》中所言："橘生淮南则为橘，生于淮北则为枳。"所以，教学中要重视发挥好环境的育人功效。

第十二条：分组学习，共同研究。分组学习是一种集体学习，即"以大家的思想来互相感应，我们研究学问专靠一本书，所得就只限于一本书。如果除读书外又和人来讨论，因为和人讨论就有刺激，有刺激就有反应，刺激越多反应也越多"①。根据学习任务，教师适度组织学生开展小组合作学习和探究，让他们在过程中践行和体验合作精神，使之相互成长，相互成就，不正是一种活慧之举？

第十三条：教学游戏化。活教育的思想认为，游戏是人生不可缺少的活动，不管年龄性别，人们总是喜欢游戏的。德国弗里德里希·席勒说："只有当人在充分意义上是人的时候，他才游戏；只有当人游戏的时候，他才是完整的人。"课堂教学如果能把学习活动游戏化，就能使课堂"更有趣"，参与其中的学生就能"更快乐"，从而"更能有进步"。那么，学习活动如何游戏化？陈鹤琴先生提出了两点建议：一是教师要注意方法与目的的配合，不能为游戏而游戏；二是教师要注意给大多数儿童提供活动的机会，尽量让每个学生都有参与的机会，而不只是少数学生的"福利"。

第十四条：教学故事化。何为教学故事化？教学故事化就是根据学生"爱听故事"的心理特征，采用故事的方式进行教学。陈鹤琴先生指出，教学

---

① 陈鹤琴.陈鹤琴教育思想读本·活教育［M］.陈秀云，柯小卫，选编.南京：南京师范大学出版社，2012：48.

故事化包括教材故事化和教法故事化。研究表明：故事与学生的情感有交流作用；故事情节的神奇，能满足学生的好奇心；故事能激起儿童的想象力；故事组织的完整，适合于学生的学习心理。这就启迪生物学教学，可适当采用教学故事化的方式进行教学，引导学生走向活慧之学。

第十五条：教师教教师。活教育提倡通过教师教教师，即通过教学演示或组织巡回教学辅导团等形式来提高教师的水平。这和如今各地各学校开展的教学展示课、说课和送课下乡等是一致的。陈鹤琴先生强调，举行教学演示要注意：其一，施教前应声明是讨论方法，不是任意批评，是对事不对人，以免产生误会；其二，施教者是施教，不是示范；其三，施教者事前一定要准备充分；其四，演示后应多方提出问题以改进教学；其五，施教中还要注意技术动作习惯等方面；其六，施教者要充分考虑教学的整个过程；其七，尽量避免学生事先知道。

第十六条：儿童教儿童。与教师教儿童相比，儿童教儿童具有独特效果。用陈鹤琴先生的话来说，儿童教儿童的好处主要有三点：一是儿童了解儿童的程度比成人所了解的更为深刻；二是儿童鼓励儿童的效果比成人所获得的更为巨大；三是儿童教儿童可以做到教学相长，即不仅能提高被教之儿童的成长，还能发展教人之儿童的综合能力。在生物学教学中，笔者也常常鼓励学生教学生，彼此相互学习，共同成长。

第十七条：精密观察。活教育的思想认为，观察是获得知识的基本方法，而精密观察则是开启真理宝库的钥匙，握着这把钥匙，我们便能接近科学的真理[1]。陈鹤琴先生说，在我们的教学中，如果也能采用观察的方法，如通过实地观察来施行教学，或者通过实际研究来培育儿童善用观察的学习态度，教学的效果都会有所增进。观察是生物学的重要学习方式之一，所以生物学教学应让学生学会观察，去用自己的眼睛和心灵认识、发现生命现象及其活动规律，尤其是生命的活慧之道。

二、生活教育理论

生活教育理论是教育家陶行知教育思想的主体和精华，主要包括"生活即教育"的本体论、"社会即学校"的场域论、"教学做合一"的方法论。漫

---

[1] 陈鹤琴. 陈鹤琴教育思想读本·活教育 [M]. 陈秀云，柯小卫，选编. 南京：南京师范大学出版社，2012：63.

步生活教育理论之田园，我不仅看见生活、社会与教育教学之关系，也找到了生物学教学之活水与智慧。

陶行知先生说："教育的根本意义是生活之变化。生活无时不变即生活无时不含有教育的意义。因此，我们可以说'生活即教育'。"① 1934 年，他在《什么是生活教育》一文中强调，过什么生活便是受什么教育，过康健的生活便是受康健的教育，过科学的生活便是受科学的教育，过劳动的生活便是受劳动的教育，过艺术的生活便是受艺术的教育，过社会革命的生活便是受社会革命的教育。我深以为然，并在出版的第一本专著《教师的生命成长》（东北师范大学出版社，2016 年）的前言中说到，我相信我们每一个人过的都是"生物生活"，而不是"非生物生活"，所以我们有充分的理由相信生物学科的学习内容是我们一辈子都不能缺乏的"必需元素"；换言之，人人都要接受生物之教育，人人都会受生物之教育。马克思指出："人类生存的第一个前提是，人们为了能够创造历史，必须能够生活。"② 在回答"什么是生活"时，陶行知先生说："有生命的东西，在一个环境里生生不已的就是生活。"所以，人是生活的，生物是生活的，生物学教学也是生活的。"教育只有扎根于儿童的生活与经验，教育才能发挥自己的效能，教育才有意义。如果教育脱离了人生与经验，教育便是不可能的，因为它是无根的。"③ 我以为，生活是人类存在的基础，也是生物的基本特征，自然就是生物学教学应有的生命气象。任何一个教学情境、教学模式必须纳入生活的气息才最富有生命力，任何一种课程设计、学习形式也只有在生活的整体背景和耕耘之中才能绽放最美的花朵④。

课堂实质上是师生一起经历、共同达成课程目标的生活现场，好课堂不仅要立足这一实质，而且要据此进行教学。陶行知先生说："没有生活做中心的教育是死教育。没有生活做中心的学校是死学校。没有生活做中心的书本是死书本。"可见，好课堂要以生活为中心，要以生活为旨趣，根植师生正在经历的现实生活和曾经有过的生活经验，指向师生各自未来的生活。在思路上，好的课堂教学要深深扎根于现实生活，深度融入现实生活，最大限度服务现实生活；在方法上，好的课堂教学要生活化，要依托当地、本校学生的生活方式、

---

①　陶行知. 陶行知全集（第2卷）［M］. 华中师范学院教育科学研究所，编著. 长沙：湖南教育出版社，1985：633.

②　马克思，恩格斯. 马克思恩格斯全集（第3卷）［M］. 中共中央马克思恩格斯列宁斯大林著作编译局，译. 北京：人民出版社，1980：31.

③　金生鈜. 理解与教育——走向哲学解释学的教育哲学导论［M］. 北京：教育科学出版社，1997：71.

④　张华. 陶行知生活教育观：内涵、价值和境界［J］. 中华文化论坛，2017（2）：54 - 60.

生活习惯、生活事件，使学生更加关注自身生活，能够在生活中做到学以致用，并通过课堂学习改善生活，提高生活质量。

"教学做合一"方法论认为，在生活中，对事说是做，对己之长进说是学，对人之影响说是教；教学做是一种生活的三个方面，而不是三个各不相关的过程；教与学都以做为中心，教的方法根据学的方法，学的方法根据做的方法，事怎样做便怎样教，怎样学便怎样做；我们要在做上教，在做上学，在做上教的是先生，在做上学的是学生。[①] 这就意味着，在课程教学过程中，教、学、做不应分家，不能教一套、学一套，而做又是另外一套；即教、学、做要保持一致性，这样才能确保教师之教能有所用，学生之学能有所用。当然，无论于教师来说，还是于学生而言，都是活用慧用为上。

由此可知，谁掌握了"做"，谁就是先生，先生是"做"的先行先知者，故而能教、会教，学生是"做"的后行后知者，故而要学、需教。概括地说，教人者先教己，己明者后明人，只是无论在先"教己"后"明人"，还是"己明"再去"明人"，都必须通过"做"来实现，不在做上用功夫，教不成教，学也不成学，从先生对学生的关系说，做便是教；从学生对先生的关系说，做便是学；共教、共学、共做才是真正的生活教育。[②]

总之，生活承载着教育的需求、教学的旨趣和成长的源泉，教师和学生都应在生活中践行"做"的哲学，问道"做"的学问，弘扬"做"的学风。在某种意义上，生活就是生命行为主体"做"的总和，有怎样的"做"就有怎样的生活。"做"的大厦，既要"思"的构设与向往，也要"能"的支撑与构建，还要"慧"的打造与实现。"教学做合一"在本质上是通过教、学、做的有机统一，致力于提高学生真实的生活能力，丰富学生的生活体验和生活智慧，使其成为现实生活中的活人慧者。生物学教学，乃至其他课程教学，于教师都应活教慧做，于学生都应活学慧做，并在做中以活学、做中以慧用，而生活有着课程教学的各种"源头活水"。

三、情境教学理论

情境教学是儿童教育家李吉林先生从 1978 年起，针对传统学科教学存在

---

① 陶行知. 陶行知全集（第2卷）[M]. 华中师范学院教育科学研究所，编著. 长沙：湖南教育出版社，1985：633.

② 谌安荣. 陶行知生活教育理论的内涵及其意义 [J]. 广西社会科学，2004（9）：189–191.

的"呆板、繁琐、片面、低效"的弊端，在吸收、借鉴我国古代文论中的"意境"理论和外语教学中运用情景进行语言训练的有益经验的基础上，经过不断的理论加工和实践创新而总结出的一套具有本土气息和时代精神的教学理论。[①] 该教学理论通过创设典型情境，激起儿童热烈的情绪，把积极的情感活动和认识活动结合起来进行设计和组织教学，具有"形真""情切""意远""理蕴"的特点，旨在让学生在经过优化的情境中进行学习和成长。

情境教学的核心是"情境"，它以"情"为经，将被淡化了的情感、意志、态度等心理要素确定为学科教学的有机构成，将学生的兴趣、特长、志向、态度、价值观等人的素质的重要方面摆在学科教学应有的位置上；以"境"为纬，通过各种生动、具体的生活环境的创设，拉近了学科教学与学生现实生活的距离，使死的知识成为活的生活，为学生的主动参与、主动发展开辟了现实的途径。[②] 这和前述的陈鹤琴先生所秉持的"大自然、大社会是我们的活教材""注意环境，利用环境"等教学原则和所强调的"在水中学游泳，在厨中学烹饪，在田中学种地"等教学主张，以及陶行知先生的"教学做合一"方法论，在思想上是同频同脉的。中国著名生物学教育家朱正威先生说："我一直认为大自然才是一本活生生的教科书，研究生物学，就要去观察活的生物界，理解它们的生活，发现值得研究的问题。就是在实验室里，也要研究活的有机体。"[③]

情境教学的内在机制有五点：一是以培养兴趣为前提，诱发主动性；二是以指导观察为基础，强化感受性；三是以发展思维为重点，着眼创造性；四是以陶冶情感为动因，渗透教育性；五是以训练语言为手段，贯穿实践性。[④] 原中央教育科学研究所田慧生称其为情境教学的促进学生全面发展和素质整体提高为目的的教学活动的"五要素"，并指出，在实践操作上，通过不断探索、总结、筛选，逐步形成了以"美"为突破口、以"情"为纽带、以"思"为核心、以"练"为手段、以"周围世界"为源泉的情境教学操作模式。[⑤]

学习总是与一定的社会文化背景即"情境"相联系的。在实际情境下开展学习，可以使学习者利用自己原有认知结构中的有关经验去同化和索引当前

① 田慧生. 情境教学—情境教育的时代特征与意义 [J]. 课程·教材·教法，1999 (7)：18-21.
② 李吉林. 为全面提高儿童素质探索一条有效途径——从情境教学到情境教育的探索与思考（下）[J]. 教育研究，1997 (4)：55-63，79.
③ 人民教育出版社生物室. 朱正威教育文集 [M]. 北京：人民教育出版社，2020：23.
④ 李吉林. 情境教学的理论与实践 [J]. 人民教育，1991 (5)：27-33.
⑤ 田慧生. 情境教学—情境教育的时代特征与意义 [J]. 课程·教材·教法，1999 (7)：18-21.

学习到的新知识，从而赋予新知识以某种意义。① 这就意味着，生物学教学需要教师结合具体的教学内容和实际生活，创设利于激发学生自觉思考和主动解决问题的真实情境，带领学生置身真实的自然环境或社会环境之中，以促进学生真实性学习，形成和发展其核心素养，使之成为活学慧长的人。陈鹤琴先生说："书本上的知识是间接的知识，要获得直接的知识，应该向大自然、大社会去探讨。儿童的世界那么大，有伟大的自然亟待他们去发现，有广阔的大社会亟待他们去探讨。什么四季鲜艳夺目的花草树木，什么光怪陆离的虫鱼禽兽……都是儿童知识的宝库。"②

综上所述，无论是陈鹤琴先生的"活教育"思想，还是陶行知先生的生活教育理论，或者李吉林先生的情境教学理论，都可以找到"活"的精神和"慧"的精髓。他们以生活为教育教学之基点和源头活水，以"活"的情境，培育生命之"慧"。换言之，他们提倡"活"教人，"慧"教人，且强调要教人"活"，从而使人"慧"。正是基于这样的理解和体悟，在提炼自己的教学主张的过程中，我从先生们的教育教学思想的光辉中汲取营养，并结合生物学科的本质和特点，以及前人和今人的实践探索，再经过无数次的反复推敲和选择，"活慧生物"在我的脑海中漾出涟漪，掀起波澜。

第二节　实践发现

诚然，教学主张的提炼，离不开教学实践的锤炼与检验。在 20 年的实践探索中，时有被安排跨学段教学，所以我在初中生物学教学之田野留下 12 年的足迹，在高中生物学教学之山上走过 11 年的风雨，还在大学（兼职）度过 13 年的时光，为师范生讲授"中学生物学教学设计与说课""中学生物学教学技能与艺术""中学德育与班级管理"等课程。此外，我还有 10 多年的教师培训之经历。特别是在生物学教学中开展问题导学之思、探究教学之行、生本教学之探和渗透教学之悟，为形成"活慧生物"教学主张提供了不可或缺的实践基础。

---

① 张春兴. 教育心理学 [M]. 杭州：浙江教育出版社，1998：115.
② 陈鹤琴. 陈鹤琴教育思想读本·活教育 [M]. 陈秀云，柯小卫，选编. 南京：南京师范大学出版社，2012：18.

一、问题导学之思

随着新课改的不断推进，我们的教学虽然取得不少可喜的成绩，但是有关调查结果显示，有些教师的课堂教学只关注学生的成绩，重视对知识结论的传授与掌握，却忽视对知识产生、发展进程的展示与探索，不重视学生问题意识的培养；学生不会问、不敢问、不想问、无问题可问，从不怀疑书本知识和教师讲授的知识，从不想提出自己独到的见解，总是一味地接受和巩固现成的知识，学生不会发现问题，创新潜能被埋没。这种"去问题教育"不能有效地培养和发展学生的问题意识。而有些教师在课堂教学问题的设计上低效、无效，直接影响着教学效果和质量。具体表现为：问题简单化，缺少思考价值；问题随意化，缺乏针对性；问题形式单一化和教师点评简单化；问题设计过于深奥，启而不发；教师提问的范围缺少普遍性；提出问题时不能给学生足够的思考时间和讨论空间。

在这样的背景下，"问题导学法"引起了人们的重视。"问题导学法"是指在建构主义教学理论、建构主义学习理论、多元智能理论指导下，把教学内容转化为有价值的、值得探究的、有多种解决方法的科学问题，在教师的引导下，创造条件让学生自主、探究、合作学习。[1] 鉴于此，在初中任教的前十年，我主要开展问题导学，并开展了初中生物学"问题导学"教学的实验研究。[2] 教学论义《生物学"问题导学"教学对学习成绩影响的实验研究》于2012 年 11 月被广东省教育研究院评为广东省中学生物学教学研讨会优秀论文一等奖。

1. 实验对象

本研究的实验对象为本校七年级 6 个班的学生，共 379 （63 + 64 + 63 + 63 + 64 + 62）人，其中实验班随机设置 A、B、C 共 3 个班，另外 3 个班 a、b、c 为对照班。实验班采取"问题导学法"进行课堂教学，而对照班则运用讲授法这一传统教学方法进行教学。

2. 研究方法

根据每学年每学期的期中考试、期末考试和学业水平考试共 8 次考试成

① 杨计明. "普通高中新课程生物课堂教学研究"总结报告 ［J］. 中学生物教学，2009（2）：29 – 32.

② 李文送. 初中生物学"问题导学"教学实验效果及反思 ［J］. 中学生物学，2014（2）：9 – 11.

绩，然后利用SPSS19.0和Excel 2003软件对结果进行统计和分析。评价指标包括平均分（分）、优秀率（％）和及格率（％）。实验班各指标的效值＝实验班的绝对值－对照班的绝对值，效率＝（实验班的绝对值－对照班的绝对值）/对照班的绝对值×100％，然后运用t检验的方法检测实验班和对照班总平均值差异的显著情况。

3. 结果与分析

（1）平均分。

各班生物学学习成绩的平均分见表2.1。表2.1的数据统计结果表明，整体上，无论是每一次考试，还是8次考试的总平均，实验班生物学的学习成绩总平均分均高于对照班。就每一次考试来说，只有在七年级上学期的期中考试中，对照班a班、b班的平均分依次是77.77分和76.05分，均略高于实验B班的平均分（75.38分），但总平均分实验班为80.10分，而对照班总平均分为76.40分，这可能是实验初期，实验班中不同的班级学生适应"问题导学法"的教学方式所需要时间存在长短的差异。其他考试（七年级上学期期末、七年级下学期期中和期末、八年级上学期期中和期末、八年级下学期期中和学业水平考试）都是3个实验班的生物学平均分高过对照班各班的平均分。经过两年的教学实践，实验班生物学学习成绩总平均分高达79.73分，效值比对照班增加了7.56分，效率提高了10.47％，经过t检验可以知道$|t|=5.674>t_{0.01}=2.807$，以下检验可信度均为99％，两者差异极显著（$P<0.01$）。

表2.1 "问题导学"教学对初中生物学平均分的影响

年级	检测	实验班			对照班		
		A班	B班	C班	a班	b班	c班
七年级上学期	期中试	86.39	75.38	78.52	77.77	76.05	75.39
	期末试	79.89	70.41	68.70	65.19	66.73	65.21
七年级下学期	期中试	83.48	72.89	71.24	67.77	69.77	66.03
	期末试	89.13	79.24	73.38	72.75	72.28	67.08
八年级上学期	期中试	89.48	82.81	81.11	77.46	74.87	78.02
	期末试	84.63	74.03	72.50	69.78	66.37	68.90

（续上表）

年级	检测	实验班			对照班		
		A 班	B 班	C 班	a 班	b 班	c 班
八年级	期中试	85.62	79.34	75.80	74.81	70.97	71.66
下学期	学业试	91.62	84.88	83.05	81.42	77.02	78.80
平均		86.28	77.37	75.54	73.37	71.76	71.39
总平均		79.73			72.17		
实验效果	效值/分	7.56**					
	效率/%	10.47					

注：＊＊表示差异极显著。

（2）优秀率。

优秀率是衡量各班生物学学习成绩优秀学生人数占全班总人数比例的指标，实验效果见表2.2。表2.2的数据统计结果表明，实验班中，A 班、B 班和 C 班 8 次考试的平均优秀率分别为 77.75%、51.76% 和 41.67%；而对照班中，a 班、b 班和 c 班的平均优秀率则依次为 41.78%、45.96% 和 39.71%。由此可见，虽然个别对照班的平均优秀率高过实验班个别班，但总体上实验班的平均分比对照班的要高，8 次平均如此，每次考试的优秀率也存在同样的情况。这不仅表明"问题导学法"的教学方式在不同班级使用对优秀学生的培养存在差异，而且也反映出学习成绩优秀的学生的自学能力较强、学习自觉性较高，受教师课堂教学方式的影响可能比一般学生要低。从整体上分析，实验班总平均优秀率的效值比对照班高出 14.57 个百分点，效率增加了 34.30%，经过 t 检验可以知道 $|t|$ =3.460，虽然小于平均分的 $|t|$ 值（5.674），但实验班和对照班总平均优秀率的差异依然极显著（$P < 0.01$）。

表2.2　"问题导学"教学对初中生物学优秀率的影响

年级	检测	实验班			对照班		
		A 班	B 班	C 班	a 班	b 班	c 班
七年级	期中试	77.42%	42.19%	48.39%	53.13%	57.14%	44.44%
上学期	期末试	56.45%	28.13%	25.81%	17.19%	25.40%	30.16%

（续上表）

年级	检测	实验班			对照班		
		A 班	B 班	C 班	a 班	b 班	c 班
七年级下学期	期中试	74.19%	39.68%	31.25%	26.56%	36.51%	37.50%
	期末试	75.81%	58.73%	42.19%	44.26%	44.44%	50%
八年级上学期	期中试	95.24%	71.88%	57.38%	52.38%	59.38%	44.44%
	期末试	73.02%	42.19%	31.15%	26.98%	32.81%	17.46%
八年级下学期	期中试	76.19%	56.25%	33.87%	46.03%	42.19%	34.92%
	学业试	93.65%	75%	63.33%	67.74%	69.84%	58.73%
平均		77.75%	51.76%	41.67%	41.78%	45.96%	39.71%
总平均		57.06%			42.49%		
实验效果	效值/%	14.57**					
	效率/%	34.30					

注：＊＊表示差异极显著。

（3）及格率。

及格率是衡量某群体学生生物学学习成绩及格人数占全班总人数比例的指标，实验结果见表2.3。从表2.3的数据统计结果可知，除了在八年级下学期期中考试中，对照班 a 班及格率（85.71%）超过实验班 C 班（84.38%），其他 7 次考试中实验班各班的及格率均超过对照班各班，这和平均分的情况基本上是一致的。在 8 次考试的平均及格率方面，实验班 A 班、B 班和 C 班分别为 99.0%、88.23% 和 85.98%，对照班 a 班、b 班和 c 班则依次为 81.40%、79.85% 和 77.99%，这说明无论是实验班还是对照班，平均及格率均存在差异，且实验班各班的平均及格率均高过对照班各班。从总体上来看，实验班总平均及格率为 91.07%，对照班的是 79.75%，所以，实验班总平均及格率比对照班增加了 11.32 个百分点，效率提高了 14.19%，经过 t 检验可以知道 $|t|$ = 6.729，同时高于总平均分和总平均及格率的 $|t|$ 值，因此，实验班和对照班总平均及格率的差异极显著（$P < 0.01$）。

表 2.3　"问题导学" 教学对初中生物学及格率的影响

年级	检测	实验班			对照班		
		A 班	B 班	C 班	a 班	b 班	c 班
七年级上学期	期中试	100%	87.50%	90.48%	85.94%	87.30%	85.48%
	期末试	95.16%	78.13%	73.02%	64.06%	68.25%	67.74%
七年级下学期	期中试	98.39%	80.95%	80.95%	71.88%	78.13%	64.06%
	期末试	100%	90.48%	80.95%	77.05%	76.56%	68.75%
八年级上学期	期中试	100%	98.44%	96.88%	90.48%	85.71%	91.80%
	期末试	100%	85.94%	85.94%	80.95%	73.02%	75.41%
八年级下学期	期中试	98.41%	89.06%	84.38%	85.71%	82.54%	80.65%
	学业试	100%	95.31%	95.24%	95.16%	87.30%	90.00%
平均		99.00%	88.23%	85.98%	81.40%	79.85%	77.99%
总平均		91.07%			79.75%		
实验效果	效值/%	11.32**					
	效率/%	14.19					

注：＊＊表示差异极显著。

4. 讨论与结论

广东省教育厅生物学教研员杨计明指出："运用'问题导学法'，'问题'是基础，'导'是关键，'学'是核心。就'问题'而言，问题应该具有思考价值，学生能够提出多种解决的方法，学生对问题提出的检验假设在现有条件下通过集体的努力能够得到解决。就'导学'而言，教师的'导'要通过学生的'学'来实施，学生的'学'要依靠教师的'导'来进行。"[①] 著名教育家陶行知先生说："发明千千万，起点是一问……，智者问得巧，愚者问得笨。"《学记》中有言："善问者如撞钟，叩之以小者则小鸣，叩之以大者则大鸣；待其从容，然后尽其声。"因此，教师设计问题时应注意以下几点：

（1）问题设计要有针对性。

在课堂教学中，任何问题的设计都应紧紧围绕教学目标，结合学生的实际情况、教学内容以及教学的重点、难点进行，因为问题的针对性是问题设计的

---

① 杨计明.《普通高中新课程生物课堂教学研究》总结报告 [J]. 中学生物教学，2009（2）：29－32.

前提原则。如果问题过于随意而缺乏针对性，那么就会减低课堂教学的有效性。设计针对性强的问题，有助于学生理解概念，辨析疑难，纠正错误，完善认知结构，从而提高对知识的理解和掌握。因此，设计的问题应该准确、清楚，符合学生的认知特点，适应学生已有的认知水平，切忌含糊不清、模棱两可，更不能设计不着边际的问题"为难"学生。

（2）问题设计要讲究层次性。

有位哲学家曾经说过："世界上没有两片完全相同的叶子，人不能两次踏进同一条河流。"其实，学生更是如此，因为他们智力发展的水平及个性特征等都存在差异，同时对同一事物的理解角度和深度也有差异。换言之，学生都具有独特性，他们之间存在差异性。在初中生物学教学过程中要做到"面向全体学生"，教师必须考虑学生的差异性，在问题设计方面要考虑层次性，对不同程度、不同学习能力的学生提出不同的问题。所谓层次性，指的是问题里面含有各种各样的小问题，难易程度不同，适合各层面学生的需要，从而形成一串问题链，浅层的记忆性问题可供单纯的机械模仿；较深层次的理解性问题可用来掌握和巩固新知识；最高层次的问题可用来引导学生知识的迁移和应用。

（3）问题设计要突出情境性。

构建主义理论认为，知识不是通过教师传授得到的，而是学习者在一定的情境下，借助别人（包括教师和学习伙伴）的帮助，利用必要的学习材料，通过意义建构的方式获得的。现代心理学的研究也表明，学生对学习内容的认知和学习，与其发生的情境有着密切的关系。问题情境的设置常常使学生处于"心求通而不解"的状态，在强烈的求知欲的驱使下，学生探究热情高涨，必然会取得良好的教学效果。[①] 因此，初中生物学开展"问题导学"教学时，应通过创设问题情境，使学生认识生物学学习的意义，激发学习的动力。

（4）问题设计要有启发性。

如果设计的问题过于简单，不用思考就能回答，就难以激发学生的学习兴趣，发展学生的思维能力。如果设计的问题过难而缺乏启发性，可能触发学生对生物学的恐惧心理，久而久之可能会形成对生物学"望而生畏"的局面。因此，生物学课堂提问应富有启发性，达到激发思考、诱导思维的目的。此外，提出问题后，教师要注意留给学生思考问题的时间，以调动学生的积极思维，同时注意设计展现思维过程的提问，根据学生的实际，准确地点拨，及时

---

① 谢燕燕. 生物"问题导学"教学法 [J]. 广东教育，2007（2）：67-68.

帮助学生通过自己的思维劳动越过思维障碍，在获取知识的同时，促进其思维的发展。

（5）问题设计要有探究性。

教师在课堂教学中设计的问题质量的高低，不在于解答问题获取多大的实用价值和经济效益，而在于该问题在实施过程中能否激发起学生的探究愿望，能否让学生更深入地挖掘出问题深处的内涵。探索是科学的本质，《义务教育生物学课程标准（2011年版）》无论是课程性质、课程理念，还是课程目标、实施建议，都倡导"探究性学习"。因此，教师在运用"问题导学法"开展课堂教学时，设计的问题应有探究性。

根据以上理论思想及观点，经过两年的实践探索，通过对数据进行统计和分析可以"定量"地得出实验研究的结果。结果表明：与对照班相比，实验班的生物学学习成绩总平均分效值增加了 7.56 分，效率提高了 10.47%；总平均优秀率的效值增加了 14.57%，效率提高了 34.30%；总平均及格率增加了 11.32%，效率提高了 14.19%。经过 t 检验，实验班和对照班平均分、优秀率和及格率 3 项指标的差异均呈现极显著水平（$P < 0.01$）。这说明"问题导学"教学可以提高学生的生物学学习成绩。

二、探究教学之行

随着新课程实施不断深入和扩大，探究教学在全国各地各学科教学中日益受到重视。课堂教学是新课程实施的基本途径，是教师进行课程参与、实现专业化发展的重要渠道。[1] 同时，课堂教学也被公认为是新课程实施的主阵地。因此，如何构建行之有效的探究教学，供广大高中生物学教师在实施新课程中参考，无疑是高中生物新课程实施过程亟待解决的课题。所以在高中生物学教学过程中，我开展了探究教学的尝试。[2]

1. 探究教学的含义

探究教学是以探究为基本特征的一种教学活动形式，起源于美国著名教育家萨其曼对于"独立学习者发展"的信念，他认为科学家用来分析解决问题，

① 沈平. 新课程理念下生物课堂教学的几点思考 [J]. 中学生物教学，2005（7-8）：4-5.
② 李文送. 高中生物新课程探究式课堂教学模式的构建 [J]. 教育研究与实验：新课程研究，2005（12）：11-12.

探究未知世界的理性智慧可以传授给学生。[①] 所谓探究教学，是指在教师的指导下，学生积极参与科学探索的实践过程，试图模拟科学家分析、解决问题的方法，体会科学家如何面对疑难，养成主动探索、主动思考、主动获取知识和发展能力的习惯，并学会搜集和加工需要的新资料，从而获得在真实生活情境中发现问题、解决问题的方法，进而培养自己的创新能力和实践能力的实践活动。

2. 探究教学的优势

在传统生物学课堂教学中，教师一般是使用单一的教学手段，完成特定的教学内容，以"讲"为主，以"学"为辅，教师讲什么，学生学什么，教师要求做什么，学生做什么。在这种环境中，教师成为教学活动的"权威者"，学生则是被动的"接受者"。传统的生物学教学就被称为"填鸭式"教育或"满堂灌"教育。

科学家爱因斯坦曾经说过："结论几乎总是以完成的形式出现在读者的面前，读者体会不到探索和发现的喜悦，感觉不到思想形成的生动过程，也很难达到清楚地理解全部情况。"可见，传统教学模式严重影响了学生素质的全面发展。针对传统教学模式而产生的探究教学与前者相比，更加突出学生学习的主体作用，即以学生的"学"为主，教师的"教"为辅；强调学生探索新知识的经历和获得新知的体验，突出学生主动、生动地学习，突出学生亲自感悟，培养学生多向思维和张扬个性。

实践表明，探究教学更加符合教学改革的实际，能使班级教学焕发出生机勃勃的活力，促使学生的地位由传统模式下的被动接受者转变为学习过程的主动参与者，学生成为知识的探索者和学习过程中真正的认识主体。在探究教学中，学生的开放性思维和交流、合作的能力，以及创新精神和实践能力都得以加强，学生的生物科学素养也得到提高，形成一定的热爱自然、关注社会、珍惜生命的情感态度和价值观。

探究教学要求教师要转变观念和角色，要从知识的"传授者"转型为学生学习活动的高级伙伴——指导者、促进者、组织者和帮助者，以及课程的研究者、创新者和开发者，并不断在教学中实现自我增值，树立终身学习理念，提高自我反思的能力、信息技术的应用能力、教育科研的能力和课堂的调控能力，在教育方式上重视启发和探究。总的来说，教师是课程改革和实施的最终执行者，在课程改革和实施中起着至关重要的作用。正如靳玉乐和尹弘飚所

① 陆佳男. 构建探究性学习的生物课堂教学模式 [J]. 中学生物教学，2005（4）：11-12.

说，新课程倡导的理念与教学行为，只有转化为教师的思想和行动，新课程改革才能取得实效。[①]。因此，教师要读懂新课程的理念，并转化为自己的教学观念，并指导自身的教学实践。

3. 探究教学的设计

根据高中生物学新教材（人教版）的特点和前期的教学实践，我对高中生物学新课程探究教学环节设计如下：

（1）妙创问题情境，巧立探究课题。

创设问题情境是组织探究活动的前提。新教材的特点之一就是在每一节的开头都设置了"问题探讨"和"本节聚焦"栏目。事实表明，任何学习愿望都是在一定问题性的情境中产生的，问题情境能够诱发学生学习的需要，极大地促进探究式课堂教学的实现。问题情境的创设讲究"妙"，课题的引入关键在"巧"，因为妙能生趣，巧能激趣。不管是妙，还是巧，都要以实际生活、生产事实或经验为出发点。

《普通高中生物课程标准（实验)》指出："生物科学与人们的日常生活、医疗保健、环境保护、经济活动等方面密切相关。"也就是说，高中生物新课程注重使学生在现实生活的背景中学习和探究生物学。因此，教师应联系生活，善于为学生准备好问题情境素材，设置适当的途径使学生进入"情境"，感受解决问题的过程。如在"生命活动的主要承担者——蛋白质"的教学过程中，可以从"大头娃娃"新闻事件引出问题，并提出课题"'大头娃娃'形成的原因"。接着进一步创设问题情境：蛋白质有什么作用？它是怎样形成的？为什么有些食品要添加某些氨基酸？这样提出问题并确立课题，非常巧妙和创新，学生的学习兴趣高涨。

（2）组织学生探究，提高综合素质。

学生是课堂的主体，探究是学生的探究，没有学生的主动参与，探究活动将成为空话。首先，教师应善于利用新教材设计的丰富的探究素材，如"资料分析""思考与讨论""实验""技能训练""探究"等，使学生多动手，多动脑，多发言，多记录，多归纳，给予他们充分自主学习、主动探究的空间，使之体验更多科学探究的乐趣。例如，在"酶的本质"教学过程中，课前可布置学生收集巴斯德、李比希、毕希纳、萨姆纳等科学家探索酶本质的过程及其相应的理论材料，并对此作出评价；课堂上由学生简述理论要点，组织主题

---

① 靳玉乐，尹弘飚. 教师与新课程实施：基于 CBAM 的个案分析 [J]. 课程·教材·教法，2003 (11)：51 –58.

为"我从酶本质的探索过程得到的启示"的自由演说活动。这样的探究活动能为学生提供自我表现的空间，获得探究过程的体验。

其次，生物学是一门建立在实验基础上的科学。因此，实验探究是科学探究的重要环节。在实验探究教学中，要突出培养学生实验的假说能力、方案的设计能力、过程的观察记录能力、讨论与结论的分析能力等，充分体现新课程培养学生"过程与方法"的理念。如"核酸在细胞中的分布"的探究实验，可让学生——①提出假说：DNA主要分布在细胞核，RNA主要分布在细胞质。②设计实验：取口腔上皮细胞制作临时装片→水解→用蒸馏水冲洗涂片→用吡罗红甲基绿染色剂5min→观察（先低倍镜后高倍镜）和记录。③观察和记录：细胞核呈绿色，细胞质呈红色。④得出结论：核酸种类不同，其分布也不同；在真核细胞中，DNA主要分布在细胞核，RNA主要分布在细胞质。

再次，新课程强调，课堂探究要取得成效，合作讨论学习是不可忽视的。但目前很多学校都是大班制，学生人数多，实行分组合作讨论学习时会遇到不少问题。最简单的策略是采取同位或前后学生分别组成合作小组。小组人数一般以2~6人为宜，也可以根据实际情况来进行调整，但要遵循"组间同质，组内异质，优势互补"的原则，就是说每个组中成员的组织能力、学习能力、学习成绩、思维活跃程度、性别等都要均衡；并要确定每个成员的分工，可以采取轮换制，如主持人、记录人、发言人、补充人等由每个成员轮流做。分好组和职务后，在进行小组合作学习前，教师还应解释清楚学习任务，说明成功标准；在开展学习过程中，教师要关注学生的行为，及时提供帮助；最后采取过程评价与结果评价、自己评价和小组评价相结合的方式，公正、科学、合理地肯定学生的探究学习。

（3）展示探究成果，交流彼此思想。

在探究教学过程中，对于学生的探究成果要进行展示和交流，让全体学生都可以分享成果，共享智慧，实现共同进步和新课程倡导的全体发展、全面发展等理念。正如作家萧伯纳所说："如果你有一个苹果，我有一个苹果，彼此交换，那么，每个人只有一个苹果；如果你有一种思想，我有一种思想，彼此交换，我们每个人就有了两种思想，甚至多于两种思想。"在探究教学中，教师要积极创造各种机遇和平台，让学生有机会展示研究成果，在同学之间交流学习心得，从而促进彼此的生命成长。

（4）归纳总结效果，进行教学反思。

教师归纳总结是探究课堂教学模式的重要环节，在此基础上对学生的探究活动和效果作出的科学而合理的评价，将大大促进他们再次或者下阶段开展探究活动。评价时要注重过程评价，但也不可忽视结果评价。新课程强调课堂教学要把足够的时间、空间留给学生，以保证学生的探究性学习落到实处。所以，教师在对探究教学过程进行归纳总结时，要把握时间，讲究简洁，注重人性化，但也不要"蜻蜓点水"，内容应包括本节课所探索的生物学知识的梳理、各个知识点的小结和整个课题的总结，以及对学生学习过程与方法的指导、总结和对教学效果的反思。

三、生本教学之探

在生物学教学实践中，我还根据自己的理解，对华南师范大学郭思乐教授提出的生本教育之内涵进行"三维四象"重构，并开展生本教学。2014 年 12月，教学论文《"三维四象"生本教育打造课堂高效教学》继被广东教育学会中学生物教学专业委员会评为广东省中学生物学教学论文一等奖后，再荣获中国教育学会生物学教学专业委员会主办的中南六省（区）生物学教学优秀论文一等奖。此外，有关实践成果于 2020 年发表在《教书育人》上。①

1. "三维四象"生本教学的思想内涵

教学的本质是一种生命活动，是立体的，即"三维"。透过"三维"，我们就能够触摸到事物的"体"，并把握脉络和掌握规律。"三维"的任何一端发生变化，"体"就会发生相应变化，由此知变、识变和懂变。《道德经》曰："道生一，一生二，二生三，三生万物。"而万变不离其宗。宗是什么？宗就是"本"；宗在哪里？宗在"三维"。知道了"体"，还需要懂得"面"，方能辨认个体。即教师眼中不仅要有学生，还要有生命乃至生态，所以要建立"四象"的概念。不同领域对"四象"的表述有别，如地理用春、夏、秋、冬表示温差与气象；几何数学用 x 轴、y 轴垂直交叉表示象限；人事用吉、凶、悔、吝表示顺利与阻碍。《易传》曰："太极生两仪，两仪生四象，四象生八卦，八卦生无穷，无穷复归太极。"如果把教育教学视作太极，那么教师和学生就是两仪，师生两仪互动形成课堂教学的"四象"（生活、生动、生长、生成）。"'四象'潜藏了事物的发展规律，知道'四象'，就知道了事物的特征、明确了方向，也就懂得化解之道。总之，'三维'可察'变'，'四象'以明'化'。"

"三维四象"生本教学思想内涵由"三维"和"四象"组成（见图 2.1）。"三维"是指教师在教育教学中要遵循"以学生为本""以生命为本"和"以

---

① 李文送. 基于"三维四象"生本教育的课堂教学 [J]. 教书育人，2020（29）：42 - 43.

生态为本"的思想,并用这些思想去引导学生成长为具有生命情怀和生态思维的人;而"四象"是指在教师在教学中可从"以生活为本""以生动为本""以生成为本"和"以生长为本"落实以人为本的社会价值和教学目标。

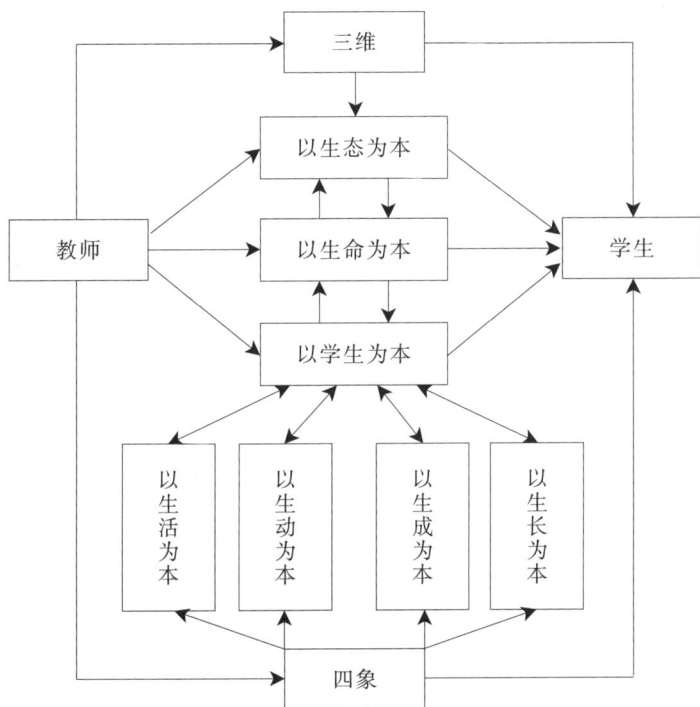

图2.1 "三维四象"生本教学的思想内涵

从形态结构上看,可以看出"三维四象"生本教学的思想内涵像个"人",凸显教育的根本目的是促进人的成长和发展。从整体上看,"以学生为本"是核心,"以生命为本"和"以生态为本"是由"以学生为本"这个核心含义发展出来的宏观含义;"以生活为本""以生动为本""以生成为本"和"以生长为本"则是贯彻落实"以学生为本"的微观的操作层面的含义。这四个操作层面的含义犹如四条彩带,共同构成了"活""动""成""长"的美妙而生动的画面。这与当代著名教育学家顾明远先生倡导的"学生成长在活动中"的教育理念相吻合。如果把"三维四象"生本教育比喻成一棵大树,那么"以学生为本"就是枝条,"以生命为本"和"以生态为本"分别是树茎和树根,"以生活为本""以生动为本""以生成为本"和"以生长为本"都是树叶;树叶通过光合作用能够为枝条、树茎和树根制造有机物,而树根能够为树的其他部分提供水和无机盐；教师则如"三维四象"生本教育这棵大树的输导组织，负责传送水、无机盐和有机物等养料，但不能只做导管，也不能只当筛管，否则学生容易学不会、学不了，从而产生厌学的现象。①

2. "三维四象"生本教学的教学流程

"三维四象"生本教学既是一种教学思想，也是一种教学方式，是实现教育与教学相互融合的尝试。基于这一思想进行的课堂教学没有固定的模式，"教无定法"，但可以按照一定程式开展基于这一思想下的课堂教学。为此，我构建了如图2.2所示的教学流程模型。也就是说，在"三维四象"生本教学中，教师要有生命情怀和生态思维，并从"以生活为本""以生动为本""以生成为本"和"以生长为本"等途径落实"以生为本"的教育理念，使所培养的人和自己都能成为具有生命情怀和生态思维，即具有生态文明素养的现代公民。

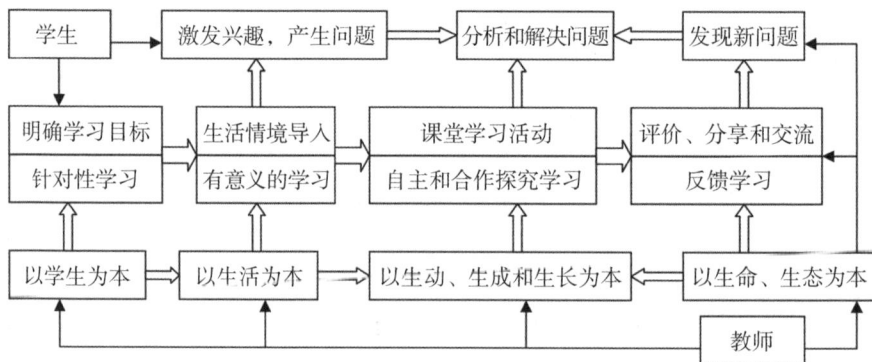

图2.2　"三维四象"生本教学的教学流程

因此，"三维四象"生本教学为了学生，相信学生，依靠学生，通过发挥学生最大的作用，共同生成教学的过程，使学生在一种自由和谐的氛围中情感得以陶冶、美化，使课堂成为学生的"情感滋养站"；指导学生进行自主和合作探究，培养学生的思维能力，让学生在活动中学习，在活动中成长，在评价中提升，在交流中碰撞，在共享中进步，使课堂成为学生的"思维碰撞域"；挖掘并调动学生已有的生活经历和体悟，使课堂充满生活的趣味与人情味，使课堂成为学生的"生活现场"；讲究情境创设，让学生体验生命的奥秘和生态

① 李文送. 剖析生本教育的内涵 [J]. 现代教育论丛，2012 (3-4)：76-78.

的规律，感悟生命的魅力与意义，并从生动的讲解中得到震撼和感动，从而成长为具有生命情怀和生态思维的人，使课堂成为学生的"智慧成长园"。

3. "三维四象"生本教学的试验效果

按照"三维四象"生本教学的思想内涵和教学程式，我曾在高一级所任教的4个班中随机选择高一（2）、（4）班为实验班，高一（1）、（3）班为对照班，进行了试验。一年后，实验班学生的课堂学习气氛、生物学的学习兴趣、自主学习的自觉性、合作探究的参与性、主动提问的积极性、学习任务的完成度、整体和个体的精神面貌以及学习成绩等方面均比对照班的要好（见图2.3和图2.4）。

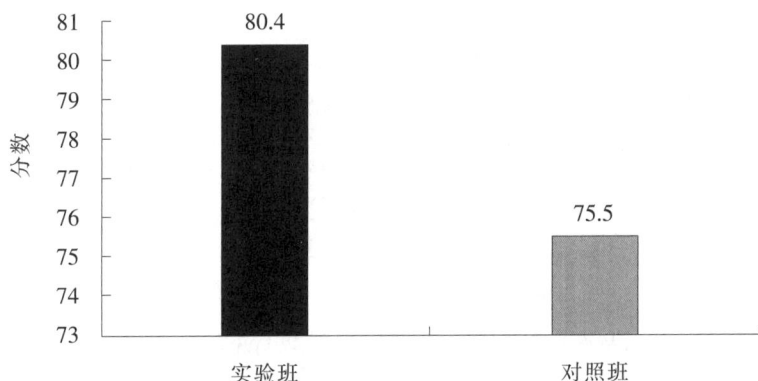

图2.3 "三维四象"课堂教学实验班和对照班生物成绩平均分比较

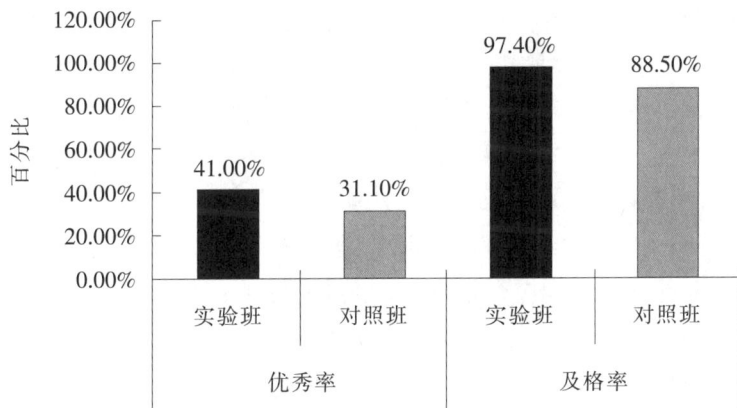

图2.4 "三维四象"课堂教学实验班和对照班生物成绩优秀率和及格率比较

拿生物学的学习成绩来说，对两学期期中和期末考试成绩进行统计分析的结果表明：实验班平均分、优秀率和及格率分别为80.4分、41.0%和97.4%，分别比对照班高出4.9分、9.9%和8.9%（如图2.3）；经过t检验发现，平均分的$|t| = 3.220 > t_{0.05} = 2.776$，但$< t_{0.01} = 4.604$，而优秀率和及格率的$|t|$分别为4.809、5.750，均超过$t_{0.01} = 4.604$，可见实验班和对照班的优秀率和及格率均存在极显著差异（$P < 0.01$），平均分的差异虽没有达到极显著水平，但存在显著差异（$P < 0.05$），这表明实行"三维四象"生本教学，可以提高中学生物学课堂教学的质量。

总之，"三维四象"生本教学通过"三维"的视域去构建、去解读生本课堂教学，体现遵循生命的天性和自然的规律去认识和实践教学，特别是强调用生态的思维去培育生命的成长，是非常新的思维角度和境界。此外，以"四象"为途径组成的"活动成长"的意蕴和理念很有新意，既有效落实了"育人为本"的课堂教学价值取向，又反映了对师生生命生长的关注和关怀，从而实现对本真课堂教学的追求。

四、渗透教学之悟

生物学课程标准将生物学教学置身在科学教育的大框架下，重视确立生物教育在基础教育中应有的地位，即生物学是科学教育的重要组成部分。科学教育不是简单的科学知识教育，而是科学知识、科学方法和能力、科学态度和科学精神以及科学的价值观和参与科学决策的行为习惯的综合教育。[1] 随着世界全球化的发展、互联网的普及应用和人们价值取向多元化的发展，渗透式教育已经成为一种趋势。生物学是与人类生活、生产实践、社会发展有着广泛而密切联系的学科，最适合开展渗透教育。开展渗透教育，强调"教书"与"育人"并重，以提高生物学教学质量。[2]

1. 利用美育魅力，激发生物学习兴趣

五彩斑斓的生物世界充满着各种各样的美，而爱美之心是我们人类的共性。在教学过程中，我们应充分挖掘、创造和展现生命科学之美，使学生获得美的心灵体验，进而发现美、感悟美，从而在美的熏陶中产生浓厚的学习兴趣。教育心理学家皮亚杰说："所有智力方面的工作，都要依赖于兴趣。"心

① 王永胜. 生物新课程教学设计与案例 [M]. 北京：高等教育出版社，2003：64 – 71.
② 李文送. 在生物教学中渗透美育、德育、生活 [J]. 师道：教研，2011（1）：69.

理学研究结果表明，人们对美的各种形式的感受，能使大脑进入兴奋状态，从而产生愉快的体验；美的东西最容易被人们接受，而且很难忘记。因此，用美的魅力激发学生的学习兴趣，生物教学必然事半功倍。

例如，在讲授"生态系统"时，我先播放一段没有被破坏的森林录像，学生专心致志地看着、感受着大自然奇妙的美。播完后，他们仍陶醉其中。我趁机提问："你们刚才都看到了什么？听到了什么？"学生兴趣盎然，争着回答，热烈的课堂氛围为接下来的学习做了很好的热身。接着我再播放被破坏后的森林图片时，他们都觉得很可惜，表达了担忧，也提出了建议，其情真，其意切。

又如，在组织学生探究环境对生物的影响时，我常常引用"人间四月芳菲尽，山寺桃花始盛开""春色满园关不住，一枝红杏出墙来"等优美诗句，让学生在生物学习过程中尽情享受生物的人文美。实践表明，在生物学教学中，适当引入诗词，巧析作者所描绘的"一花一草，一鸟一兽"，深刻领悟诗中所寄寓的生物学美学价值，能增加学生学习生物的兴趣，[①] 而兴趣是学生最好的老师。

2. 渗透德育雨水，浇开有效学习鲜花

在学科教学中渗透德育，是现代德育教育的重要渠道，是育人的重要手段。新课程理念也要求生物学教师挖掘教学内容中的德育要素，开展有效的课堂教学。

例如，在讲述我们身边的生物科学家时，我常引用杂交水稻之父袁隆平的事迹——有人曾对他说："只要你带几粒原种去美国，立刻就会成为亿万富翁。"袁隆平毫不犹豫地回答："如果外传，就会使我国的原种资源流失，中国有十几亿人口，粮食问题的解决尤为重要。再说我是中国人，我的事业在中国，我的价值在中国。"听罢，掌声雷动，响彻课堂，学生的爱国情怀也悄然生成并更加强烈。

又如，在学习我国珍稀动植物资源时，我不仅通过播放触目惊心的画面和感人的音乐（如《一个真实的故事》），让学生的视觉和听觉都受到冲击，从而引起他们心灵的共鸣，而且还组织开展"湛江中华白海豚的保护"等专题研讨，让学生在参与中认识我国尤其是本地的珍稀生物资源，在体验中自觉了解和参与环境保护。孔子说过："知之者莫如好之者，好之者莫如乐之者。"学生很喜欢体验式的学习方式，参与的积极性高，热情也高涨。学生主动而积极参与的学习是最有效的学习。

---

① 汪志明. 浅析唐诗的生物学美学价值〔J〕. 中学生物学，2001（1）：20－22.

3. 贴近生活脉搏，凸显所学有用有效

生物学教学要培养学生养成良好的生活与卫生习惯，确立积极、健康的生活态度。在生物教学中，我们应回归到学生的生活世界，对其给予关怀和指导，使学生的生命得到尊重，让学生的生活变得科学和健康，以凸显学生所学生物学知识及技能的有用、有效。

例如，在学习"人体的营养"时，我先对七年级学生进行了调查，结果表明：只有58%的学生坚持每天吃早餐；因"没有人做早餐"和"早上起来太迟，没有时间吃早餐"的占了53.5%，因"没胃口，不想吃早餐"的占了12.2%，而且有13.8%的学生认为"早餐吃不吃没关系，中午吃饱点就可以了"。中午，大多数学生都吃得不是很多，因为吃完了要午休，都不想吃太饱。而到晚上，家长们一般都会为他们准备一顿丰盛的晚餐，给他们补充一下营养。然后，学生通过阅读教材内容和到网上搜集资料，接着在全班进行交流和讨论，从而认识到一天三餐要合理膳食，"早吃好，午吃饱，晚吃少"，并自觉改变自己和家人的不良饮食结构和饮食习惯。一个月后，我再去了解时，发现平时不吃早餐的学生也都开始吃早餐了。

第三节　课标精神

课程标准对课程性质、课程理念、课程目标、课程内容、学业质量和课程实施进行了明确规定，并提出了颇具建设性的建议，如教学建议、教学研究建议、课程资源开发与利用建议等。这表明，课程标准不仅是课程开发与实施的纲领，还是课堂教学的基本依据和重要指南，即课程标准明确了新课标下课程教学的规范和要求。教师要认真领会课程标准的内容和精神，并转化到课堂教学的实践中去。因此，在提炼教学主张的过程中，需要读懂课程标准的精神，特别是厘清新课标的新突破、教学取向，以及新课程理念的教学意蕴和学业质量标准的教学意向。

一、新课程标准六大新突破

与《义务教育生物学课程标准（2011年版）》（以下简称《标准（2011年版）》）和《普通高中生物学课程标准（2017年版2020年修订）》（以下简称

《标准（2017年版2020年修订）》）进行比较，《义务教育生物学课程标准（2022年版)》（以下简称《标准（2022年版）》）在课程思想、课程性质、课程理念、课程目标、课程内容和课程评价六个方面都有新的突破，其中思想方面强调了核心素养，性质方面突出了学科特点，理念方面发展了课程理念，目标方面整合了课程目标，内容方面优化了课程内容，评价方面研制了质量标准。①

1. 思想突破：强调了核心素养

核心素养是课程的 DNA，是课程育人价值的集中体现。《标准（2022年版）》借鉴了《标准（2017年版2020年修订）》的修订思想，从学科特点和课程特色凝练了生物学核心素养，同时以核心素养为纲领，贯穿于课程的方方面面，凸显了课程的育人本质及功能。核心素养的凝练，一方面直接承接于课程育人目标，有利于让学科教育"回家"；另一方面，明确了学生学习某学科课程后应达成的正确价值观、必备品格和关键能力，从而使学科教学同核心素养建立了密切联系，学科的育人价值得以凸显。②

《标准（2022年版）》虽然把核心素养放在课程目标的内容中，但是并没有称为学科或课程核心素养，而是说生物学课程要培养学生的核心素养。这样的表述比《标准（2017年版2020年修订）》更加科学和规范。道理不难理解，因为任何学科、任何课程本身都是没有素养可言的，素养是指人的素养，而且是后天可以培养的素养，即课程与教学要达成的目标。

《标准（2022年版）》指出，义务教育生物学课程要培养的核心素养主要是指学生通过生物学课程学习逐步形成的正确价值观、必备品格和关键能力，主要包括生命观念、科学思维、探究实践和态度责任。《标准（2022年版）》中不仅增加了"主要"一词，突显了严谨性和科学性，而且不只是把普通高中生物学核心素养科学实践改为探究实践、社会责任改为态度责任，更是赋予了其更加丰富的内涵，并对生命观念和科学思维进行了重新定义和概述。例如，"态度责任"是指在科学态度、健康意识和社会责任等方面的自我要求和责任担当；"探究实践"是指源于对自然界的好奇心、求知欲和现实需求，解决真实情境中的问题或完成实践项目的能力与品格。又如，《标准（2017年版2020年修订）》分别将"生命观念"与"科学思维"定义为"意识、观念和

---

① 李文送.《义务教育生物学课程标准（2022年版）》六大新突破［J］. 中学生物教学，2022（19）：4–7.

② 崔允漷，郭洪瑞. 试论我国学科课程标准在新课程时期的发展［J］. 全球教育展望，2021，50（9）：3–14.

思想方法"与"思维习惯和能力"，而《标准（2022 年版）》依次表述为"意识和思想方法"与"能力和品格"，并强调从"生物学视角"和基于"生物学概念、原理和规律"形成生命观念。显然，新的表述更加客观而科学，并彰显了课程视角。

对生物学要培养的每一方面的核心素养，《标准（2022 年版）》都是从"是什么""（学生）怎样做"和"为什么"等维度进行阐述，后者更是新增的内容。《标准（2022 年版）》指出，生命观念对认识生命世界具有指导作用，是科学自然观和世界观的有机组成和重要基础；发展科学思维是培育学生理性思维、批判质疑、勇于探究等科学精神的重要途径；探究实践是创新型人才的重要标志；态度责任关系到知识和能力的正确运用，是生物学课程育人价值的重要体现。[①] 这就强调了上述素养的"核心"地位。

2. 性质突破：突出了学科特点

课程性质是课程最本质的属性，是区别于其他课程的最根本的特征。在课程性质上，《标准（2022 年版）》保留了"生物学是自然科学中的一门基础学科，是研究生命现象和生命活动规律的科学"的界定，但删除了"义务教育阶段的生物学课程是自然科学领域的学科课程"等内容，并指出生物学"其研究对象是具有高度复杂性、多样性和统一性的生物界"，强调"义务教育生物学课程注重探究和实践，以丰富的生物学知识体系为载体"。生物学课程所具有的人文色彩及其所独有的生命观念、人在课程体系中的独特地位，决定了生物学课程与教学有别于物理学、化学等其他自然科学课程。[②]

就义务教育生物学课程标准来说，不管是《全日制义务教育生物课程标准（实验稿）》还是《标准（2011 年版）》，对课程性质都没有如此详尽的论述，可以说《标准（2022 年版）》有了新的突破。注重探究和实践的课程特点，为探究实践、科学思维和态度责任等核心素养的凝练提供了学科支撑。

在对核心素养内涵的阐述中，《标准（2022 年版）》紧紧围绕生物学科的课程性质，从课程育人目标出发，赋予了生物学课程要培养的核心素养独特的学科内涵和生命色彩，更加具体而形象地突出了学科育人价值。例如，生命观念是"从生物学视角，对生命的物质和结构基础、生命活动的过程和规律、生物界的组成和发展变化、生物与环境的关系等的总体认识和基本观点，是生

---

① 中华人民共和国教育部. 义务教育生物学课程标准（2022 年版）［S］. 北京：北京师范大学出版社，2022：5 - 6.

② 徐宜兰. 研读课程标准　理解课程性质［J］. 生物学通报，2018，53（8）：19 - 22.

物学概念、原理和规律的提炼和升华，是理解或解释生物学相关现象、分析和解决生物学实际问题的意识和思想方法"①。

3. 理念突破：发展了课程理念

课程理念是课程行为的先导，是课程行动的"航标"。课程理念是课程方案和课程标准修订者及相关教育者经过充分论证后达成共识的关于课程的理性观念，属于一种课程意识形态，是教师开展课程教学与评价的指导思想和重要依据。②《标准（2022 年版）》不仅把"课程基本理念"修订为"课程理念"，而且根据新的义务教育课程方案，全面更新为"核心素养为宗旨、课程设计重衔接、学习主题为框架、内容聚焦大概念、教学过程重实践、学业评价促发展"六个方面，其中，"课程设计重衔接""学习主题为框架"对整个中学阶段来说都是首次提出的。

这与《标准（2011 年版）》"面向全体学生、提高生物科学素养、倡导探究性学习"三大课程基本理念和《标准（2017 年版 2020 年修订）》四大课程理念相比，均有较大的突破，体现了一种融合式的创新发展。这是根据《中国学生发展核心素养》和新时代对义务教育课程改革的要求，特别是落实"双减"政策的需求，从更高的站位、立意和更全面的视域提出的新课程理念。

在新提出的义务教育生物学课程理念中，"核心素养为宗旨"涵盖了"生物科学素养"，而"教学过程重实践"发展了"倡导探究性学习"。纵观这六大新的课程理念，不难发现它们是一个相互关联的有机整体，基本上涉及了课程设计和实施的全过程。"核心素养为宗旨"意味着课程的育人目标是发展学生的核心素养，课程自始至终都要服务于这个宗旨，它是课程的"思想和方向"；"课程设计重衔接"表明义务教育生物学课程要衔接小学和高中，要发挥承前启后的作用，它是课程的"定位和功能"；"学习主题为框架"和"内容聚焦大概念"体现了课程内容的组成和结构，它是课程的"筋骨和血肉"；"教学过程重实践"指出了课程实施落地的重心，它与本课程注重探索和实践的特点，以及探究实践的核心理念一脉相承，属于课程的"手和脚"；"学业评价促发展"是课程实施的诊断和评价机制，它是课程的"眼睛"，表明课程教学不仅要关注学生"学什么"，也要关注他们"学会什么"，特别是教师要看到"整体的人"和"差异的人"，以及"成长的人"和"发展的人"。所

---

① 中华人民共和国教育部.义务教育生物学课程标准（2022 年版）［S］.北京：北京师范大学出版社，2022：4.

② 李文送.《普通高中生物学课程标准（2017 年版）》六大革新［J］.中学生物教学，2018（5）：17－20.

以，教师要依据课程理念做到全程育人和育全人，让每一个学生都能在本课程的学习过程中形成相应的核心素养，从而获得健康成长和持续发展。

4. 目标突破：整合了课程目标

课程目标是课程学习者要抵达的"目的地"，是课程实施效果的"方向标"。《标准（2022年版）》设置的生物学课程目标有五个：一是掌握生物学基础知识，形成基本的生命观念；二是初步掌握科学思维的方法，具备一定的科学思维习惯和能力；三是初步具有科学探究和跨学科实践能力，能够分析解决真实情境中的生物学问题；四是初步确立严谨求实的科学态度，乐于探索生命的奥秘；五是树立健康意识和社会责任感，能够强身健体和服务社会。[①]

这说明，新修订的义务教育生物学课程目标是从生命观念、科学思维、探究实践和态度责任等核心素养视角进行阐述，昭示着初中生物学教育告别三维目标时代正式迈进了核心素养时代。核心素养目标是对知识、能力、情感态度与价值观三维目标的一种整合和提升，体现了从"学科本位"到"以人为本"的转变，进一步"凸显和强调了课程的本质和育人价值"。

为什么课程改革要从三维目标走向核心素养目标？调查研究显示，在落实课程三维目标的过程中，出现了"基本知识和基本技能被弱化，过程和方法出现了'游离'现象，情感态度与价值观出现了'贴标签'现象"等突出问题，从而促使"核心素养"被"置于深化课程改革、落实立德树人根本任务的首要位置"，成为修订课程标准、提炼课程理念、设置课程目标、选择课程内容和研制学业质量标准等的重要依据。[②] 核心素养目标的提出，是从综合的思维和人的视角来界定课程目标，从而克服了三维目标"缺乏对教育内在性、人本性、整体性和终极性的关注，以及对人的发展内涵进行清晰的描述和科学的界定"的不足。

从"双基"到三维目标再到核心素养目标，生物学课程目标不断发生变化。"双基"是外在的，主要是从学科的视角来刻画课程与教学的内容和要求；三维目标是由外在走向内在的中间环节，但缺乏对教育内在性、人本性、整体性和终极性的关注，以及对人的发展内涵进行清晰的描述和科学的界定；而素养是内在的，是从人的视角来界定课程与教学的内容和要求。[③]

---

① 中华人民共和国教育部. 义务教育生物学课程标准（2022年版）[S]. 北京：北京师范大学出版社，2022：6-7.

② 余文森. 从"双基"到三维目标再到核心素养 [J]. 课程·教材·教法，2019，39（9）：40-47.

③ 余文森. 课程教学改革目标方向的40年变迁 [N]. 中国教师报，2018-12-26（6）.

如果说三维目标实现了由"学科知识与技能"转向"人在学习学科",那么核心素养目标就是由"人在学习学科"转向"在学习课程的人",即让教育真正回到"人"的身上。也就是说,教师教的不是学科,也不是课程,而是人。学科知识、技能或能力是通往素养的手段而不是教育的目的,教育的目的是人,课程的出发点和归宿点也是人,即促进学生学习本课程形成核心素养。

5. 内容突破：优化了课程内容

课程内容是课程的"血肉",是学生成长的"食粮"。"血肉"需要筋骨的支撑,"食粮"再好也不能过量,且需要时间来消化和吸收。经过对学生的发展需要、社会发展和生物科学发展的需求进行综合考虑,根据"核心素养为宗旨""学习主题为框架""内容聚焦大概念"等新修订的课程理念和育人为本的课程思想,《标准（2022 年版)》对课程内容进行了全面优化,并承接了核心素养的育人目标体系。

根据"少而精"的原则,《标准（2022 年版)》选取了生物体的结构层次、生物多样性、生物与环境、植物的生活、人体生理与健康、遗传与进化和生物学与社会·跨学科实践七个学习主题为框架,聚焦"生物体具有一定的结构层次,能够完成各项生命活动"等九个大概念,并选取"对生物进行科学分类需要以生物的特征为依据"等 25 个重要概念支撑。这与《标准（2011 年版)》选取 10 个一级主题和筛选出 50 个重要概念的课程内容相比,大大精简了课程容量,从而更进一步优化了课程内容,突出了课程的重点。

在学习主题的选取中,《标准（2022 年版)》不是简单的直接减少或删除,而是通过统整的思路进行优化,如"人体生理与健康"统整了之前"生物圈中的人""健康地生活"两个主题,"生物学与社会·跨学科实践"则统整了"科学探究""生物技术"两个主题,"植物的生活"和"遗传与进化"则分别是对原来"生物圈中的绿色植物"和"生物的生殖、发育与遗传"的更新,其他三个主题基本和《标准（2011 年版)》的一样。这样的修订,既体现了传承和发展,又起到"减量提质"的效果。

与统整、缩减学习主题相比,聚焦大概念的举措对优化课程内容而言意义更大,除了两个学习主题有两个大概念外,其余五个学习主题都只聚焦一个大概念。这样就确保学生有时间、有精力和有能力进行主动学习,深刻理解和应用重要的生物学概念,形成和发展核心素养,从而为学生发展成为"有理想、有本领、有担当"的合格公民深度赋能。

6. 评价突破：研制了质量标准

课程评价是课程的"体检",是育人目标达成的"反馈"。观察人们的健康体检表就可以发现，通常体验项目都会附有健康标准供体检者参考。对照健康标准，无论是医生还是体检者本人，都能对体检结果有清楚的认识。《标准（2022年版）》依据新修订的课程目标，不仅提出了学业质量，还研制了学业质量标准，即围绕生物学课程要培养的核心素养，从"基于某问题情境，学生要学什么，以及学到什么程度"的思路对学业质量进行了描述。

什么是学业质量？什么是学业质量标准？前者是学生学业成就的基本要求，是"完成义务教育生物学课程学习后的学业成就表现"；后者用以反映课程目标的达成度，是"以核心素养为主要维度，结合课程内容，对学生学业成就表现特征的整体刻画"。学业质量标准是基于"质量驱动"的取向，用以规范学生"学会什么"，作为评价的重要依据，有利于促进教、学、评的有机衔接，形成育人合力。① 这表明，新修订的课程评价在价值取向上从以"知识核心"为主的评价体系转向以"素养核心"为重点的评价体系。

核心素养具有综合性、发展性和实践性等特点。为发挥好课程评价的诊断、激励和促进作用，《标准（2022年版）》倡导多元评价，注重过程评价和结果评价相结合，讲究发展性评价和诊断性评价并举；明确生物学课程学业质量标准是学业水平考试命题及评价的重要依据，以及对教学设计与实施、教材编写等具有指导作用。

因此，教师应根据义务教育生物学的学业质量标准，结合课程目标、课程内容和任教学生的实际情况，不但要领会评价是手段而不是目的，不能"为了评价而评价"，而且要选择适宜的评价主体、适量的评价内容、适当的评价方法、适合的评价方式和适时的评价时机，并把握好"为什么教""教什么""怎么教""教到什么程度"的深度和广度，开展精准教学，做到精准育人，发挥好课程育人效能，从而为提高生物学教育教学质量贡献智慧和力量。

二、新课程标准的教学取向

《标准（2022年版）》呈现出五大新教学取向：教学目标"育全人"；教学内容"少而精"；教学组织"强主动"；教学策略"重探究"；教学评价"促发展"。教师不仅要在仔细研读课程标准的基础上，结合学校和学生的实际，以情境化的教学手段体现课程目标，进而实现教学目标，以"少而精"

---

① 崔允漷，郭洪瑞. 试论我国学科课程标准在新课程时期的发展 [J]. 全球教育展望，2021，50（9）：3－14.

的原则将教材内容转化为教学内容，发挥主体作用创造性地组织教学并开展探究性教学，有效地促进学生主动去学习和成长；还要以具有诊断、激励和促进作用的教学评价，促进师生的生命成长以及学校生物学课程与教学的内涵发展，为学校教育教学生态环境赋能。[①]

1. 教学目标"育全人"

教学目标是教学的逻辑起点，是预期的学习结果。预期的学习结果是教学设计时应该重点关注的内容，它是课堂教学过程的决定因素，也是教学效果的最起码要求，还是教学效益中可评价的那一部分。教学主题的选择、活动内容的确定、方式方法的运用等都是由教学所要达成的目标所决定的。

根据教育立德树人的根本任务和《中国学生发展核心素养》的要求，以及"培育德智体美劳全面发展的社会主义建设者和接班人"的教育目的和生物学课程特点，《标准（2022年版）》确立了"掌握生物学基础知识，形成基本的生命观念"等五大义务教育生物学课程目标。但是，课程目标还不等于教学目标，前者是育人目标在具体课程中的具体化，后者是课程目标在教学情境中的具体化。也就是说，教学目标的上位目标是课程目标，而课程目标服务于育人目标或教育目的。教学目标包括学年目标、学期目标、单元目标和课时目标，它们是教学目标的下位目标。正如华东师范大学崔允漷教授说的："有了国家课程标准之后，教学目标要说明的是'为什么教'和'教到什么程度'的问题，它不是来源于教材或教师的经验，而是来源于国家课程标准；在确定教学目标时，教师必须清楚它的上位目标是什么，才能把握住下位目标的基本定位。"[②] 所以，在制定基于课程标准的教学目标前，教师就要读懂弄通《标准（2022年版）》的教学取向，特别是课程目标的价值指向。

在《标准（2022年版）》中，课程目标已从三维目标转向核心素养目标，并且所提炼的生命观念（知）、科学思维（意）、探究实践（行）和态度责任（情）不是割裂的，而是相互关联的有机整体。生命观念是生物学育人价值最为显著的表现，需要科学思维为工具，是形成态度责任的必备品格和提升探究实践关键能力的前提；而探究实践是建立正确的生命观念的重要基础，同时也是科学思维形成和发展的主要路径；"知""行""意"是"情"生发的"沃土"，而"情"为"知""行""意"的形成与发展提供动力。[③] 可见，这四个

① 李文送. 育全人·少而精·强主动·重探究·促发展——《义务教育生物学课程标准（2022年版）》的新教学取向［J］. 教学月刊·中学版（教学参考），2022（7-8）：11-15.

② 崔允漷. 教学目标——不该被遗忘的教学起点［J］. 人民教育，2004（13-14）：16-18.

③ 李文送. 高中生物学课程标准的五大教学取向［J］. 教师教育论坛，2018（6）：25-28.

方面的核心素养密切联系，互为基础，互为支撑，共同指向完整的人，即全人。这样的人，就是"知行合一、德才兼备"的人，就是"有理想、有本领、有担当"的人。正如北宋政治家司马光所说："才者，德之资也；德者，才之帅也。"

《标准（2022 年版）》在课程实施的"教学建议"中提出："教学目标应体现核心素养的综合性、发展性、实践性。"这表明教学目标要指向"综合的人""发展的人"和"实践的人"。换言之，基于课程标准的教学目标要为"育全人"定标。

2. 教学内容"少而精"

教学内容是教学的"素材"，是学生需要摄取、消化和吸收的"营养"。根据"学习主题为框架"和"内容聚焦大概念"的课程理念，《标准（2022 年版）》在课程内容上选取了"生物体的结构层次""生物多样性""生物与环境""植物的生活""人体生理与健康""遗传与进化""生物学与社会·跨学科实践"共七个学习主题，并聚焦九个学科大概念：

第一，生物体具有一定的结构层次，能够完成各项生命活动；

第二，生物可以分为不同的类群，保护生物的多样性具有重要意义；

第三，生物与环境相互依赖、相互影响，形成多种多样的生态系统；

第四，植物有自己的生命周期，可以制造有机物，直接或间接地为其他生物提供食物，参与生物圈中的水循环，并维持碳氧平衡；

第五，人体的结构与功能相适应，各系统协调统一，共同完成复杂的生命活动；

第六，人体健康受传染病、心血管疾病、癌症及外部伤害的威胁，良好的生活习惯和医疗措施是健康的重要保障；

第七，遗传信息控制生物性状，并由亲代传递给子代；

第八，地球上现存的生物来自共同祖先，是长期进化的结果；

第九，真实情境中的问题解决，通常需要综合运用科学、技术、工程学和数学等学科的概念、方法和思想，设计方案并付诸实施，以寻求科学问题的答案或制造相关产品。

与《标准（2011 年版）》的课程内容相比，《标准（2022 年版）》在课程内容上精简不少，实现了课程内容"少而精"的优化。

在《标准（2022 年版）》中，每一个学习主题都阐述了相应的内容要求，比如"生物体的结构层次"学习主题的内容要求是：聚焦大概念"生物体具有一定的结构层次，能够完成各项生命活动"，以及重要概念"细胞是生物体结构和功能的基本单位"和"生物体的各部分在结构上相互联系，在功能上相互配合，共同完成各项生命活动"。就后者来说，学生在完成学习后，应能够概述"细胞能通过分裂和分化形成不同的组织"，描述"绿色开花植物体的结构层次包括细胞、组织、器官和个体，高等动物体的结构层次包括细胞、组织、器官、系统和个体"，说明"生物体在结构和功能上是一个统一的整体"。

在教学内容上，基于课程标准进行教学，教师要遵循"少而精"的原则，依据教学目标、课程内容（特别是内容要求）来选取，并突出重点。具体做法上，教师要用好与课程标准相配套的初中生物学新教材，把教材内容转化为教学内容，做到"用教材教"而不是"教教材"。此外，教师、学生、校园、公园，甚至家庭中的生物资源等，都是教学的重要素材。教师应依据课程标准，结合本地本校本人和学生的实际情况，创设课堂上的教学内容。

教学内容为什么要做到"少而精"？主要原因有三：一是学生的精力有限；二是学生需要时间来理解消化、吸收运用所学内容；三是核心素养的养成不能一蹴而就，需要逐步发展。教师不能让学生疲于刷题或考试，也不能让学生花时间在"吃零食"上，而应用心抓好学生的"主食"，但也不能让他们吃得"太饱"。"吃太饱"容易导致"消化不了"或"消化不良"，形成"积食"，进而损伤脾胃，引发肠胃疾患。如果经常如此，学生就会营养不良，影响生长发育，这显然有违教育的初心。《庄子·齐物论》中有云："大知闲闲，小知间间。"恩格斯也说："一个人最大的发展境界，是能够有最多的闲暇时间从事自己想做的事情。"因此，基于课程标准的教学，教师就应创设"闲闲"之教学内容，营造"闲闲"之环境，以育学生之"大智"，促进其"最大的"发展。

3. 教学组织"强主动"

教学组织是教学落地生成的关键环节，是师生互动对话的过程。"没有了对话，就没有了交流；没有了交流，也就没有真正的教育。"① 没有真正的教育，何来真正的教学？教学是在具体的教学情境中，经过预设的一种师生共同经历和创造的生活，是对课程进行二次开发而生成的过程，旨在促进学生实现全面发展和个性化成长。这就决定了教学具有教育性、生活性、预设性、生成性、科学性和艺术性。教学的教育性旨在教学育人，教学的生活性意在追求幸福，教学的预设性落在设计规范，教学的生成性悦在生动，教学的科学性贵在

① 保罗·弗莱雷. 被压迫者教育学［M］. 顾建新，赵友华，何曙荣，译. 上海：华东师范大学出版社，2001：41.

求真，教学的艺术性美在创新。

《标准（2022年版）》对教学组织虽只是"建议"，但是从其对课程理念、课程目标、学业质量、课程实施的陈述中，我们都可看出其非常强调"主动"。比如，课程理念中提出"力求学生有相对充裕的时间主动学习"和"生物学课程高度关注学生学习过程的实践经历，强调学生学习过程是主动参与的过程"；课程目标中提出"主动宣传关于生命安全与健康的观念和知识，成为健康中国的促进者和实践者"；学业质量中提出"主动传播生命安全与健康生活的观念和知识"；课程实施"教学建议"中提出"应重视概念的主动构建，为运用概念奠定基础"和"指导学生主动获取证据，做出判断"，教材编写建议中提出"倡导以探究为主的多种主动学习方式"，课程资源开发与利用中提出"课程资源种类多种多样，凡是能促进学生主动学习……都应加以开发与利用"。教育心理学研究表明，学生的学习过程是主动建构而不是被动接受的过程，没有学生主体的主动参与，就没有学习的真正发生，自然也就没有学生的自主发展。也就是说，学生主动参与的学习才是最有效的学习。

这就意味着基于课程标准进行教学，教师必须发挥好教学组织的主体作用，主动而创造性地组织教学，有效地促进学生主动地学习和成长。初中生物学新课程以学习主题为单位搭建内容框架，每个主题都围绕大概念展开，即依据学科逻辑和义务教育阶段学生的认知特点，选取几个重要概念和若干次位概念内容及学习活动形成主题的内容体系。因此，教师在组织教学过程中，应做到以下三点：一是主动聚焦大概念组织教学活动，重视学生对生命观念的主动构建；二是主动加强科学、技术和社会相互关系的教育，让学生经历跨学科的探究实践，在学习中强化科学思维和社会责任；三是主动运用现代化信息技术手段赋能课堂教学，激发学生的好奇心，调动其参与学习的主动性。

要激发学生求知的主动性和自觉性，教师就要让学科知识和学生"发生关系"，让他们思考并明晰：所学的学科知识和"我"有什么关系？"我"为什么要学？"我"学了究竟有什么用？除学科知识外，教师还应主动帮助学生找到学科知识之间、学科知识与生活之间、学科知识与核心素养之间的联系，以激发他们积极的情感和意志，为深度学习、持续学习乃至终身学习生发内在的动机和动力。

4. 教学策略"重探究"

教学策略是为完成教学目标而采取的策略或方式方法，即回答"怎么教"的问题。根据"探究实践"核心素养和"教学过程重实践"课程理念，结合义务教育生物学课程注重探究和实践的特点，以及探究是学习科学的有效方式方法等，《标准（2022 年版)》对课程实施的教学建议是"重视运用以探究为特点的教学策略"。

什么是"以探究为特点的教学策略"？简单来说，就是基于探究性问题组织教学的策略。于教师而言，就是开展探究性教学；于学生而言，则是进行探究性学习。探究性学习是基于探究性问题或任务，通过形式多样的探究活动，以获得知识与技能、发展能力、培养情感体验为目的的学习方式。这种学习方式，是"主动获取新知的重要途径，是从求知到做事之间的桥梁"，属于一种主动性、实践性和综合性学习。

开展探究性教学，教师首先要引导学生从自身经历、社会生活和生产实践等真实情境中提炼出问题，并在获取相关资料和信息后大胆作出合理假设；接着，指导他们对问题进行综合分析，制订解决方案，并根据解决问题的需要选择实验探究、调查探究、文献资料探究或其他探究方式，获取相关证据（含数据）信息；然后，让他们根据证据信息对所作出的假设进行科学判断，并得出自己的结论；最后，"引导学生以规范的文字、表格、示意图、曲线图等呈现报告内容，组织交流探究的过程和结果，并进行适当的评价，完善结论"。

这种以探究为特点的教学策略，探究是"魂"，问题是"线"，学生是"本"，旨在让学生亲历提出问题、获取信息、寻找证据、检验假设、发现规律的全过程，习得生物学知识，养成科学思维的习惯，形成积极的科学态度，发展终身学习的能力。基于这种教学策略的教学，应围绕问题的解决，采用探究的方式来展开。在核心素养视野下，教师要驾驭好这种教学策略，不仅要有学生立场，而且要有问题意识和研究思维。此外，还要掌握基本的科研常识和研究规范、常用的研究方法及其一般流程。这就要求教师以研究者的心态和姿态教学育人。"研究者"正是《标准（2022 年版)》赋予教师的新角色，教师应加强自身的教学研究，并通过课题的方式锤炼、强化这方面的本领和能力。

在"探究"的过程中，除了促进学生主动参与问题的提出、分析和解决外，教师还应重视学生的安全教育、环境保护教育、科学规范与学术伦理教育，引导学生建立"安全第一"的观念，学会理性质疑、平等讨论、与人合作和交流分享，懂得尊重实证、尊重他人和他人成果，发现探究的乐趣和情趣，进而体验探究对做学问、做人、做事的价值与意义。

5. 教学评价"促发展"

教学评价是教学体系不可或缺的组成部分和重要环节，即回答"教得怎么样"的问题。在了解教学过程、分析教学效果、调控教学行为、改善教学策略和提高教学质量等方面，教学评价是重要手段，具有诊断、激励和促进作用。在新课程背景下，"教"既要基于"学"，又要服务于"学"。"学"是"教"的目的，是"教"的对象，其质量与效果是"教"的质量与效果最生动的体现、最有力的佐证。

《标准（2022年版）》把"学业评价促发展"列为六大课程理念之一，指出"生物学课程重视以评价促进学生的学习与发展"，"高度关注生物学科的特点，将评价重点放在学生的学习活动，特别是注重对探究和实践过程的评价"，提倡"在评价中关注学生的个体差异和发展需求，帮助学生认识自我、建立自信，改进学习方式，促进核心素养的形成"，致力创建"一个主体多元、方法多样、既关注学业成就又重视个体进步和多方面发展的生物学学业评价体系"。

这就为基于课程标准的教学评价定好了"促发展"的主基调。那么，教学评价是促进谁的发展呢？这似乎是不需要再问的问题，当然是要促进学生的发展。但我们还要讨论以下问题：教学是不是包括"教"和"学"两种活动？教学是不是由教师和学生共同创生的过程？教学是不是在学校这个境域中发生的？教学是不是课程实施的基本途径？

《学记》中说："是故学然后知不足，教然后知困。知不足，然后能自反也；知困，然后能自强也。故曰：教学相长也。"正如教师不能只拿考试分数来评定学生学习之优劣，学校也不应只拿学生的成绩来评价教师教学之好坏，因为考试分数无法体现学生"学"的全部，学生的成绩也无法彰显教师"教"的全部价值和贡献。因此，基于课程标准的教学评价不仅要促进学生的发展，还要促进教师的专业成长，乃至促进学校办学质量的提升，促进学校课程的建设和校本教学教研体系的建构。

实施这样的教学评价，要以"立德树人"和"以人为本"为指导思想，依据课程标准、教学目标和内容，遵循发展性、全面性、导向性、差异性、激励性等原则，立足本校和师生的实情，从"知识本位"转向"素养本位"，注重过程评价和结果评价相结合、终结性评价和形成性评价相结合、定量评价和定性评价相结合，以及表现性评价和成果性评价相结合的方式，促进师生的生命成长和学校生物学课程与教学的内涵发展，为营造健康、和谐、向上的学校教育教学生态环境而赋能，为提高一方教育教学质量而助力。

三、新课程理念的教学意蕴

课程理念是课程方案和课程标准修订者及相关教育者经过充分论证后而达

成共识的关于课程的理性观念，属于一种课程意识形态，是一线教师开展课堂教学与评价的指导思想和重要依据。① 《标准（2022年版）》是我国义务教育生物学教学的基本依据，提出了六大新课程理念，分别是核心素养为宗旨、课程设计重衔接、学习主题为框架、内容聚焦大概念、教学过程重实践、学业评价促发展。

理念是行为的先导，有什么样的课程理念，就决定着有什么样的课程行为和教学行动。新课程理念如何转化为广大一线教师能理解的教学观念？其教学意蕴究竟是什么？所谓教学意蕴，是指在教学方面的意义、内涵以及启示，对教学目标、教学内容、教学方法、教学原则等方面进行深入分析，以获得在这些方面的意义、作用和启示。② 显然，这需要对义务教育生物学六大新课程理念进一步解读、解释及进行相应的教学阐述。经过深入研读，我总结出新课程理念的教学意蕴有以下六点：教学目标以核心素养落实立德树人；教学衔接以前后贯通赋能持续学习；教学脉络以学习主题构建内容框架；教学内容以大概念统整生物学教学；教学过程以探究实践为教学主路径；教学效果以学业质量评价促进发展。③

1. 教学目标：以核心素养落实立德树人

"核心素养为宗旨"位居义务教育生物学课程六大课程理念之首，凸显了核心素养在课程中的"核心"地位，意味着核心素养贯穿于课程与教学的全过程，成为教学的指引和方向。

为什么义务教育生物学课程如此重视核心素养？首先，义务教育生物学课程是根据《标准（2022年版）》在义务教育阶段开设的一门国家课程，代表着国家意志，肩负着党的十八大提出的"立德树人"的教育根本任务，是完成"培养德智体美劳全面发展的社会主义建设者和接班人"的国家教育培养目标不可或缺的学科课程。其次，核心素养已成为国际的教育共识，自2016年9月教育部发布《中国学生发展核心素养》后，我国基础教育确立了"核心素养"前所未有的教育地位，逐步迈进了核心素养时代，构建了以核心素养为DNA的融通不同学科的课程话语体系。最后，生物学核心素养是义务教育初中生物学课程育人价值的集中体现，是课程的"魂"。

那么，什么是"核心素养"？核心素养是学生在接受相应学段的教育过程

---

① 李文送.《普通高中生物学课程标准（2017年版）》六大革新［J］. 中学生物教学，2018（9）：17-20.
② 贺艳洁. 王阳明心学的现代教学意蕴［D］. 重庆：西南大学，2012：7.
③ 李文送. 义务教育生物学新课程理念的教学意蕴［J］. 教学与管理，2022（19）：15-18.

中，逐步形成的适应个人终生发展和社会发展需要的必备品格与关键能力（后增加正确的价值观）；是关于学生知识、技能、情感、态度、价值观等多方面要求的结合体；是指向过程、关注学生在其培养过程中的体悟，而非结果导向；是一个伴随终生可持续发展、与时俱进的动态优化过程；是个体能够适应未来社会、促进终身学习、实现全面发展的基本保障。① 但是，"核心素养为宗旨"中的"核心素养"主要是指生物学核心素养，即学生通过生物学课程学习而逐步形成的正确价值观、必备品格和关键能力，包括生命观念、科学思维、探究实践和态度责任。

教学目标是课程目标在具体教学情境中的进一步具体化，服务于课程目标和教育目的。育人是教育的目的，自然也是课程与教学的根本目标。基于课程标准的教学目标指向以课程核心素养立德树人的价值取向。义务教育初中生物学课程要育什么人？《标准（2022年版）》确立了有理想、有本领、有担当的育人目标。我认为，增加"有道德"可能更完整些，因为核心素养指向的是"完整的人"，即新课程教学要通过立德、立志、强能、明责来树人。学科教学只有以德为纲，充分地挖掘和展示学科自身内在的道德性，并切实地把学科教学与学生的生活、精神有机融合起来，才能有助于学科核心素养的形成和发展。②

2. 教学衔接：以前后贯通赋能持续学习

对比《标准（2011年版）》和《标准（2017年版2020年修订）》，就会发现"课程设计重衔接"是在《标准（2017年版2020年修订）》四大课程理念的基础上，《标准（2022年版）》新增的课程理念。为什么《标准（2022年版）》要新增"课程设计重衔接"这一课程理念？其教学意蕴是什么？《标准（2022年版）》强调，义务教育课程要加强学段衔接。③ 这就表明，在实施新课程时，教师要按照深化义务教育课程改革的时代要求和任务，通过教学衔接为学生的持续学习构建必需的"支架"，发挥好义务教育生物学课程与教学"承前启后"的功效。

那么，生物学教师如何做好教学衔接？

首先，教师要"依据学生从小学到初中在认知、情感、社会性等方面的发展程度，合理安排不同学段内容，体现学习目标的连续性和进阶性"，即在

① 林崇德.21世纪学生发展核心素养研究［M］.北京：北京师范大学出版社，2016：29-31.
② 余文森.论核心素养导向的三大教学观［J］.当代教育与文化，2019，11（2）：62-66.
③ 中华人民共和国教育部.义务教育课程方案（2022年版）［M］.北京：北京师范大学出版社，2022：1-4.

了解学生"旧知"的基础上，以"新知"为目标，在学生的"旧知"和"新知"之间搭建好"必知"的桥梁。

其次，教师要了解高中阶段学生特点和学科特点，为学生进一步学习做好准备。无论是初中生和高中生之间，还是初中生物学和高中生物学之间，都是既有密切联系又存在区别的。所以教师不仅要熟悉初中生的特点和初中生物学的内容要求，还要了解高中生的特点和高中生物学的内容要求。

最后，教师要把握好义务教育阶段生物学的教学方法和学习方式的变革，为学生的生命成长指引适切的学习路径，并为其今后的持续学习和发展奠定必要的基础，即主要是形成必要的生命观念、科学思维、探究实践和态度责任等核心素养。有研究表明，教学方法和学习方式跨学段的衔接，以及教学方法与学习方式两者朝向以学为中心的衔接，是课程衔接的内在机制，需要师生之间新型关系持续而真实的建构。[①]

要做到上述三点，教师应坚持以生为本，多研究自己所教的学生，找到适合的教学方式方法。在日常的校本研修或校本教研中，教师还可积极开展或参加跨学段、跨学校，甚至跨学科的如听课（观课）、评课（议课）、专题研讨、主题研修等教学交流活动，共同为学生的持续学习赋能。

3. 教学脉络：以学习主题构建内容框架

《标准（2022 年版）》新增的课程理念还有"学习主题为框架"。义务教育生物学课程依据生物科学的特点、社会发展对人才的需求和学生发展的需要，生物学课程以学习主题为单位来构建课程内容体系。每个主题包含若干生物学重要概念，同时融入生物科学的思想观念、研究过程和方法。此外，设置"生物学与社会·跨学科实践"学习主题，引导学生综合运用生物学、化学、物理、地理、数学等学科的相关知识和方法，尝试分析和解决实际问题。这表明，学习主题是连接和承载义务教育生物学课程内容的"筋骨"，是教学的脉络。

据统计，《标准（2022 年版）》选取生物体的结构层次、生物多样性、生物与环境、植物的生活、人体生理与健康、遗传与进化和生物学与社会·跨学科实践七个学习主题组成课程内容的框架，比《标准（2011 年版）》少了三个，并且是对之前的主题进行统整而减少的。除了生物体的结构层次、生物多样性和生物与环境三个学习主题保持不变之外，其他四个学习主题都通过统整而来，其中"人体生理与健康"统整之前"生物圈中的人""健康地生活"两

---

① 杨九诠. 课程衔接的三重境界［N］. 中国教育学报，2015 – 12 – 16（9）.

个主题，"生物学与社会·跨学科实践"统整"科学探究""生物技术"两个主题，"植物的生活"和"遗传与进化"分别是对原主题"生物圈中的绿色植物"和"生物的生殖、发育与遗传"的统整。

这七个学习主题立足生物学科的特点，不仅遵循学科逻辑和知识逻辑，而且遵循学生认识特点和规律，遵循学生发展需求的规律，共同构成了义务教育初中生物学课程内容的框架体系，使基于课程标准的教学有了清晰的脉络。比如，根据学生认识生物通常是从认识生物个体开始，即个体是学习生物学的基本切入点，《标准（2022 年版）》把"生物体的结构层次"列为第一主题，而学生学习了生物学知识与技能后，肯定希望做到学以致用和融会贯通。考虑到现实生活中的生物学现象或问题通常都是较为复杂的，研究生物学现象或解决生物学问题需要综合运用多个学科的知识和方法，新课标特地设计"生物学与社会·跨学科实践"这一主题，旨在指引和帮助学生在经历真实情境的复杂生物学问题的解决过程中，得到切身体验和综合成长。不同主题之间相互关联，如第一主题"生物统一性"和第二主题"生物多样性"是第六主题"（生物）遗传和进化"的结果。

4. 教学内容：以大概念统整生物学教学

以核心素养为价值导向的新课改，倡导大单元教学。为什么要倡导大单元教学？用崔允漷教授的话来说，主要用意有三：一是提升教师的课程站位和改变教师的教学格局，让教师像学科专家那样思考，有利于教师理解学科本质；二是从整体着眼，改变过去"见分不见人"或"见书不见人"的做法，从核心素养出发思考课程教学育人的本质；三是强调时间维度上学生学习历程的"完整"，从"以时间定学习"转向"以学习定时间"。[①] 简单来说，就是通过"完整的"课程教学来培育"完整的人"。

这就意味着，基于核心素养下的教学需要教师从更高的立意去设计教学，即"从关注单一的知识点、课时转变为大单元设计"，通过大观念、大项目、大任务或大问题来组织单元教学。所以，义务教育生物学新课程应从综合、整合和融合等视角对课程与教学内容进行统整和优化。"内容聚焦大概念"自然就成了义务教育生物学新课程应然和必然的课程理念。该课程理念的提出，体现了义务教育生物学课程的设计和实施追求"少而精"的原则，通过提炼和聚焦大概念来精简容量和突出重点，实现内容的结构化，为开展整合性的大单

---

① 崔允漷. 如何开展指向学科核心素养的大单元设计 [J]. 北京教育：普教版，2019（2）：11 – 15.

元教学提供理念之基、内容之基。根据这一课程理念,《标准（2022 年版）》聚焦了"生物与环境相互依赖、相互影响,形成多种多样的生态系统"等九个大概念和"生态系统中的生物与非生物环境相互作用,实现了物质循环和能量流动""生态系统的自动调节能力有一定限度,保护生物圈就是保护生态安全"等 25 个重要概念,与《标准（2011 年版）》所筛选的 50 个重要概念相比,大大精简了内容。

"科学教育不应该传授给孩子支离破碎,脱离生活的抽象理论和事实,而应当慎重选择一些重要的科学观念,用恰当、生动的方法帮助孩子们建立一个完整的对世界的理解。"[①] 所以,作为科学教育领域的初中生物学教学就要摈弃生物学科的"细枝末节"而聚焦"大概念"。大概念处于生物学科的中心位置,是相对宏观层面的概念,属于上位概念,是对大范围内的生物学事物的解释,具有高度抽象性、概括性和普适性,与本领域的下位概念（重要概念、次位概念或一般概念）具有内在联系,并具有统率作用。

通过大概念统整教学,可避免"小概念"间的碎片化和相互割裂,以及解决有限的课时与不断增多的知识之间存在的矛盾;不仅有利于教师强化课程意识、学生立场和素养本位,从学科本质找到教学之法和育人之道,而且有利于学生对知识的深度理解和迁移应用,以及生命观念等核心素养的养成,还有利于师生共同拓展更大的视域和置身更复杂的真实情境,实现教学相长。

5. 教学过程:以探究实践为教学主路径

《标准（2022 年版）》不仅提出"教学过程重实践"的课程理念,还提炼了"探究实践"核心素养,以及在"课程实施"中指出核心素养具有综合性、发展性和实践性等特点,并在"教学建议"中强调教师要"重视运用以探究为特点的教学策略"。这表明,基于课程标准的初中生物学教学过程要以探究实践为教学主路径。

何为"探究实践"?其既指生物学要培养的核心素养,又指学习或教学过程（活动）。前者是指源于对自然界的好奇心、求知欲和现实需求,解决真实情境中问题或完成实践项目的能力与品格,是创新型人才的重要标志;后者是指学生在教师的指导下,通过探究性学习或实践性学习等综合性学习方式解决基于真实情境提出的问题的过程（活动）。如果说大概念使学生的综合性学习成为可能,那么探究实践就使学生的综合性学习成为现实。

《标准（2022 年版）》不但指出"科学探究是学习生物学的重要方式,跨

---

① 温·哈伦. 科学教育的原则和大概念 [M]. 韦钰, 译. 北京: 科学普及出版社, 2011: 1 - 2.

学科实践是拓展视野、增强本领的重要途径",而且特别在"教学过程重实践"的课程理念中强调,"生物学课程高度关注学生学习过程中的实践经历……让学生积极参与动手和动脑的活动,通过实验、探究类学习活动或完成跨学科实践活动,使学生加深对生物学概念的理解,提升应用知识的能力,激发探究生命奥秘的兴趣,进而能用科学的观点、知识、思路和方法探讨或解决现实生活中的某些问题,从而引领教与学方式的变革"。[①]

在教学过程中,教师可依据课程标准、具体教学内容和学生的实际情况,和学生一起构筑一条条纵横交错的基于探究实践的学习网络体系。比如,通过开展实验探究或进行调查探究、资料探究,或组织有关"科学、技术、社会"的跨学科实践活动,让学生在提出问题、获取信息、寻找证据、检验假设、发现规律等过程中习得生物学知识,养成科学思维的习惯,形成积极的科学态度,发展终身学习的能力。在具体活动上,可根据学生校园生活或社会生活等实情和相关教学资源,努力开发具有创新性、实践性、可行性的形式多样的探究活动。

6. 教学效果:以学业质量评价促进发展

《标准(2022年版)》和《标准(2017年版2020年修订)》一样,不仅研制了基于核心素养的学业质量标准,而且提出"学业评价促发展"的课程理念,从而有利于实现义务教育初中生物学"教—学—评"的统一。对教学效果的评价是教学体系的必要环节,为教学质量的诊断、教学目标的调整、教学设计的改进、教学过程的优化、教学内容的改善等方面提供重要的参考依据。教学效果是回答教师"教得怎么样"的问题,实际上就是回答学生"学得怎么样"的问题。

基于课程标准的初中生物学教学评价非常注重学生的学业质量(完成义务教育阶段生物学课程学习后的学业表现),并以学业质量标准来引领学生学习与发展,以及评价教学效果。学业质量标准是以核心素养为主要维度,结合课程内容,对学生学业成就表现特征的整体刻画,用以反映教学目标的达成度。基于课程标准的初中生物学课程与教学评价从"知识核心"转向"素养核心",即重点关注学生的生物学核心素养的养成与发展。

林崇德教授指出:在目标上,核心素养的概念指向的是对"教育应培养什么样的人"这一问题的回答;在性质上,核心素养是所有学生应具有的共

---

① 中华人民共和国教育部. 义务教育生物学课程标准(2022年版)[S]. 北京:北京师范大学出版社,2022:2-3.

同素养，是最关键、最必要的共同素养；在内容上，核心素养是知识、技能和态度等的综合表现；在功能上，核心素养同时具有个人价值和社会价值；在培养上，核心素养是在先天遗传的基础上，综合后天环境的影响而获得，可以通过接受教育来形成和发展的。[①] 所以，在教学中，教师应尽可能地为学生创造其核心素养的养成与发展所需要的学习经历及环境，尤其是要结合生物学的学科特点和教学内容进行教学育人。

在开展学业质量评价时，教师要发挥好评价的诊断、激励和促进作用，一方面要充分考虑核心素养的综合性、发展性和实践性的特点，采取主体多元、方法多样的评价方式；另一方面，教师要注意尊重学生个体的差异性，既关注学业成就又重视个体进步和多方面发展，帮助学生认识自我和建立自信，改进学习方式，促进核心素养的形成。

四、学业质量标准教学导向

研制以核心素养为导向的学业质量标准是《标准（2022 年版）》重大突破之一。学业质量是学生在完成义务教育生物学课程学习后的学业成就表现，反映核心素养要求；学业质量标准是以核心素养为主要维度，结合义务教育生物学课程内容，对学生学业成就具体表现特征的整体刻画。新课程、新教学是以新课标下的学业质量标准来检验育人效果和育人质量。学业质量标准被称为"连接核心素养与课程标准、考试、评价的桥梁"[②]。那么，义务教育生物学新学业质标准量的教学导向是什么？学业质量标准的教学导向包括：从"三维目标"走向"核心素养"；从"知识理解"走向"知识应用"；从"能力提升"走向"综合发展"；从"坐而论道"走向"实践育人"；从"封闭情境"走向"开放情境"。[③]

1. 从"三维目标"走向"核心素养"

根据新课标，学业质量标准对学生学习成就的具体表现的描述，不是从知识、能力、情感态度与价值观的三维目标维度进行，而是以义务教育生物学要培养的核心素养（主要是指学生通过本课程学习而逐步形成的正确价值观、

---

① 林崇德.21 世纪学生发展核心素养研究［M］.北京：北京师范大学出版社，2016：29 - 31.

② 辛涛.学业质量标准：连接核心素养与课程标准、考试、评价的桥梁［J］.人民教育，2016（19）：17 - 18.

③ 李文送.义务教育生物学新学业质量标准的教学导向探究［J］.中小学教师培训，2022（12）：62 - 65.

必备品格和关键能力，主要包括生命观念、科学思维、探究实践和态度责任）为主要维度进行描述。这就意味着，教师在制定新教学目标时，不是从三维目标的维度进行表述，而是从义务教育生物学要培养的核心素养维度进行表达，即从"三维目标"走向"核心素养"。

核心素养是知识、能力、情感态度与价值观的综合表现。凝练义务教育生物学课程要培养的核心素养，本质上不是对三维目标的否定或摒弃，而是对三维目标的融合与发展，是从分割到整合的回归，是人之发展综合性的召唤，是以核心素养为导向的新课标、新课程和新教学的必然选择。所以，新教学目标的制定既要以三维目标为基础，又要高于和超越三维目标，即走向具有综合性、实践性和发展性等特点的核心素养。

如果说三维目标强调的是"人在学习课程"，那么核心素养聚焦的则是"在学习课程的人"。所以，新教学目标要体现以人为本的思想，从"学科本位"走向"素养本位"。教师在制定新教学目标时要做到"目中有人"，而且是具体的、综合的、发展的人，不是抽象的、学科的、不变的人，同时要认识到：教师实际上不是教课程或教学科，而是用课程或用学科来育人。具体来说，在新教学中，教师的职责与使命是要帮助学生把学科知识、学科概念和学科技能等转化和内化为学生的核心素养。这样的目标要求，显然比三维目标要高，更加具有不确定性和挑战性。

教师如何胜任新教学的目标要求？首先，教师要加强学习和研究，特别是要找到生物学科知识、学科概念、学科技能、学科思维和学科思想等之间的逻辑关系，并探索其转化为学生核心素养的有效路径和途径。其次，教师要加强研究所教学生的学情和认知特点，发现其已知点和认知可能，并在其已知点和新知点之间构建必知的桥梁，从而促进学生与所学内容发生关系。马克思说："人的本质是一切社会关系的总和。"以人为本的新教学，在目标上也应契合人之本质，以激发学生的学习主动性和积极性。最后，教师要促进学生把所习得的新知转化为他们的核心素养。只有转化为其核心素养，新知才能为学生的生命成长赋能。

2. 从"知识理解"走向"知识运用"

"运用"一词在新课标的学业质量描述中出现了六次，如：运用生物学的结构与功能观、物质与能量观、进化与适应观、生态观等生命观念解释产生特定生物学现象的原因；运用结构与功能观、生物与环境的关系等知识进行分析，推测产生特定病症的可能原因；运用光合作用、呼吸作用、蒸腾作用、生物进化等生物学概念，确定生物资源生产和应用过程中的关键因素；运用物质与能量、进化与适应等生命观念，分析生物资源生产或应用等社会性科学议题中有待解决的问题，并作出合理的判断；运用进化与适应观和生态观分析生物在形态结构和行为等方面与环境相适应的特征；运用生物学、物理、化学、地理、数学、技术与工程学等多个学科的知识和思想方法进行分析……①这就说明，新教学要从"知识理解"走向"知识应用"。

在知识运用中，知识不是静止不变的，而是迭代升级的，不仅指知识的直接使用，还指知识升级转化后的应用，如转化为生物学概念、生命观念等，然后进行相应的解释、推测、分析、判断或确定。正如华东师范大学钟启泉教授所说："知识不是呈现碎片化堆积状态，而是一个系统、一种结构。它不是死的，而是活的；不是聚焦理解了的知识，而是有体验支撑的能够运用的知识。知识是能够汇集、编码种种见解的智慧，它不仅能够解释理解了的东西，而且能够借助语言，思考理解的东西。它是每一个人能够基于证据和根据，作出自己回答的智慧，也是能够基于反思，拓展语言范围，用于问题解决的智慧。"②这就告诉我们，新教学要打破过去注重对知识的理解、背诵和记忆等的枷锁，走向对知识的灵活运用与创生，如创生观念、能力、品格和智慧，让知识如哲学家培根所言"知识就是力量"那样，真正发挥其力量，帮助人们更好地认识世界和改善生活。

什么样的知识才有力量？从上述的论述中，就可以找到这个问题的答案，那就是能够转化为核心素养的知识，这样的知识才能在更高阶的学习阶段或更复杂的情境中得以运用。教学的产生和维持，人的成长和发展，知识都是必不可少的养料……把知识转化、内化为核心素养，是新时代教学的根本使命。③在生物学新教学中，教师应以生物学知识为"阿基米德点"，创设真实的学习情境，为学生的学习与成长提供学以致用的机会和环境，在如《墨辩》所言的"三知"（亲知、闻知和说知）的具身经历和体验的学习过程中，助力他们把知识转化、内化为其核心素养，并不断提升他们的品格、悟性和修为，从而发挥用以励学及促进学生终身学习和持续发展的育人功效。

3. 从"能力提升"走向"综合发展"

据统计，新课标对学业质量描述的字数是 1 033 个，其中"分析"一词就出现了 11 次之多，出现频率非常高，比"运用"一词还多 5 次。分析位于布

① 中华人民共和国教育部. 义务教育生物学课程标准（2022 年版）［S］. 北京：北京师范大学出版社，2022：33 - 34.

② 钟启泉. 从"知识本位"转向"素养本位"［N］. 中国教育报，2017 - 11 - 15（5）.

③ 余文森. 核心素养时代教学的使命［J］. 中小学教材教学，2021（10）：1.

鲁姆教育目标分类法六层次认知中的第四层，属于高阶思维能力，是指把研究对象的整体分解为一个个部分或局部，分别进行研究的思维方法。为什么义务教育生物学新课程如此重视对学生分析能力的培养？因为生物学课程是自然科学的组成部分，而自然科学中的任何活动都离不开分析，不论是观察与实验、比较与分类，还是归纳与演绎，都离不开分析。分析是最基本的科学方法，是综合的基础。[①]

此外，新学业质量标准还强调学生要在分析的基础上，尝试探究生命活动过程、人体健康、生物与环境等方面的问题，或推测产生特定病症的可能原因，或作出合理判断，或鉴别与疾病治疗、营养健康有关的传言或伪科学，或解决应用中需要解决的问题，等等。这就表明，学生的学业水平要达到不仅懂得应用和分析，还会综合和评价，并创造性地解决问题。由此可见，新教学不仅要提升学生的能力，还要促进学生分析、综合、评价等综合能力的全面发展，特别是发展其科学思维能力、探究实践能力、思辨性思维能力、迁移能力，即从"能力提升"走向"综合发展"。

综合既是新课程、新教学的发展趋势，又是人之素养与客观问题的本质属性，还是学生能力发展的要求。在布鲁姆教育目标分类法六层次认知中，综合比分析还高一个层次。实际上，生物学许多概念都是综合的结果，特别是生物学大概念，更是经过高度综合而形成的。例如，生物学大概念"生物与环境相互依赖、相互影响，形成多种多样的生态系统"是综合"生态系统中的生物与非生物环境相互作用，实现物质循环和能量流动"等重要概念和"生物圈是包括多种类型生态系统的最大生态系统"等次位概念形成的。

在新教学中，教师如何引领学生从能力提升走向综合发展？一方面，学生要立足生物学的课程学习，通过本课程的学习，发展自身的多种能力，比如，在学习动植物细胞的结构与功能时，提升观察、比较、概括等能力，在探究鼠妇生活的影响因素的过程中，形成和发展实验设计、观察与记录、现象分析和得出结论等能力；另一方面，学生要主动积极地参加跨学科项目的学习，综合运用科学、数学、工程学、信息技术、物理、化学等多学科的知识、概念和思维，去设计学习方案并付诸行动，以完成学习任务或制作出相应的成果。就义务教育阶段来说，在生物学课程的跨学科学习中，组织学生制作动植物细胞模型、生态瓶或叶脉书签等都是比较有效的经典做法。

---

① 吴成军. 生物学学科核心素养的教学与评价 [M]. 上海：华东师范大学出版社，2020：36 - 37.

4. 从"坐而论道"走向"实践育人"

根据学业质量描述，学生不仅要"针对生物学相关议题进行科学论证与合理决策，并尝试探究生命活动过程、人体健康、生物与环境等方面的问题"，而且要"鉴别与疾病治疗、营养健康有关的传言或伪科学，主动传播生命安全与健康生活的观念和知识"，还要"针对相关的生态学问题，从生物与环境的关系、生态可持续发展、经济效益等方面，尝试提出研究思路或可能的解决方案，积极参与环境保护实践，展现生态文明观念"。这就表明，新教学要加强学科实践，从"坐而论道"走向"实践育人"。

实践不仅是"检验真理的唯一标准"，而且实践出真知，实践生素养。义务教育生物学课程要培养的核心素养需要在学科实践的沃土中形成和发展。新教学突出实践性，与新课标提出的"教学过程重实践"的新课程理念和凝练的"探究实践"的核心素养，以及在课程实施中建议"教师要充分认识探究实践在培养学生核心素养中的价值，重视运用以探究为特点的教学策略，指导学生采用实验、资料分析、调查、测量等多种方式开展探究实践活动"等举措都是相契合的。这也进一步说明以核心素养为导向的新课改构建的是"教—学—评"一体化的课程与教学新生态。

传统的生物学教学普遍存在"坐而论道"的现象，比如生物学实验教学，由于种种原因，一些地方和学校的教师，不是组织学生到生物学实验室做实验，而是在教室讲实验、说实验，或用 PPT 课件演示实验，然后通过做题巩固实验。这样的做法不但违背了生物学实验的初衷，而且会导致学生的实验操作能力差、动手能力不强，把生物学成"死"物。试问，这样的教学和育人方式如何能激发学生的学习兴趣和爱好呢？因此，新课标提倡学科实践，通过真实的学科实践，让学习真正发生，让学生的核心素养真正得以形成。

学科实践是学科核心素养形成的根本路径，提倡学科实践实质上就是要改变学生的学习方式和路径，让学生能像学科专家一样在学科真实的问题情境之中实践、探索和思考，从而培养学生解决问题的真能力、真本领，并获得真知、真理。[①] 因此，义务教育生物学新教学要追求"纸上得来终觉浅，绝知此事要躬行"的诗意，践行"不登高山，不知天之高也；不临深溪，不知地之厚也"的育人之道，让学生可以通过学科实践甚至跨学科实践亲身感悟生命的神奇和生物世界的五光十色，并练就真才实干，从而懂得热爱生命、尊重生

---

① 余文森. 育人方式变革的四个体现 [J]. 基础教育课程，2021（2）：18－20.

命和敬畏自然，并积极参与到人与自然生命共同体的建设中去，做有理想、有本领、有担当的时代新人。

5. 从"封闭情境"走向"开放情境"

新课标对学业质量的描述都是先指出是在什么样的问题情境中，包括基于真实的生物学问题情境、在与健康和疾病相关的问题情境中、在与生物资源开发和利用有关的问题情境中、在与生物和环境有关的问题情境中、在与生物技术有关的问题情境中。这些问题情境不仅是真实的，而且是开放的。例如，与生物资源开发和利用有关的粮食生产、水资源保护、优良品种选育、生物材料应用等问题情境和与生物和环境有关的环境污染治理、生物多样性保护、生物防治等问题情境都是开放的，而不是封闭的。因此，义务教育生物学新教学的问题情境应从"封闭情境"走向"开放情境"。

过去，有些地方的义务教育生物学学业水平考试的试卷，居然全部是选择题。这样的命题方式，其育人价值何在？虽然不用担心学生做不完，但是学生做完试题不等于做对试题。即使学生做对了试题，就等于他们学会了吗？这样考出的成绩就是学生学业质量的真实反映了吗？就能体现教师的育人效果了吗？答案显而易见。以核心素养为导向的新课改，显然要改变这种窘况，不仅要让学生获得真实的成长，还要让学生的成长看得见、测得到，故而研制了学业质量标准。在新教学中，问题情境从封闭走向开放，其育人目的是通过在开放情境中提出开放性问题，引发学生进行开放性的思考和解答，即指引学生跳出传统教学中只有"ABCD"的小水池，置身于江河湖海那样的大水域。

开放性问题有何育人意义？开放性问题不仅可以激发学生思维多向度发展和无限度发展，而且能让每一个学生都有出彩的机会。例如，如果教师提问："绿色植物光合作用的原料有哪些？"这个问题是封闭的，只要一人答对（二氧化碳和水），其他人就没有了机会。如果教师改为提问："根据绿色植物光合作用的原理，如何提高黄瓜的产量？"这样，每个学生都可以提出自己的看法，如增加光照时间或强度，或适当增加二氧化碳浓度，或增加土壤的肥水，或改变昼夜温差，或种植密度要适度，等等。总之，新教学的学习任务或问题情境的创设，教师要从以前分析式的、抽象的、封闭的知识取向走向整合的、情境化、开放性的素养导向，为学生的成长创造无限可能之境，以育国之无限之栋才。

第三章 "活慧生物"理念体系

理念体系是教学主张最核心的组成部分，既是教学主张的内涵与灵魂，又是教学主张的精髓与命脉。福建师范大学教师教育学院院长余文森教授指出，教学主张从整体上表现了教师理性思考的深度和教学理想追求的高度，是教学经验的提炼、概括和提升，是理论与实践、认识与情感、知识与智慧的"合金"。那么，"活慧生物"教学的内涵是什么？有着怎样的育人观？"活慧生物"对教学、教材、学力、学生、教师等有着怎样的理性理解、界定和表达？

第一节 "活慧生物"的内涵

"活慧"一词，在我被遴选为广东省中小学新一轮（2021—2023）"百千万人才培养工程"名教师培养对象之前，就在我的脑海里出现和荡漾，我也默默地开展了有关教学实践探索，还把"活慧生物"设计进我担任主持人的湛江市名教师工作室的室徽，以此作为工作室建设和学员成长的共同追求。我参加广东省"百千万人才培养工程"后，学习了国家级教学名师林伟老师的"思意数学"和我以前同事陈洪义老师的"情思历史"等教学主张，特别是2023年3月在北京研修期间，我和何小霞、王惠等人拜访人民教育出版社副总编辑、人教版《生物学》教材主编赵占良先生之后，我坚定选择了"活慧生物"作为自己的生物学教学主张。

一、为何选择"活慧"

如果说教学风格的凝练彰显了教师的教学个性，那么教学主张的提炼则应聚焦课程教学的共性。正是基于这样的认知，在提炼生物学的教学主张的过程中，我就得找到一个精准而恰当的词汇，不仅能体现生物学科之教学属性，还能反映生物学教学的精髓和生命（或生物）的核心特征。

生物学是研究生命现象及其活动规律的科学，而生命之基在于"活"，生命之要在于"慧"，生物学的教学之道、之义、之法、之术就应在于"活慧"，并育就"活慧"之人。当我把"活慧"一词放置于"生物"之前时，"活慧生物"仿佛充满了神奇的力量，突然像一道光一样闪烁于我的脑海，普照着我身上的每一个细胞。但，我不敢欢呼，或者说忘记了欢呼，"活慧"与"生物"组合而成的"活慧生物"，是那么完美！是那么天衣无缝！就像中国古代木建筑中的榫和卯的关系一样，是那么浑然天成，仿佛就是"天生一对，地设一双"。

我深知，提炼一种教学主张，教师需要保持足够的理性和敬畏之心，并找到充分的理据与支撑，而后进行内涵的界定、理论的建构和实践的探索。通过不断地反复学习、实践、思考和体悟，我发现也许自己原来一直在追求和耕耘的教学，在本质上就是"活慧教学"。当漫步在陶行知、陈鹤琴、李吉林、朱正威、顾巧英等名师名家的教育思想或教学主张的田园里，我似乎也闻到"活慧"的生命气息，感受到"活慧"的生命律动。

"活慧"，不仅是生命的核心表征，也是生物学的学科属性；不仅是生物学教学之灵魂，还是学生生命成长之要义。所以，选择"活慧"，不是一种偶然，而是一种当然、应然或必然。这样的选择，是基于大生命智慧观、大生物学教学观等视域下的一种理性选择。

1. "活慧"是生命的核心表征

说到"生命"，人们自然而言就会想到"活的"。根据是否有生命来分，自然界中的物体可分为生物和非生物，前者有生命，具有"活的"之特征，后者无生命，具有"死的"之特点。这就表明，"活的"是生命的核心体征。所谓"活的"，即具有生命力的，也称为"生的"。生命就是能够且需要和外界不断进行物质和能量转换及信息交流，具有生命之活性的有机体。[①] 在此，我想再增加一点：生命不仅具有活性，还具有慧性，即生命既有"生"的活力，又有"慧"的智慧，概括地说，生命具有"活慧"之核心表征。

放眼生命的世界，"活慧"现象无处不在。从整体上来说，生命体通过自身的遗传、进化、应激和适应等举措，一来保存本物种的相对稳定性，二来形成新的改变或新的物种来适应变化着的环境。同时，通过生物多样性、食物链和食物网等平衡机制维持生态系统的稳定性，乃至整个生物圈的生生不息。这

---

① 李文送. 中学生物学教学设计与说课 [M]. 芜湖：安徽师范大学出版社，2022：3.

就是自然的魔力，更是生命的智慧。

提到智慧，可能有不少人觉得人类才有智慧。人类有智慧，这点不假，但是不代表其他生命没有智慧。比如，生物的昼夜节律现象，自然蕴含着生命智慧，不仅人类具有节律现象，其他动物乃至植物也都具有节律现象。《生命的季节：生生不息背后的生物节律》一书中说："所有多细胞生物，以及一些单细胞生物，都具有一种基本特性相同的昼夜节律，这个事实本身就暗示着，这种判断时间、能预测随之而来的变化的能力对大多数生物来说是极为有益的。生物需要将它们的活动与周围的世界同步，同时要控制体内各种过程的时机，使之正确有序地发生。"①

人是生命之子，而生命是自然之子。天生合一，故而天人合一。合者，适也。不适，则不合。适者生，生者活，活者慧；不适则不合，不合则不生，不生则被淘汰。故而有言："适者生存，不适者被淘汰。"可以说，生命皆有智慧，人皆有生命智慧。所谓生命智慧，不仅是指人的生命而言，而且是指整个自然界的生命而言，是人与自然合一（天人合一）的智慧，其形式是境界，而境界不仅是存在和价值的统一，重在生命存在的价值与意义，还是情感与理性的统一，离不开"身体力行"的生命体验。②

2. "活慧"是生物学学科属性

《辞海》中说："属性即为事物本身所固有的性质，是物质必然的、基本的、不可分离的特性，又是事物某个方面质的表现。"无论是提炼生物学教学主张还是开展生物学学科教学，教师都应把握好生物学的学科属性。那么生物学的学科属性（也称为学科性质）是什么？生物学的学科属性由什么决定？赵占良先生认为学科属性"首先是由这门学科的研究对象所决定的……只有理解生物学的学科本质，才能聚焦学科核心素养，彰显学科育人价值"③。诚然，生物学是研究生命现象和生命活动规律的科学，通俗地说生物学的研究对象就是生物。他还把生物学科不同于其他自然科学学科的特点概括为研究对象的特殊性、思想观念的人文性、概念和规律的概率性、思维方式的灵活性、研究方法的综合性、学科地位的领先性、实践应用的广泛性。

我曾在2022年出版的《中学生物学教学设计与说课》一书中说过："所谓生物，是指具有呼吸、繁殖、应激性、新陈代谢、生长发育、遗传与变异等

---

① 罗素·福斯特，利昂·克赖茨曼. 生命的季节：生生不息背后的生物节律［M］. 严军等，译. 上海：上海科技教育出版社，2021：24 – 25.

② 蒙培元. 追寻生命的智慧［J］. 北京大学学报（哲学社会科学版），2010，47（2）：13 – 17.

③ 赵占良. 试论中学生物学的学科本质［J］. 中学生物教学，2016（1 – 2）：4 – 8.

生物基本特征的有机体……虽然生物和生命之间有着非常密切的联系，但是它们之间不能画等号。因为生物都是有生命的物体，但有生命的物体不一定是生物。比如，多细胞生物（如人）的细胞或组织，都是有生命的物体，但不属于生物，只是生物的组成部分。那么，有生命的物体能否称为生命呢？只能说，有生命的物体不一定是生命，如人类的精子或卵细胞，它们都是有生命的物体，但还不能算是一个生命，精子和卵细胞结合形成受精卵，这才是人的生命的开始。可见，生物和生命都是有生命的物体，而有生命的物体不一定都是生物或生命，但都具有生命之活性。"①

生物学至少有两种含义，一是指生物学（学科）课程，二是指生物学科（科学）。生物学（学科）课程是依托生物学科（科学）的学科知识、学科技能、学科思想、学科文化等课程资源，帮助学习者习得其中的"营养"，从而成长为具有一定生物科学素养的人，甚至可以过一种学科生活。

作为一门课程来说，刘恩山主编的《中学生物学教学论》（高等教育出版社，2009）、王芳宇主编的《生物新课程教学论》（南京大学出版社，2011）、崔鸿和郑晓蕙主编的《新理念生物教学论》（北京大学出版社，2009）等论著都把生物学界定为学科课程、科学课程，乃至技术课程、必修课程。曹道平主编的《中学生物学教学论》（山东教育出版社，2009）则把生物学的学科属性归纳为生命性与实验性、历史性与现代性、基础性和综合性。顾巧英认为，生物学具有生命性、实验性、时代性、思想性和教育价值的不可替代性等学科特征。②

作为一门科学而言，生物学科是自然科学中的一门基础学科，是研究生命现象和生命活动规律的科学，是农业科学、医药科学、环境科学及其他有关科学和技术的基础。生物学科的建设与发展，无论是对人类社会的贡献，还是对其他学科的建设与发展，还是对构建人与自然生命共同体、人类命运共同体等都具有不可或缺的重要意义和学科价值。

无论是作为课程还是作为科学，生物学研究的对象都是生物或生命现象及其活动规律，而生物或生命都是"活的"，也是"慧的"，所以我认为"活慧"不仅是生命的核心表征，还是生物学的学科属性，教师应根据这一属性进行教学育人，培育学生的核心素养，从而促进其收获活慧成长。

3. "活慧"是生物学的教学灵魂

生物学教学是落实生物学课程育人目标的主路径，需要帮助初中生形成和

---

① 李文送. 中学生物学教学设计与说课［M］. 芜湖：安徽师范大学出版社，2022：3－4.

② 徐宜兰. 顾巧英"教活学活"思想与教学实践研究［D］. 济南：山东师范大学，2003：14－17.

发展生命观念、探究实践、科学思维、态度责任等核心素养，需要促进高中生提高和深化生命观念、科学探究、科学思维、社会责任等核心素养。核心素养不仅是生物学课程育人价值的集中体现，还是生物学教学的导向，贯穿于生物学课程与教学的方方面面，成为新课标、新课程、新教学的主线和主基调，凸显了课程与教学育人的本质及功能。

以义务教育生物学为例，新课标对核心素养的学科定义是"生物学课程要培养的核心素养，主要是指学生通过本课程学习而逐步形成的正确价值观、必备品格和关键能力，是生物学课程育人价值的集中体现，主要包括生命观念、科学思维、探究实践、态度责任"①。这就表明，生物学核心素养不是单一的素养，而是指学生综合的素养。学生在学习生物学的过程中，应既能从生物学视角，形成结构与功能观、物质与能量观、进化与适应观、生态观等生命观念，又能"尊重事实证据，崇尚严谨求实，基于证据和逻辑，运用比较、分类、归纳、演绎、分析、综合、建模等方法，进行独立思考和判断，多角度、辩证地分析问题，对既有观点和结论进行批判审视、质疑包容，乃至提出创造性见解"，形成和提高解决真实情境问题或完成实践项目的能力与品格；还能在科学态度、健康意识和社会责任等方面形成应有的自我要求和责任担当。②

不论是高中生物学课程要培养的核心素养，还是初中生物学要培养的核心素养，每一方面的核心素养都是知识、能力与情感态度价值观的综合表现，且彼此相互联系，以综合而非割裂的方式作用于学生个体的完整生命。用国家督学成尚荣先生的话来说，"核心素养是智慧的合金，而智慧是核心素养的中国表达"。我先后拜读过朱正威、顾巧英、赵占良等前辈有关生物学教学"活"之论断，他们无不认为，生物课不能教成"死物课"。其中，朱正威先生在20世纪80年代就公开发表了《不要把生物课教成"死物课"》一文。③ 他强调："研究生物学，就要去观察活的生物界，了解它们的生活，发现值得研究的问题。就是在实验室里，也要研究活的有机体。"④ 顾巧英老师撰写的文章《生物教改贵在"活"》被收录进《中国著名特级教师教学思想录：中学生物卷》

① 中华人民共和国教育部. 义务教育生物学课程标准（2022年版）［S］. 北京：北京师范大学出版社，2022：4－7.

② 李文送. 义务教育生物学核心素养的内涵、特征及培育［J］. 中小学教师培训，2023（4）：52－55.

③ 朱正威. 不要把生物课教成"死物课"［J］. 大自然，1982（3）：61－62.

④ 储召生. 还原朱正威［N］. 中国教育报，2005－04－25（4）.

一书（江苏教育出版社，1997）。赵占良先生说："我们既要将生物课上成真正的科学课……又要将生物课上成真正的'生物学'课而不是'死物学'课①。"后来，他又多次强调："我个人的观点是，生物课最基本的是要突出一个字——'活'。生物都是活物，一定要讲活。"② 这就表明，生物课要教活，也要学活。顾巧英老师还形成了"教活学活"的教学思想。此外，生物学也要慧教、慧学。因此，我以为，"活慧"是生物学教学的灵魂。

4. "活慧"是学生成长之要义

学生是教育的对象，是教学的目的，是未来社会的建设者和接班人。他们如何在未来复杂的、不确定的情境中活出生命的自主、自由和自在，从而成为一名合格的建设者和接班人？显然，他们需要拥有相关的生命智慧。

中国社会科学哲学研究所研究员蒙培元认为："生命智慧在中国古代哲学中，就是'生'的智慧，而'生'是动态的，是生命创造和生命的延续发展；生命智慧的形式是境界，不是知识（但需要知识），而境界是人的精神创造，包括人生价值的创造，但这是'为天地立心'，不是'为自然立法'，既是存在与价值的统一，重在生命存在的价值与意义，又是情感与理智的统一，即情理合一。"③ "生"的智慧，就是"活"的智慧。学生是活生生的智慧生命，自然需要形成应有的"活慧"之智慧。

那么，学生的生命智慧从何而来？就以生物学教学为例，首先，学生可通过参与生物学课程学习，形成和发展生命观念、科学探究或探究实践、科学思维、社会责任或态度责任等核心素养，从而提高自身的正确价值观、必备品格和关键能力；其次，学生可向教师、家长、同学，乃至其他人学习如何为人、为学和为事；再次，学生可不断向自己学习，通过反省自己，从中找到"优化的方案"。

此外，我认为非常重要的一点，特别是对学习生物学课程的学生来说，更应从形形色色的生物中找到生命智慧，如找到一条通往仿生学的道路，从而为人类社会创造更多可能和便利。例如，工程师观察研究发现翠鸟的喙像刀子一样，能瞬间穿透空气，从水面穿过时几乎不产生一点涟漪，由此找到灵感研发了动车的车头，不仅降低了动车运行时的阻力，还大大减小了噪声，从而既提高了车速，又节省了能量损耗。

---

① 赵占良. 试论中学生物学的学科本质 [J]. 中学生物教学，2016（1-2）：4-8.

② 赵占良. 基于核心素养的听评课 [J]. 中学生物教学，2017（7）：4-7.

③ 蒙培元. 追寻生命的智慧 [J]. 北京大学学报（哲学社会科学版），2010，47（2）：13-17.

古往今来，人类从未停止过对自然界进行探索，也从未停止过向自然界中各种生命寻找灵感和智慧。仿生不应被认为是人类所特有的，动植物中的"拟态"也比比皆是。在某种意义上来说，"拟态"也是一种仿生。

就人类仿生而言，人们观察鱼类发明了船桨，模仿蜘蛛织网发明了渔网，取经蝙蝠超声波定位发明了雷达，学习响尾蛇的红外感知发明了红外成像，研究蜻蜓找到了直升机悬停的灵感，模仿鸟类翅膀的剖面发明了飞机的侧翼，从墨鱼的运动学会了喷气推进，鲁班当年发明锯子也是受到草叶的启发。能从自然界的各种生物中找到灵感、受到启发，这本身就是一种生命智慧，而且是一种"活"的生命智慧。所以，学生进入学校学习生物学课程，不仅是学习生物学课程的知识，而且是通过生物学课程的学科实践甚至跨学科实践等活动，让自己成长为活慧之人。

我们不妨进一步追问：为什么不少有影响力的生物学教学一线教师或教材编写者都多次在不同场合强调，生物课要有生物课的样子，不能教成"死物课"？例如，顾巧英老师说："我深感生物教改贵在'活'，'活'字蕴含着三层意思，一是针对'僵死'，即统得过死，教得过死，把生物教成了'死物'；二是指师生双方应教'活'学'活'，体现生动活泼与主动积极；三是要针对生物学本身的特殊性，体现生命自然界的勃勃生机和生命活力。"①

我非常赞同顾老师的观点。但是，在核心素养背景下，教师要提高生物学教学质量，还应提升到"慧"的层面。也就是说，在教育高质量发展的进程中，生物学教学要从"知识本位"和"思维本位"走向"素养本位"或"智慧本位"。我把"素养本位"或"智慧本位"统称为"活慧本位"。换言之，生物学教学要从"为知识而学"或"为思维而教"走向"为活慧成长而教"。国家督学成尚荣先生说："智慧需要知识，但不等同于知识，智慧比知识更重要；课堂教学改革就是要超越知识教育，从知识走向智慧，从培养'知识人'转为培养'智慧者'；用教育哲学指导和提升教育改革，就是要引领教师和学生爱智慧、追求智慧。因为哲学就是爱智慧。"② 对生物学教学育人而言，"活慧"比"智慧"也许更能体现学科属性与特点，更能反映教学思想的传承与创新，更能表达我想追求的生物学教学。

---

① 顾巧英. 生物教改贵在"活"［C］// 刘植义. 中国著名特级教师教学思想录·中学生物卷. 南京：江苏教育出版社，1996：439－474.

② 成尚荣. 为智慧的生长而教［J］. 中国校外教育（理论），2007（1）：18－19.

二、"活""慧"何意

"活慧"是"活慧生物"教学主张的思想、核心和精髓所在。构建与实践"活慧生物"教学主张,都应先弄清楚"活""慧"之源与义。

1."活"字之源及其义

"活"字是形声兼会意字,本作"濢"。《说文解字》中对"活"的解释为"水流声"①,其篆文 濢 由 氵(水,溪流)和 昏(流水声,读作 guō)组成。《诗经·国风·卫风》中的"河水洋洋,北流活活"就是这个意思。这说明,"活"在字源上,从水,昏声。其中"水"表义,指水流;昏,表声,指水流声。

流水哗哗,喻示着生机勃勃。后来,"活"引申为有生机、有生气、生动、不呆板的,如"活泼""活跃""活力""活动";并发展为与"死"相对,意为"活的",表示生存,如"活命""生活""活体""活人";再引申为生计、工作,如"干活""农活",以及引申为不固定,可移动的,如"活塞"。

引申后的"活",由"氵"与"舌"构成,读作"huó",隶书、楷书、草书的"活"均是这样写法。李学勤主编的《字源》一书认为,"氵"表示水,"舌"指舌头,两者合起来表示喝水是生存之义。②

作为溪水、河水等流动声的"活"为何能引申转化为生命、生存、生活等的表征?我想原因至少有四:其一,水是生命之源,地球上的生命起源于原始海洋。其二,水是生物体内含量最多的化合物,如人体内的水分占体重的60% ~70%,水母的水分占比高达97%。其三,地球上的生命虽然经过长期的生物进化,早已演化出陆生生物和空中飞行的生物,但是,这些生物的生活依然离不开水,可以说水是生命的重要保障。为了寻找水源,即使有生命危险,如被天敌捕食,角马等动物也会在所不惜,因为它们清楚,水对它们的生命生存和种族繁衍意味着什么。其四,生命、生活都如水一般,是流动的,是一去不复返的"单程车票"。

2."慧"之源及其义

"慧"字是形声字,从心,彗声,由"彗"和"心"构成。《说文解字》

---

① 汤可敬.说文解字 [M].北京:中华书局,2018:2293.

② 李学勤.字源 [M].天津:天津古籍出版社,沈阳:辽宁人民出版社,2012:976.

中对"慧"的解释为"慧，儇（xuān，聪明）也。从心，彗声"①，即心性明悟。其篆文💠由💠（彗，持帚扫地）和💠（心，欲念）组成。要理解"慧"字，就应先知道"彗"字的意思，"彗"是手执扫帚的会意字，本义是"扫帚"，如《左传》中有"彗，所以除旧布新也"之说。由此可见，"慧"的意思就是"为心除去俗尘或杂念，清心净虑，洞察真相，明心见性"。

据考，甲骨文中没有"慧"字，但有"惠"字，"慧"字大约在战国时期才出现。即便是出现了"慧"字之后，两个字还是经常通用，如《后汉书·孔融传》："将不早惠乎？"就是以"惠"为"慧"，属于通假用法②。其实，真正有智慧的人是会顾及各方，乃至惠及他人的。《论语》"三季人"的故事中，孔子当场"认同"那位中年人的观点，而不与之辩论一年究竟有三季还是四季的问题，就可看出孔子不愧是具有大智慧的先生，而其学生子贡当时顶多只能算是聪明人。作家杨绛先生说："我和谁都不争，和谁争我都不屑。"孔子的"不辩"、杨绛的"不争"，在本质上就是"慧"之表现。

经过反复多次观察"慧"字的小篆结构后，2023 年 5 月的一天，我突然发现其小篆上面的两个"丰"字并不是用"丰"的小篆"💠"，而是用了"生"字的小篆"💠"。刚发现那会，我是有点小惊讶，甚至有点小惊喜的。接着，我就陷入思考与追问中。为什么古代先贤造字者要这样造"慧"字？其良苦用心究竟是什么呢？我想至少有三层意思：第一层是生命有智慧；第二层是生命智慧在于生生不息；第三层是生生不息需要丰富多彩。

为了进一步弄清楚"慧"字篆文造字的奥妙，2023 年 5 月 28 日，我本着求真的精神和学习的态度，通过邮件专程请教了对中国古汉字很有造诣的、出版过《〈说文〉小篆研究》等著作的清华大学历史系赵平安教授，并讲述我的"发现"和思考。非常令人感动的是，6 月 3 日上午，赵教授不仅在百忙中抽空给我回了信，还肯定和鼓励了我的思考。他说："您关于'慧'字的理解，很有意思，反映了当下对汉字的关注和智慧。我们把这类理解叫做新说文解字（自

---

① 汤可敬. 说文解字 [M]. 北京：中华书局，2018：2154.
② 李学勤. 字源 [M]. 天津：天津古籍出版社，沈阳：辽宁人民出版社，2012：929.

东周以来就有），是很有意义的。至于'慧'的传统说解，《说文解字》《汉语大字典》《字源》等常见工具书都可以查到，但没有您讲得这么有趣味。"

3. "活慧"之育人启示

清楚了"活""慧"两字的字源和意义之后，我们接着需要从教学育人的立意进一步对两字进行剖析和解读，从而找到"活慧"之育人启示，并为其成为一种教学主张找到生发的"着床"处。

"活慧"一词由"活"和"慧"两字组成，两者相辅相成，密不可分。在人的生命成长中，"活"以至"慧"，"慧"以至"活"。也就是说，"活"者要以"慧"为人生追求，"慧"者要通过更好地"活"来实现"慧"的意义与表达。本质上，学生学习生物学课程或其他课程，不就是为了将来更好地"活"吗？正因为如此，好的生物学教学要给人以"活慧"之沃壤，使其生命生长出应有之"活慧"。

既然"活慧"于生物学教学如此重要和必要，我们就得继续研读"活""慧"两字的意蕴。经过简化后，"活"字是由"氵"和"舌"组成的。"氵"即是"水"，"舌"是心窍之官，传递心火，意指阳光。水之德性在于涵养万物，给生命带来稳定的保障；而火之德性在于发光发热，给生命带来温暖和光明。两者组合在一起，意为在生理机能的调节下，水火相济，则呈现"天地交会，万物众生"的征兆。在自然界中，为人们所熟知的是"水火不相容"现象，但是在生命世界里可以实现"水火相济而利众生"之景象。这就是生命的神奇与智慧。《礼记·中庸》中有云："万物并育而不相害，道并行而不相悖。"其中的奥妙在于"中庸"之道，即对"度"的把握与调适。

"慧"字是以一颗"心"在下面为底，上面"生长"着两个"丰"字，中间是帚字的头部"彐"。这可有三点理解：一是"慧"从"心"生，"慧"为内生；二是慧的生发过程离不开自我心灵的净化和静化；三是慧的形成与提升需要生命不断成长和修炼，乃至摇曳他人生命向上、向善而长。

从中，我形成了如下四点育人启示：

第一，内生之"慧"需要自我的内省和内化。这就意味着，所有教育要真正发生育人功效，都要通过自我教育的转化和内化，没有这一过程，不论是学校教育还是家庭教育，或者社会教育，都是徒劳的，生物学教育亦然。

第二，活慧教育要关注和培育学生心灵的健康成长，帮助他们建立自我净化的机制。教师要教会学生在学会与人和睦相处的同时，也要学会与己和谐独处，乃至学会与不友好之人或其他生命共存，保持应有的度与距离。自身优秀，固然最好；自身不优秀，能敝帚自珍，也是一种人生智慧。

第三，活慧教育要引导学生认识到人之成长不可能一帆风雨，每一段经历都是一次生命成长。病原体虽然能使人类患病，但是也能帮助人类建立和完善免疫系统，特别是特异性免疫。学生的学习是途径或手段，不是目的，成长才是。

第四，成长是解决问题的最好钥匙，但钥匙的配制需要相应的材料和时间。成长的意义是承担，有担当的生命最具价值，而活慧成长，能容纳百川，融通天下。

总之，"活"凸显"动"的律，"慧"讲究"静"的态，两者的共生体"活慧"则主张动静融合、劳逸结合、阴阳协合，致力于学生的活慧成长。因此，教师在落实立德树人教育根本任务的具体过程中，就得有"活"的法子，"慧"的点子，让古今中外的优秀文化，特别是中华优秀传统文化和各门肩负党和国家对未来人才充满无限期盼的课程之"成长营养"能顺利被学生消化和吸收，并转化为其自身的核心素养，从而使他们在未来的人生赛道上既能崇尚火的精神，保持勃勃生机，向上而长，又能拥有水的情怀，以利他之心，为未来社会的健康发展贡献自己应有的光和热，从而"活"出生命应有的担当、智慧和意义。

三、何谓"活慧生物"

所谓"活慧生物"，是指通过生命之活慧，育人环境、路径、方法和策略等的优化，为学生的活慧成长而教的一种指向学科教学育人的生物学教学主张。该教学主张主要是基于教育高质量发展、核心素养的培育和学科教育的升级等的教育需求，课程育人目标的指向、课程实施的教学转向和课程教学的构建思向等的课程需要，以及对好的生物学教学、学科的教学境界和人之活慧与幸福的教学追求而提出的；其理论依据主要包括活教育的思想、生活教育理论、情境教学理论，以及生物学教育前辈和同行先前的研究与探索，尤其是朱正威先生的教育思想和顾巧英老师的"教活学活"教学思想。有关背景和理实依据的详细情况在本书第一、二章已做介绍，在此不再赘述。有关"活慧生物"的教学观、育人观、教材观、学力观、学生观、教师观将依次在本章第二至第七节论述。下面重点介绍"活慧生物"教学的理论内涵、概述"活慧生物"课堂表征、"活慧"之教和"活慧"之学。

1. "活慧生物"教学的理论内涵

"活慧生物"教学，可简称为"活慧教学"，以"活慧"为生物学课堂教学的灵魂和主线，以"活以至慧，慧以至活"为核心理念，以促进学生的活慧成长为根本目的，以"根植生活，活思生慧；活体察究，发现智慧；活动成长，启智增慧；活学活用，实践至慧"为教学思路，其课堂操作是"以生活创设情境，以情境引发问题，以问题串联活动，以活动活跃思维，以思维涵育智慧"。

为什么"活慧生物"教学提倡"活体察究"？用顾巧英老师的话来说，就是"每当学生在观察、实验中捕捉到一瞬间的活的生命现象就会由衷地高兴，体会到生命的奇妙。由此可见，活的、感性的认识，对形成概念、理解知识确能起到'转化'的作用——化繁为简、化难为易、化死为活。这样从感知入手，把抽象概念具体化，化为一个个活的、真实存在的生命现象片断，逐渐积累贮存在记忆中，就能为学好、学活打下扎实的基础，提高教学质量"①。

为了便于理解和弄清楚"活慧生物"教学的理论内涵，我根据其内在逻辑和特点设计了图3.1。

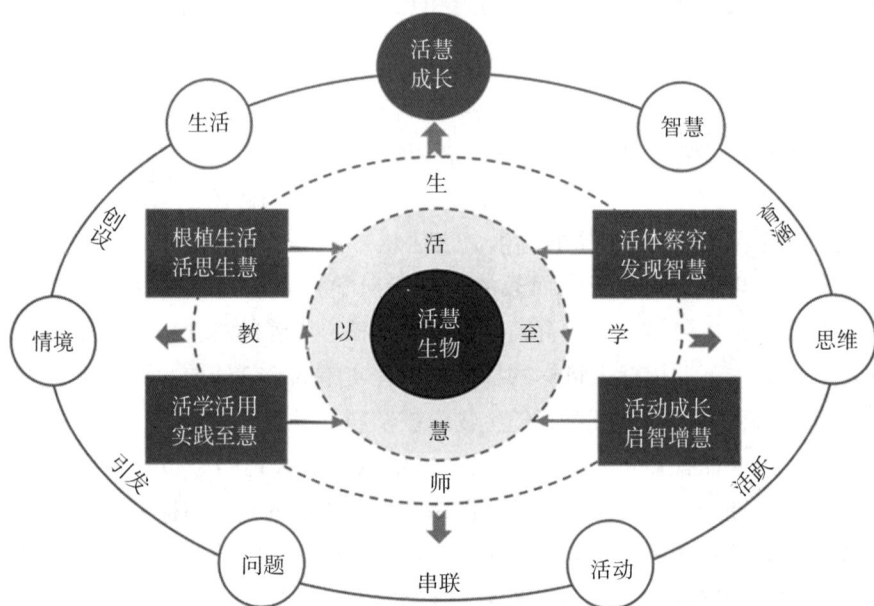

图3.1　"活慧生物"教学的理论内涵图

---

① 顾巧英. 生物教改贵在"活"［C］// 刘植义. 中国著名特级教师教学思想录·中学生物卷. 南京：江苏教育出版社，1996：439－474.

透过图 3.1 可看出，"活慧生物"教学就是指在"活以至慧，慧以至活"核心理念的引领下，教师围绕立德树人的教育根本目的，根植真实生活，通过创设能引发学生进行活思生慧的问题情境，使其在活体察究等学习任务中发现生命智慧，并在学习活动中启智增慧，特别是在学科实践（包括跨学科实践）中做到活学活用，从而收获活慧成长的生物学教学。

那么，"活慧生物"中"活"和"慧"有什么含义？或者说，生物学教学如何做到"活慧"？

有关生物课怎样体现"活"字，赵占良先生说过一段非常精辟且颇有指导性的论述。他总结为六点：第一，知识要学活；第二，思维要活跃；第三，思维要灵活；第四，要有有效的学生活动；第五，要联系现实生活；第六，启迪人生，引导学生创造未来生活。他把第六点看作"活"的最高要求，并举例说明生物课能够做到启迪人生。他说："比如我们讲细胞，会讲到细胞凋亡，细胞凋亡是细胞自动结束自己生命的过程，这是为个体做贡献、为整体做贡献，当然也是由基因决定的。我们联系一下每个人在社会里边生活，有时候也需要一些牺牲精神，牺牲个体、牺牲局部是为了整体。再比如，我们讲人体的稳态，说到稳态是机体存活的条件，它让每一个细胞分享，又靠所有细胞共建，这不就是共建共享、合作共赢吗？如果将细胞学讲到这个程度，是不是对人生有启迪呢？"[①]

我非常赞同以上观点，也深有感受，因为之前一直在探索这样的生物学教学。有学生说："李老师，您的风趣体现在每个知识点的内容都能用生活中的例子贴切地比喻，使知识变得通俗易懂。当然，您还会把知识点延伸拓展，激发了我的求知欲，您的最高境界就是，能把知识点的本质运用到人生的感悟中。这让我认识到学习重要，学会做人更重要。"还有学生写道："我挺喜欢生物老师的，在他任课之余，还给我们讲了一筐子的人生大道理，给了我很大的启发。的确，在当今社会，就应该全面发展，无论是考试或不考试的东西都要学，只要感兴趣，只要是知识都应该学。"

此外，我还曾为高中生开设过校本选修课程"生物科学与人生"。选修课的学生 A 说："没有上生物选修课之前的我，是如此的自卑，如此的没有信心，自从上了'生物科学与人生'后，我明白了什么是人生，什么是健康，什么是生命，也明白了生物场的重要性，从而让我明白自己为什么不自信，也让我从那时起，慢慢变得自信起来。"学生 B 说："在生物选修课上，我学到

---

① 赵占良. 基于核心素养的听评课 [J]. 中学生物教学，2017（7）：4-7.

了很多。我知道那是一场与生命的谈话，与哲理的交流，而从其中收获的，将渗入我的生活，让我受益终生。"学生 C 说："不知从何时起，我开始期待每周一节的选修课，我觉得它真的可以给我带来很多很多，特别是那些让我受益匪浅的人生哲理。"此类案例不少，在此就不一一列举了，以免产生"王婆卖瓜"之嫌。

回到正题，赵占良先生把生物课中"启迪人生，引导学生创造未来生活"看作"活"的最高境界。这境界，在我看来，就是"慧"的境界。而"慧"的形成与进阶，又能促进我们更"活"，且更好地生活。所以，"活慧生物"教学确立"活以至慧，慧以至活"为核心理念。

学生如何在生物课中生发"慧"？我认为可从以下六点入手：其一，以教师智慧引发学生智慧；其二，以学生智慧碰发学生智慧；其三，以生命智慧触发学生智慧；其四，提升素养激发学生智慧；其五，坚持反思诱发学生智慧；其六，学会静心迸发学生智慧。

如前所述，"慧"字有一心一帚加双丰，智慧的生发与升级，都在"心"上。学生就应通过参加丰富多彩的生物学等课程活动，博学多识，学会思辨，乐于交流，勤于反思，善于总结，不断涵养自己的悟性和修为。同时，也要如人体血液经过泌尿系统以尿液和汗液等形式不断排除代谢废物一样，学会净化心灵，做一名身心健康和全面发展的时代新人。经过夜以继日的求真问道，尤其是活学活用的历练，当有了开悟、顿悟和觉悟的加持，学生自会迎来自身的丰筋多力和丰神异彩，心慧，眼慧，人自慧。

总之，"活慧生物"教学中的"活"主要指生活、活动、活跃、灵活、活力等意思，而"慧"主要指智慧。

2. "活慧生物"课堂表征的结构

从"活慧生物"课堂表征的结构图可知，"活慧生物"教学以学习为课堂教学中心，以师生为教学"双主体"，强调生物学课堂教学应能发挥"心花怒放""心有芳香"和"心向远方"三种育人功效，呈现发挥与发现、有味与有料、生动与生长、立德与立志四种生命气象，具有生命性、生活性、生动性、生成性、生长性五大特征（见图3.2）。

图 3.2 "活慧生物"课堂表征的结构图

有关"活慧生物"的课堂表征，本书第四章有详细论述，这里只是作总体概述，旨在让读者可以通过简要的文字和直观性的图示，形成初步的、大体的了解。

"活慧生物"课堂重视"境"，关注"境"，并以"境"育"境"。希望通过追求环境、情境和心境合一的"活慧生物"课堂建设，为落实"教—学—评"合一的课堂教学提供一套可行的方案。正如朱正威先生所说："只有把生物置于一定的环境之中，在生物和环境的相互关系中来加以研究，那么无论是生物形态结构的知识、生理生化的知识，生长发育的知识、分类学的知识，还是遗传进化的知识才能讲活了、学活了。"①

3. "活慧"之教和"活慧"之学

教与学是教学活动两个最基本、最核心、最重要的要素。同样道理，"活慧"之教和"活慧"之学就是组成"活慧生物"教学两个最基本、最核心、最重要的要素。那么，什么是"活慧"之教？什么是"活慧"之学？两者分别有什么特点？

（1）"活慧"之教。

在"活慧生物"教学语境中，"活慧"之教中的"教"包括教学、教师、教法、教材、教具等要素。就教师的"教"而言，在具体的教学思路或策略

---

① 人民教育出版社生物室. 朱正威教育文集［M］. 北京：人民教育出版社，2020：70.

上遵循"五因"原则，即因人而异、因地制宜、因材施教、因势利导和因时而变（见图3.3）。"活慧"之教的价值与意义要体现在活慧之学，即赋能学生的活慧学习与活慧成长上。

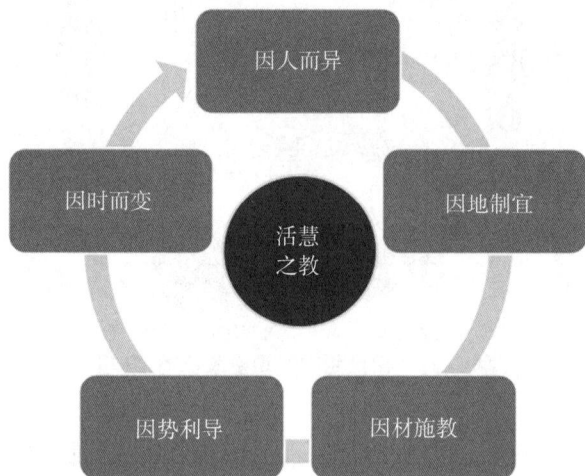

图3.3　"活慧"之教的"五因"思路及策略

诚然，教学现场中的学生，是有情感、有情绪且复杂的活生生的人，是具体的而不是抽象的人，是成长中的、完整而综合的人。教师要指导好和教育好他们，需要的显然不仅仅是学科专业知识和学科教学知识，而且更关键的是需要现场组织调控能力，尤其是应对突发教学情况的教学机智。

课能不能上"活"，能不能迸发"慧"的光芒，关键在教师。顾巧英老师在一次访谈中说："我认为，教师是教改的根本，教师起着主导作用。关于生物学教学，我一直认为，应很好地把握一个字——'活'。要教'活'学'活'，我认为关键还是教师。因为教材无论新旧，都是'死'的，是'定数'，而教师却是'活'的，是'变数'，'死'教材是要靠人来教'活'的。"[①] 所以，教师要胜任活慧之教学，就要加快自身专业成长，乃至整个生命的成长，自觉做成长型的活慧教师。只有当教师不断提升和修炼自己的活慧素养，才能更容易、更好地培育学生之活慧，乃至发现更多生命世界中的活慧。

在教学中，单凭教师的力量是远远不够的，教师要学会借力、借智，尤其

---

① 徐宜兰. 顾巧英"教活学活"思想与教学实践研究 [D]. 济南：山东师范大学，2003：55.

是要懂得发挥学生自身的活慧之力。陶行知先生等就常常采用"生教生"的教学方式。这不仅是非常"活"的做法,还是非常有智慧的做法。"活慧"之教也提倡这种做法。

总之,"活慧"之教追求"教而不教、以学为教、教学合一、教学相长"的育人效果和境界。

(2)"活慧"之学。

"活慧"之学,即"活慧"学习,是学生实现活慧成长的重要途径和手段。"活慧"学习不是具体的学习方式和方法,而是一种指向课程要培养的核心素养,以实现活慧成长为目的的学习理念。"活慧"学习无固定的学习方式和方法,讲究灵活性、多样性、综合性、动态性。学生学习的场所可以是校园、公园、动物园、植物园、家庭、社区、工厂、科技馆、生物博物馆、自然博物馆、自然界等地方。学习方式可以是在观察、比较中学习,可以是在实验、实践中学习,可以是在比赛、分享中学习,也可以是在阅读、写作、反思中学习。学生可以打破时空学习生物学,通过信息化技术和平台等资源进行深度学习,以及开展生物主题项目式学习。

"活慧"学习注重独立学习与合作学习相结合、情理结合、学做结合,在效能上,追求学以激趣、学以励学、学以致用、学以增信和学以明慧(见图3.4)。

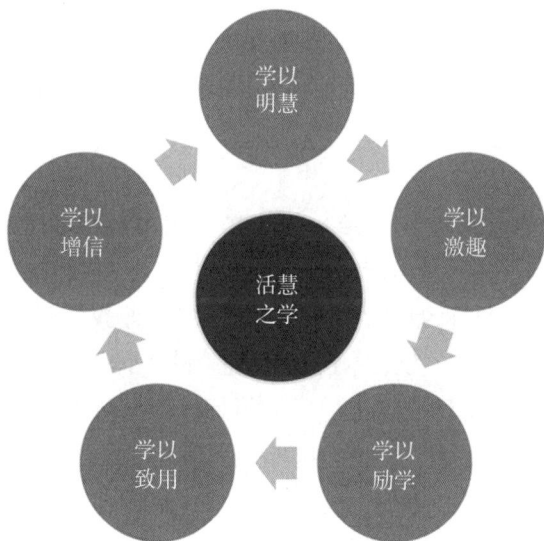

图3.4 "活慧"之学的效能追求

总之，学习生物学课程的学生，要形成应有的生命情怀和生态思维（整体思维或系统思维），掌握一定的生活技能，认识人与自然、人与社会、人与生命的关系，建立符合时代和社会主流价值的人生坐标系，自觉参与到人与自然生命共同体、人类命运共同体等的建设中去，贡献自己应有的力量和智慧。

第二节 "活慧生物" 教学观

教学观是对教学的本质、构成、过程等的理解和见解。那么，"活慧生物" 教学有着怎样的教学观？考虑到部分内容已在其他章节有所介绍，下面我从教学目标贵在"四适"、课堂教学要"五基于"、教学要遵循教育常识这三个方面进行论述。

一、教学目标贵在"四适"

教学是有目的、有计划、有组织、有评价的以课堂为主阵地的师生交往活动。美国教育心理学家布鲁姆说："目标是预期的教学结果，有效的教学始于准确地知道希望达到的目标是什么。"诚然，好的教学目标既不能过高，也不能过低。俗话说得好，适合的才是最好的。所以，在拟定教学目标的过程中，"活慧生物"教学提倡教学目标贵在"四适"，即包括适人、适量、适时和适境。①

1. 适人

教学目标是教学的导向，是行为主体"要到哪里"的问题。从过去的"双基"到"三维"，再到当前的"核心素养"，教学目标越来越指向"完整的人"。但是，教学目标也应指向"人的完整"，即教学目标中行为主体的完整。诚然，教学活动的行为主体包括"教"的主体和"学"的主体。所以，完整的教学目标，不能只考虑"学"的目标，而且要考量"教"的目标。换言之，在"活慧生物"教学中，教师不仅要设置适合学生"学"的目标，而且不能忘了或忽略了自己"教"的目标。

"活慧生物"教学在成就学生发展的同时，不能也不会以停滞或牺牲教师

---

① 李文送. 好的教学目标"适"在哪儿 [N]. 教师报，2021 – 01 – 20（3）.

的成长为代价，否则就会阻碍教学的再生成和新教学目标的达成。如果教师没有在教学上收获成长，那么教师就难以推动教育的发展和落实好课程的实施。在教学目标上，只有"学"和"教"的目标共同达到，实现师生的教学相长的教学，才是真正的活慧教学。教师在用心地成就学生的同时，也要在教学上用力地发展自己。

所以，"活慧生物"的教学目标要做到"教""学"双适。所谓"教""学"双适，指的是既适合教师又适合学生，即好的教学目标要适人。适人，既指适合当前的人，又包括适合未来的人。这就意味着，教学目标既要立足师生的"最近发展区"，又要指向他们的"未来发展区"。

2. 适量

教学目标可以有多个，但在有限的时间、空间、资源、能力和精力等条件下，控制好数量显得尤为必要。如果目标过多、过泛，那么无论是学生还是教师，都会感到有压力，甚至根本无法在原定的时间里完成。目标适量，体现的是一种以人为本的思想和关怀，是教学散发人性温度的生动表征，不仅可以让人学有所向，而且不为学之所累。唯有这样，教学场域中的生命才能自由自在地翱翔，才能自然自主地舒展出生命的芳华，才不会因为追求目标而错过路上的风景。实际上，教学中最旖旎的风光往往不在结果上，而在过程中。

那么，教学目标怎样才能做到适量？量的多少，无疑要因人而异，甚至要因时而异，因为不同时刻或不同的人，对量的需求不同。例如，在开展"活慧生物"教学时，每当碰到学生刚上完体育课，我都会适当地调整教学目标，减少目标的量，让他们可以"歇一歇"和"缓一缓"，而不是一味带着他们去奔跑。这样做的目的，是让他们有时间平静下心情，擦拭下额头上的汗，甚至可以轻轻松松地喝口水或扇扇凉，然后再出发，开始新的学习之旅程。

3. 适时

何谓适时？其意蕴有三：一是适应时代；二是适合时段；三是适契时机。这表明，适时的"活慧生物"教学目标不但要紧贴时代的脉搏，而且要吻合具体的学段和课时，还要抓住各种教育契机。譬如，任教初中学段的教师，不仅要教会学生相应的学科知识和技能，以及习得相关的核心素养，而且要指导学生读懂与生物学密切相关的社会事件的教训和启发，还应教导他们认识并顺利度过自己的青春期，为健康的生活、心理成长和人生发展打下坚实的基础。

"活慧生物"教学目标要做到更精准，教师就应根据学校的课程和课时的安排，对本学期或本学年的生物学模块教学或单元教学目标进行统筹规划，使每节课的教学目标不仅在行为主体和量上适合，也契合对应课时的节点。学生完成了课时目标，就能进入单元教学目标，然后再落实学期或学年目标，最后实现整个学段的学习目标。

4. 适境

人，不仅生活在不同的环境，而且具有不同的心境。而教学在本质上是在特定的生活环境中，基于具体的教学情境，促进具有不同心境的人的学习和发展的主体构建过程，属于一种动态生成的生命活动。

构建主义理论认为，知识不是通过教师传授得到的，而是学习者在一定的情境下，借助别人的帮助，利用必要的学习材料，通过意义建构的方式获得的。在心理学上，学习者对学习内容的认知、领会和应用，都与其发生的情境有着密切的关联，同时与学习者的学习情绪（即当时的心情和心境）有着莫大的关系。东北师范大学柳海民教授说得好："情境之于教学内容，就如同盐与汤、咖啡与水、骨骼与血肉的关系。情境的价值在于激发学习热情，唤起求知欲望。情境既是直观的方式，又是理解的桥梁。"

所以，"活慧生物"教学目标既要适合具体的教学情境，又要适合师生的心境及其所生活的环境。

二、课堂教学要 "五基于"

课堂教学是课程实施的重要环节，是落实教育立德树人根本任务的主阵地。作为基于教育发展需求、课程实施需要和教学理想追求背景下凝练的"活慧生物"教学，既是一种基于课程标准的教学，又是一种基于核心素养的教学，也是一种基于学科本质的教学，还是一种基于学习规律的教学和基于真实情境的教学。

1. 基于课程标准的教学

新课标作为国家课程标准，是对生物学课程各方面进行规定的纲领性文件，也是生物学规范教学的指导性文件。所以，新课标下的"活慧生物"教学是基于课程标准的教学。教师根据课程标准来确定教学目标、设计评价、组织教学内容、实施教学、评价学生学习、改进教学等。[①] 这种教学从"标准要求"明确教学的方向。

如何开展基于课程标准的教学？教师要在认真学习和领会新课标的基础

---

① 崔允漷. 课程实施的新取向：基于课程标准的教学 [J]. 教育研究，2009（1）：74 – 79.

上，结合学校和学生的实际，创造性地开展教学。教师要领会新课标，做到读懂且读活。读懂，就不能停留在只是看懂新课标的文本文字，而要理解文字所表述的内涵和意蕴，尤其是要读出新课标的育人思想、课程精神和教学取向。要做到这样，只研读新课标是远远不够的，还要从党和国家有关教育方针和政策文件（如"五育并举"方针和"双减"政策）中找到"源头活水"，以及从专家和学者有关新课标解读的文献或报告中发现"解码密钥"。读懂是读活的基础，读活需要对所读懂的东西进行融会贯通，并转化为基于课程标准的教学行为，乃至取得如新课标所期望的育人效果。

如果说读懂新课标是教师的专业要求，那么读活新课标就是教师的专业本领。开展基于课程标准的教学，帮助学生形成生物学核心素养则是教师的职业要求，也就是"活慧生物"教学的使命。课程标准的研制和修订，非常重要的意义之一就是使教育教学工作实现专业化，促进教师做到专业地教学、专业地育人。

2. 基于核心素养的教学

核心素养不仅是新课标的"基因"，还是新课标的主线和主基调。这是新课标最突出的变化和亮点。生物学课程培养的核心素养主要是指学生通过本课程学习而逐步形成的正确价值观、必备品格和关键能力，包括生命观念、科学思维、探究实践和态度责任等。这表明，生物学课程从"关注学科和注重知识传授"转向"关注人和注重素养培育"，基于核心素养开展教学。这是"活慧生物"秉持的教学观之一。

基于核心素养的教学，就是以核心素养为导向的教学。这样的教学，确立了核心素养在教学中的核心地位和统帅地位，使教学的一切要素、资源、环节、流程、活动都围绕核心素养组织和展开，并最终指向核心素养的生成和发展。[①] 所以，基于核心素养的教学是从"素养本位"树立教学的灵魂。

基于核心素养的教学如何开展？首先，要理解生物学培养的核心素养的内涵和特点，如探究实践包括科学研究和跨学科实践，是"源于对自然界的好奇心、求知欲和现实需求，解决真实情境中的问题或完成实践项目的能力与品格"，具有综合性、发展性和实践性等特点；其次，要清楚生物学要培养的核心素养之间的关系。生命观念的形成，要以科学思维为工具，是形成态度责任必备品格和提升探究实践关键能力的前提；而探究实践是建立正确的生命观念

---

① 余文森. 以核心素养为导向：建立与义务教育新课标相适应的新型教学 [J]. 中国教育学刊，2022（5）：17 - 22.

的重要基础，同时也是科学思维形成和发展的主要路径。四个方面的核心素养共同指向完整的、立体的人，为学生成长为"有理想、有本领、有担当"的人共同赋能；最后，遵循人的生命成长规律和核心素养形成的原理及路径，以学科内容为载体进行教学育人。

3. 基于学科本质的教学

学科本质是学科要培养的核心素养的源头和内核，基于学科本质的教学是走向核心素养的必然要求，把握学科本质是一切教学法的根。[①] 学科本质是学科的根本属性和基本特征，是区别于其他学科的关键要素。生物学不同于物理、化学等自然科学学科的特点主要包括：生物学思想观念包含人文性，概念和规律存在概率性，研究方法讲究综合性，实践应用体现广泛性，思维方式要求灵活性。

新课标下的教学要在理解生物学的学科本质的基础上进行教学，即通过学科知识、学科方法、学科技能、学科实践和学科思想培育学生生物学核心素养，以体现生物学学科独特的育人价值。所谓"基于学科本质的教学"，是指根据学科属性、学科特征、学科逻辑、学科思想等精选教学内容，并采用学科语言和表述方式，以及定位教学的育人目标和路径等的教学。"活慧生物"就是要坚守和追求这样的教学。

如何开展基于学科本质的教学？在思路上，教学应以丰富的生物学知识为载体，根据学习主题，聚焦生物学大概念，以"学科精髓"组织教学内容，通过形式多样的教学活动展现人们认识生命现象和规律的思维方式及探究过程，采取多元评价的方式，促进学生养成科学思维的习惯，形成积极的科学态度，提升科学素养，做终身学习和持续成长的践行者、倡导者和促进者；在策略上，教学要依据学科逻辑和特点，重视通过学科探究和实践活动，让学生在参与问题的发现与提出、实践方案的设计与实施、结果的记录与呈现、结论的得出与分享等过程的经历和体悟中，生发本学科要培养的核心素养，为他们全面发展和个性成长作出生物学应有的学科贡献和力量。

4. 基于学习规律的教学

教学在本质上就是进行有计划、有目的、有分工、有指导的学习活动。新课标研制了学业质量和学业质量评价标准，并以此作为评价课程与教学效果的重要依据，强调学生的主动学习和学习的真正发生。教学要让学习真正发生，促进学生的活慧成长，必须基于学习规律进行。即"活慧生物"教学是遵循

---

① 余文森. 论核心素养导向的三大教学观 [J]. 当代教育与文化, 2019, 11 (2)：62 – 66.

学习发生和持续发展的教学，是将"学习活动"置身于教学中心的教学。

在以"学习活动"为中心的教学场域，教师和学生都是学习活动的主体，都有各自的分工，分别承担着"教"与"学"的任务与职责，彼此相互协作，共同完成教学的目标。① 例如，教授"正确使用光学显微镜"时，教师有演示规范操作和指导学生正确使用显微镜的主体责任，而学生有学会正确使用显微镜的主体义务。在特定情境或任务中，学生也可能成为"教"的主体，教师也会变为"学"的主体。

如何开展基于学习规律的教学？一方面，教师要激发学生学习的主动性，唤醒其学习的内在动机和积极心理；另一方面，教师要加快自身的专业发展。师与生或"教"与"学"是教学的两翼，是驱动以学习为中心教学的两大引擎。如果在生物学教学中做到师生皆主体、"教""学"共生，那么师生就能在每一次"学习活动"的经历和磨炼中实现生命的同步成长。在"活慧生物"教学中，教师在不断成就学生的同时，自身也要不断成长。教师既是教学生学习的"师者"，也是要终身学习的"学生"，还是研究学习的"专家"。

5. 基于真实情境的教学

学生核心素养之花的盛开，需要基于真实情境中学习。真实情境中的学习，方能形成和发展人的活慧。在"真"的树上，才容易长满"善"和"美"的花朵。心理学研究表明，学生对学习内容的认知和学习，与其发生的情境有着密切的关系。情境之于知识，犹如汤之于盐，盐需要溶于汤中才能被吸收，而知识也需要融入情境之中，才能显示出活力和美感，才容易被学生理解、消化、吸收。② "活慧生物"教学自然是基于真实情境的教学。

基于真实情境的教学，要让学生触境真感、入境真问、融境真学、悟境真思、出境真慧。教师须指引学生置身于真实的生活、生产和社会中的生命现象，发现并提出问题；然后，根据问题开展具身经历的深度学习，从而使学生在解决问题的真实经历中，做到学以致用和用以励学。

例如，在"预防传染病"的教学中，教师可以学生经历的疫情防控来构设课堂教学的主线，从认识各种病原体感染的特点中形成"传染病具有感染性和传染性""传染病可通过空气、食物、血液、接触等多种途径传播"等生命观念。然后，通过对该传染病具体应对举措的分析，引导学生学会有效预防传染病，并增强他们的社会责任意识，从而自觉自律地参与到社区和学校的疫

---

① 李文送. 以学习为中心的教学何以实现［J］. 人民教育，2022（8）：13.
② 余文森. 有效教学十讲［M］. 上海：华东师范大学出版社，2019：85.

情防控中去，甚至立志当一名医务人员。

总之，新课标下的"活慧生物"教学是以课程标准为指南和方向，以素养为本位和导向，以学科为内容和载体，以学习为中心和重点，以情境为环境和契机。

三、教学要遵循教育常识

不论是教学思想还是教学主张，或者教学观念，都应遵循教育常识。华东师范大学李政涛教授在《教育常识》一书中指出，教育常识就是"有关教育的最基本且简单的事实性的知识与道理"。无论是教育之人（如教师），还是教育之事（如教学活动），都要从懂得"最基本且简单的知识和道理"开始，犹如做人须懂得做人的基本道理，做事须懂得做事的基本的道理，如此才能成人成事。[①] 在提高生物学教学育人质量的路上，"活慧生物"教学坚持遵循如下基于教育常识的生物学教学观念。[②]

1. 知道"教什么"比"怎样教"更重要，"教什么"由"为什么教"决定

"教什么""怎样教"和"为什么教"是教育教学三个根本性问题，"为什么教"是目标问题，决定了教学的方向；"教什么"是内容问题，决定了教学的内容；"怎样教"是方法问题，决定了教学的方法。目标决定内容，内容决定方法。如观察生物，当你想了解动物的生命活动时，那就决定了观察内容是形形色色的动物：如果观看天上飞翔的鸟类，就得借助望远镜；如果你观察的是陆生且个体较大的动物，那么完全可以依靠自己的肉眼；如果你观察的是水中的动物，那么就需要借助水下录像机或穿上潜水服进行观察。当你想知道植物的形态特征时，观察内容就是各种各样的植物，观察的植物种类、部位和结构的不同，所采用的观察方法也不同，或用肉眼，或借助放大镜、显微镜、解剖镜，甚至电子显微镜。

只有清楚了"为什么教"，才能更好地知道"教什么"；只有知道了"教什么"，才能更好掌握"怎样教"。比如人们吃东西，首先需要清楚为什么吃，如果是为了解渴，那么就要喝水，至于用瓶子、杯子还是用碗，或用吸管吸等都不要这就决定了紧。如果是为了填饱肚子（获得生命活动需要的营养和能量），那么可以吃米饭，也可以吃面条、面包、饺子，等等。如果是为了治疗

---

① 李政涛. 教育常识 [M]. 上海：华东师范大学出版社，2016：3.
② 李文送. 基于教育常识的中学生物教学观念 [J]. 现代中小学教育，2016（10）：50 – 52.

疾病，那么有时还得吃药。当你只是为了解渴或填饱肚子，那么你就没有必要吃药；当为了身体健康而吃时，寒凉体质的人就应多吃点温热性食物，若吃多了寒凉性食物，身体就会受不了而出现亏损；而温热性体质的人就应多吃点寒凉性食物，若吃多了温热性食物，身体就容易上火，至于是蒸、煮、炖还是煎、炒、焖，则要根据食材及个人喜好进行选择了，但都不是主要的。

2. 生物学教学不是为了追求分数

"考考考，教师的法宝；分分分，学生的命根"，这句话在一定程度上反映了应试教育下唯分数论的现状。从生物多样性的视角来讲，生物群体、个体及其生活环境都是有差异的。也就是说，学生、家长、教师、学校和环境都存在差异。这种差异生生世世、每时每刻都存在，因为这是自然的规律，而规律只可被人所认知，但不会因人而改变。

用分数这一把尺子去丈量所有学生，显然是不合理的；用分数这一把尺子去评价学生的才能，必然是不科学的，因为分数不是一个衡量学生才能的绝对值。89 分和 90 分、59 分和 60 分本质上是没有差别的，人为地把 90 分以上定为优秀、60 分以下定为不及格，才造成 89 分和 90 分优秀与否、59 分和 60 分及格与否的差别。

2004 年 12 月 3 日，朱正威先生回忆自己 50 年的从教生涯时说："我决不以分数或升学的指挥棒向学生施压。"[1] 朱先生的一席话，让我明白了——教学不是为了追求考试分数，而是为了让学生习得基本的生物科学素养，不断提高他们对生命的认识和自身的生活质量，逐渐发展成为具有健康常识、理性思维和生命情怀的人。学习生物学不是为了考试，学好生物学重要的不是为了考多少分，而是为了我们能够更好地生活和成长。

3. 生物教学不能只传授专业知识

首先，无论专业知识多扎实的生物学教师，都存在知识的盲点和空白区域。因为教师专业知识的储备量有限，且记忆都会存在遗忘的规律，加上在当今信息时代，新知识不断涌现，旧观念陆续更新，学生获得知识的途径越来越多样，所以学生的生物学知识不可能只由教师传授，教师也无法将全部的专业知识都传授给学生，授之以"鱼"不如授之以"渔"。

其次，学生的成长和发展不能只有专业知识。爱因斯坦说："徒有专业知识，只不过像一头训练有素的狗。"专业知识固然重要，把它比作生命中的水和蛋白质也不为过，但生命的成长还需要脂肪、无机盐、维生素等营养物质，

---

① 朱正威. 从教 50 年的一点体会 [J]. 课程·教材·教法，2004，24（12）：3-4.

和阳光、空气、土壤等环境条件。所以，在"活慧生物"教学中，教师要联系生活，结合生物学专业知识，有机地渗透德育、美育、环境教育、心理健康教育、生命教育、感恩教育和安全教育等。

例如，在教学"生态系统的功能"之"能量流动"时，学生了解了食物链、生态系统中能量流动的特点后，我就以含四个营养级的食物链"草→蝗虫→青蛙→人"为例：人要增长 1 kg 得消耗多少食物呢？根据生态学家林德曼十分之一原则，即按 10% 的能量传递率计算，人增长 1 kg 至少要消耗 10 kg 青蛙，10 kg 青蛙至少要消耗 100 kg 蝗虫，100 kg 蝗虫至少要消耗 1 000 kg 草，学生很快就统计出人增长 1 kg 至少要消耗 1 110 kg 的食物。我进一步问他们："如果你的体重是 50 kg，那么要消耗多少食物？""55 500 kg！"学生大声地回答道。接着我反问说："如果没有草、蝗虫和青蛙等生命为我们提供食物和能量，我们的生命会怎样？"待学生回答后，我顺势渗透感恩教育："没有草、蝗虫和青蛙等生命，就不会有我们人类的生命，由此可见，没有生命的牺牲，就没有生命的延续。我们之所以现在能活着，是因为很多生命为我们做出了牺牲，活了十几年的你们得牺牲多少只鸡和鸭呀，得屠宰多少头猪呀，得吃掉多少斤蔬菜呀，所以我们要懂得感恩，感恩生命，感恩父母和老师，没有他们的付出，就没有我们今天的成长。"

韩愈在《师说》中说："师者，所以传道受业解惑也。"这表明"传道"是教师的第一要务。"传道"，就是传播为人之道德，相处之道理，做事之道义，引导学生树立"道"的信仰和追求。教育家苏霍姆林斯基提醒广大教师说："请你记住，你不仅是学科的教员，也是学生的教育者，生活的导师和道德的引路人。"[①] 对生物学教师而言，就是要指导学生学习生命活动及其规律，领悟生命的本质、意义和价值，从而认识生命、敬畏生命、珍惜生命和爱护生命。

总之，"活慧生物"教学不是专业知识的灌输与机械训练，而是激励、引导和唤醒学生的生命自觉和生命智慧。

4. 生物学教学要遵循生命的自然天性

学生生命个体的差异性决定了"因材施教"的必要性，同时也奠定了"教无定法"的客观性，但对具体的个体来说，"教必有法"。老子在《道德经》第二十五章中说："人法地，地法天，天法道，道法自然。"意思是说人们依据大地生活劳作，繁衍生息；大地依据上天寒暑交替，化育万物；上天依据大"道"运行变化，排列时序；大"道"则依据自然之性，顺其自然而成

---

① 苏霍姆林斯基. 给教师的建议 ［M］. 杜殿坤，译. 北京：教育科学出版社，1984（2）：101.

其所以然。

当然，"活慧生物"教学需要"顺其自然"，促进学生"如生所是"，而非"如师所愿"。生物学教师要形成这样的教学观念：生物学教学要遵循学生生命成长的自然天性，以学定教，以教促学，而不是以教定学或以教代学，"教师的教"不能取代"学生的学"，"教师的教"也无法替代"学生的学"。自从娘胎呱呱坠地后，人就得依靠自身的消化系统来消化和吸收营养物质，从中获得生命活动所需要的物质和能量。

5. 师生是实用的教学资源

因为生物学课程的教学内容、教学对象及生物学教师都是生物，所以教师和学生自身就是生物学教学非常实用的资源。

如教学"遗传与变异"之相对性状时，我通常是组织学生观察和比较自己与同学或家人的性状差异来学习相对性状，从中领会遗传和变异现象的普遍性；在引导学生学习"人体的躯体运动"时，我一般以自己为"教具"，伸出手臂，捋起袖子，露出手臂的肌肉，现场向全班学生展示屈肘和伸肘时肱二头肌和肱三头肌的运动；在指导学生掌握光学显微镜放大倍数与视野大小、亮度明暗和细胞数目多少的关系时，我就组织学生一起伸出手掌，然后慢慢靠近自己的眼睛，以这样的方式去体验远近的过程变化。其中远代表显微镜放大倍数小，看到的视野大而亮，看到的细胞数目多，近则代表显微镜放大倍数大，看到的视野小而暗，看到的细胞数目少；为了帮助学生巧记"人体四大基本组织"，我以自己的手臂为例，通过指一指手臂上的皮肤，捏一捏手臂里的肌肉，拍一拍手臂感觉痛，敲一敲手臂感觉硬，分别让学生说出和识记人体四大基本组织——上皮组织、肌肉组织、神经组织和结缔组织。

实践表明，结合教师或学生的身体结构特征或生理特性进行的教学非常直观和形象，学生听得专心，学得认真，课堂气氛活跃，学习效果明显。这样的教学方式，是灵活的、生动的，也是充满智慧的。

6. "生教生"让生物学教学更加高效

陶行知先生曾写过一首清新简约而意蕴深远的名叫《小先生》的小诗："有个学校真奇怪，小孩自动教小孩。七十二行皆先生，先生不在学如在。"这首小诗说的就是"生教生"的故事。这首小诗给我们的启发是：教师要相信学生，依赖学生，同时要鼓励学生教学生，引导他们相互学习，在学与教的过程中，实现共同成长。

那么，与"师教生"相比，"生教生"有哪些优势呢？对教别人的学生来说，他要教会别人，自己得先消化和吸收所教的内容，做到融会贯通，并且要把内容转化为让别人能懂的表达方式。这既可以巩固知识和提高学习效率，又可以增强学生学习的积极性、主动性、互动性和成就感。

对被教的学生而言，由于教自己的同学是同龄人，可以说更了解这个年龄阶段的人的认知习惯，所以同学的表达方式更易于自己接受。其中的道理和小孩子总是喜欢跟小孩子一起玩耍的道理是一样的。

因此，我常常鼓励学生要多向自己的同学请教，被请教的同学也要乐于做同学的"小老师"。比如有几个同学先后来问我同样的问题时，我一般都是先教会第一个学生，然后让该生去教后面不懂的同学。这样一来，既营造了班级相互学习、相互帮助的和谐学习气氛，又创造了环境和平台给学生担任"小老师"，同时我的教学工作也变轻松了。教学有这等好事，我们何乐而不为呢？

总之，教学观念是教学行为的前提和基础，任何教学行为都是在一定的教学观念指导下进行的，没有合乎时代的教学观念，也就没有符合时代需要的教学行为。[①]"活慧生物"教学坚持教育和教学并重的思想观念，既注重培养学生乐于学习的兴趣，又帮助学生养成主动学习的习惯，使生物学教学在要面向全体的同时，也能更好地惠及全体，乃至慧及全体。

第三节　"活慧生物"育人观

育人不仅是教育的根本使命，而且是教师的根本职责，还是学科教学的根本价值。从中国学生发展核心素养的提出到各课程要培育的核心素养的凝练，凸显了我国教育改革对学科教学育人的发展定位和价值追求。"活慧生物"教学认为，学科教学育人，有如下六重境界。[②]

一、学科知识育人

学科教学最起码的要求是"传授"学科知识，所以学科知识育人是学科教学育人的第一重境界。学科知识是学科本质属性与联系的客观反映，属于理性知识，可分为三类：一是陈述性知识，二是程序性知识，三是策略性知识。

---

① 周先进，靳玉乐．教师教学观念转变的条件与策略［J］．课程·教材·教法，2007，27（11）：9-14.

② 李文送．论学科教学育人的六重境界［J］．当代教育科学，2018（6）：3-6.

陈述性知识主要是说明事物是什么，以事实陈述或命题的形式出现，如"细胞是生物体结构和功能的基本单位"；程序性知识是关于怎样做的知识，是关于解决问题的操作过程的知识，即关于从已知状态向目标状态转化的知识，如"人体口腔上皮细胞临时装片的制作"；策略性知识是关于如何学习和如何思维的知识，它所处理的对象不是客观事物，而是个人自身认知活动的策略和方法，即关于怎样用陈述性知识或程序性知识去学习、记忆及解决问题的一般方法与技巧的知识，如"细胞结构与功能的识别方法"。

学科知识是打开学科"殿堂"和认识学科规律"宝库"的钥匙，是建立学科概念、学科思维和学科思想的基础，是形成学科语言、学科色彩和学科性格的条件。英国哲学家培根在《随笔集》中说："知识能塑造人的性格。"任何学科知识都不是枯燥无味、冷冰冰的，也不是和我们毫无关系的，更不是毫无用处的，而是蕴含着许多充满人性温度的故事。每一个学科知识背后所蕴含的前人不断探索的历程，和前仆后继地追求真理、真知的足迹，乃至今人在这一学科领域的继续深度探究和发现，这些才是知识最美的"诗意"。

在"学科知识育人"中，教师需要做的不是让学生死记硬背学科知识，而是"育其知"，培育学生的认知和感知，借助学科知识"教化"学生从"学会"走向"会学"，甚至"乐学"，并从中发现学科知识所蕴含的"丰富营养"，从而提高他们的能力、悟性和修为。[①]

如果想激发学生求知的主动性和自觉性，那么教师还要让学科知识和学生"发生关系"，让他们思考并明晰：所学的学科知识和"我"有什么关系？"我"为什么要学？"我"学了究竟有什么用？马克思说："人是一切社会关系的总和。"人有了关系，才会建立联系；有了联系，人就会产生情感。苏霍姆林斯基说："情感如同肥沃的土地，知识的种子就播在这个土壤上。"同时，还会在学生的心里生长出对知识的追求与热爱。若学生对学科知识有了追求与热爱，教师何须担忧学生不主动、不自觉学习学科知识呢？

二、学科技能育人

"授人以鱼，不如授人以渔"在我国教育界广为流传，因为"授人以鱼"只救一时之急，"授人以渔"则可解一生之需。对学科教学而言，不但要"授

---

① 李文送．学科教师究竟教什么［J］．中国教育学刊，2016（9）：101－102．

人以鱼"，也要"授之以渔"，即不从"不如"字面去解读，而从"也要"的视角去指导教学。我们既不能忽视"鱼"的价值，也不应过于夸大"渔"的能效。显然，渔不同的鱼需要不同的方法和技巧，所以"授何渔"要依据"鱼"的不同进行针对性的传授。事实上，"渔"与"鱼"一样，都有好坏优劣之分，如有死记硬背之"渔"、应付考试之"渔"、探索创造之"渔"、获取知识之"渔"、反思领悟之"渔"，等等。[①] 那么，学科教学究竟如何"渔"才能达到育人的目的？这里所谈的"渔"不仅是指获取学科知识的方法和技巧，而且还包括学科的专业技能，统称为"学科技能"。

学科技能是发展学生综合能力的重要组成部分，是学科能力的重要体现，学科教学主要目的在于传授知识的同时，灵活地去发展学生的智力，培养他们的能力，特别是各学科能力。[②] 学生的成长和发展不仅需要习得学科知识，也要学会获取学科知识的方法，掌握各学科相关的专业技能。学科知识不同，获取的方法和技巧也不同，考虑到这方面的文献已不少，本书不再赘述，侧重谈各学科的专业技能。比如，语文和英语等语言类学科的语言表述技巧（听、说、读、写等方面的技能），数学学科的运算技巧和数学方程解答技巧，生物学科显微镜正确使用的技能和玻片、装片制作技巧，化学学科有关实验仪器的操作技巧，美术学科的作画技能，音乐学科的歌唱技巧，体育学科的运动技能，信息技术学科的电脑操作技能，等等。上述学科技能的习得，不仅要根植于学科的系统知识，更要厚植于日常教学中的有效训练。学生掌握了一技之长或数技之长，无论是对学业的发展，还是将来的就业，都大有裨益。这也是成就不同学生个性化发展的必由之路和必经之路。

学科技能育人是学科教学育人的第二重境界。在"学科技能育人"中，教师要围绕"育其能"的目标，秉承"差异性"和"个性化"的教学育人理念，依据"寸有所长，尺有所短"的客观事实，做到"因材施技"和"因技施人"。无论是不同学生对相同学科的同一项专业技能，还是同一个学生对同一学科不同的专业技能，或者同一个学生对不同学科的专业技能，其敏感度和掌握度都可能不同。所以，在学科技能教学中，教师在鼓励学生追求"炉火纯青"般熟练的同时，也要允许"简单操作"甚至"不会"的存在，因为很多时候，人对学科技能具有"选择性"，就好像游泳，有的人天生就是个"旱

---

① 潘建辉. 教师的五种教学境界 [J]. 二十一世纪教育思想文献，2007（1）：85–88.
② 林崇德. 从智力到学科能力 [J]. 课程·教材·教法，2015（1）：9–20.

鸭子",甚至有的时候,技能也选人,即学习某些技能的人要具备一定的条件,比如练习健美操,没有一定的身体素质条件是无法完成一些动作的。

三、学科活动育人

学科教学离不开学科活动,没有学科活动之水的浇灌,就没有学科教学鲜花之盛开。从本质上来说,学科教学也是一种认识过程,一种学生在学科教师指导下进行的有目的、有计划的认识过程,并且这一过程由学科活动串联而成。北京师范大学资深教授顾明远先生极力推崇"学生成长在活动中",认为学生是在实践活动中获取知识、体悟人生、养成良好品德的,教师要积极创造活动条件,让学生主动参与学科教学活动,在活动中发现自我,成长自我和超越自我,从而形成正确的人生观、价值观和世界观,养成高尚的品质和完善的人格。[1]

学科活动的范畴很广,凡是跟学科相关的活动都可以称为学科活动,但这里侧重于学科主题活动、学科项目学习活动、学科综合实践活动等,即突出实践性、探究性、创新性和综合性的学科活动,如语文学科的采风活动和图书漂流阅读活动,化学学科的"中学生日常生活食品中添加剂的调查"主题活动,生物学科的"中草药植物的组织培养"项目学习活动,信息技术的电脑作品制作活动,历史学科的"年例的历史渊源及演变"调研活动,等等。这些学科活动的基本要义有三:一是对学科知识和学科技能的融会贯通和灵活应用,使学生成为"使用者";二是在活动的真实情境中发现和构建新的学科知识和技能,使学生成为"发现者";三是在参与的过程中提升学科思维能力、实践能力和创新能力,形成积极向上的信念、情感和意志,在与同伴及他人的互动中学会与人交流和合作,懂得尊重别人和改变自己,既能与人和睦相处又能与己和谐相处,使学生成为"成长者"。正是麦哲伦环球航行的探索活动,使人们认识到地球是"圆"的,而不是"方"的。

让学生获得真正的成长是学科教学最重要的"成果",也是最根本的价值取向和最核心的意义所在。学科活动育人是学科教学育人的第三重境界,重点是"育其行",即构设"行远成人"的育人意境和价值追求。在人生成长路上,学生既要"读万卷书",更要"行万里路"。人生的每一段经历,都会构成我们生命的宝贵财富。

---

[1] 顾明远.学生成长在活动中——我提倡"活动教育"[N].中国教育报,2014-07-26(4).

四、学科思想育人

学科思想是各学科固有的本质属性，能够反映学科知识本质、学科思维特点和学科学习规律，有"学科教学的精髓和灵魂"之称，对学科学习、学科教学、学科应用和学科发展有着指导性和决定性作用。学科思想育人是学科教学育人的第四重境界。有句哲理名言说："播下一种思想，收获一种行为；播下一种行为，收获一种习惯；播下一种习惯，收获一种性格；播下一种性格，收获一种命运。"有什么样的思想，就有什么样的观念；有什么样的观念，就有什么样的人生。与学科知识、学科技能和学科活动相比，还是学科思想育人"能致远"。所以，教师应帮助学生形成学科思想，如数学学科的变式思想和数形结合思想，物理学科的模型建构思想和能量守恒思想，化学学科的守衡思想和动态平衡思想，生物学科的进化与适应思想和遗传与变异思想，等等。同时，当今社会和教育发展及全面深化课程改革对教师提出共同的期盼：用思想重塑教育的行为，提升教育的品质，重构课堂教学，滋养学生的心灵和引领其生命成长。①

研究表明，传统学科教学一方面重视学科知识的传授，但不重视学科思想的教学，导致学生的学科学习陷入庞杂、零散且缺乏整合的知识学习；另一方面注重训练学生的解题技巧，但这些浅表而机械的技能学习难以提高他们的创新能力，所以教师要让学生把握学科思想，使学科学习思维化和系统化，这样才能让学科教学更有效、更优质。② 学科思想是各学科内在的、本质的东西，是"知识"背后的"知识"，是各学科的重要支撑，是指导学科教学的核心理论基础，是灵活应用学科知识和学科技能的"指南"。因此，只有触摸到学科思想这个"本"，才能领悟到学科内容之"魂"，才能找到学科教学育人之"心"。比如，在生物学科教学中，学生形成了生物与环境、稳态与调节等思想，就会理解和认同"绿水青山就是金山银山""像爱护眼睛一样保护环境"等理念。"育其心"是学科教学育人的核心价值取向，教师要依托学科思想，让学生在学科学习过程中感受学科的魅力和"慧光"，引导他们从中领略生命的开悟、顿悟和觉悟，全心全意地帮助他们收获思想、收获成长。此外，在"学科思想育人"中，教师还要注重对学生学习本学科的思想的指引，使之建

---

① 李文送. 教师的生命成长 [M]. 长春：东北师范大学出版社，2016：1–3.
② 李松林，杨静. 基于学科思想方法的整合性教学研究 [J]. 中国教育学刊，2011（1）：43–46.

立正确的学科学习观，在学科学习时心正意诚，即"正其心、诚其意、修其身，而后育其心"。

五、学科文化育人

文化是教育的根，而教育本身也是一种文化，一种传承优秀传统文化和创造新文化的文化。文化之于教育，是一个有着强大的化人作用的"磁场"，具有独特的育人功能，对人的思想、行为、认知、情感、习惯、生活和价值观等都具有无可估量的、潜移默化的影响。文化之于学科，就像一条奔腾的河流，从学科的起源流到学科的今日，再流向学科之未来；又如一方土壤，孕育着各学科的花草树木，有着前人探索的历史足迹和今人开辟的田园，同时有着各自演变发展的方向。有学者认为，学科文化是指在学科知识与学科组织的发展过程中形成的独特的知识理论体系、思维方式、价值观念、学科传统、伦理规范、学科制度和行为习惯等的总和。[1] 国家督学成尚荣先生说："重要的不是给文化定义，而是对文化的解释，即文化的意义。"本书所指的学科文化，包括三层含义：一是学科的专业文化；二是学科的课堂教学文化；三是学科的教研文化。学科文化育人的意蕴，就是凝练学科的专业文化，从文化的视角构建学科教研组，引领学科教师和学生共同创造基于学科特性、师生特点和学校实际的学科课堂教学文化，从而实现育人的目的。在学科教学育人的境域里，学科文化育人属于第五重境界。

英国教育家怀特海强调："我们的目标是，要塑造既具有广泛的文化修养又在某一特殊方面有专业知识的人。"可见，学科文化育人对提高教育质量来说非常重要，当然，也非常有效。但是，过去乃至现在，学科教师似乎在教育教学的实践中缺乏文化的视野与格局，忽视了文化的作用。比如，在目标上，重成才，轻成人，重工具性、知识性和技能性的培养，轻思想性、智慧性和体悟性的培育；在内容上，重专业性、运用性和科学性教育，轻通识性、创造性和人文性教育；在形式上，重显性教育、他人教育和共性教育，轻隐性教育、自我教育和个性教育。[2]

通过学科文化的路径来培育学生，实质就是"育其根"。《淮南子·原

---

① 肖楠，杨连生.大学学科文化及其"生成—演化"机制 [J].中国高教研究，2010（3）：20－23.

② 刘献君.文化是教育之根 [J].中国德育，2017（16）：44－48.

道》："万物有所生，而独知守其根。"所以，根正而杆直，根深而叶茂，根固而生长。学科教师追求学科文化育人的境界，就要通过文化的力量来焕发学生自我约束的自律力、自我反思的成长力和自我成长的生命力。

六、学科生活育人

生活既是学科教学的出发点，又是学科教学的落脚点。实质上，学科知识本身就是人们生活经验的积淀、提炼、浓缩和抽象，而学科教学实际上就是教师让学科知识生活化的过程，就是把学科知识、技能、思想等转化为学生的生活经验的过程。这说明，学科教学要回归到生活的真实情境，才能"活"出自身应有的活力和张力。"活"的学科教学要以生活为中心，并通过学科生活育人。"活"，不仅是学科教学的最高境界，而且是人的品质发展的最高境界，所以，我把学科生活育人定位为学科教学育人的第六重境界。

那么，"学科生活育人"的内涵和意旨是什么？简单地说，既包括学科生活化教学，又包括生活学科化。概括地讲，就是教师通过学科生活化的教学思路和教学策略，帮助学生实现生活学科化。学科生活化教学是指教师根据"生活"的方式理解、打开、构建和开展学科教学，即教师要立足"生活"的旨趣，在思路上，依据学生所经历的真实生活及取得的生活经验组织学科教学，既要服务学生当下的生活，又要服务于他们未来的生活，从而使学科教学"深深扎根于现实生活，深度融入现实生活，最大限度服务于现实生活"；在方法上，要根植当地、本校师生的生活方式、习惯和现状等进行学科教学，使学生既能关注自身健康生活，又能在生活中做到学有所用，且通过学科学习提高当下的生活质量，尤其是精神生活质量。

当然，学科生活化教学只是学科教学途径或手段，但不是目的，其目的是实现学生的生活学科化。华东师范大学周彬教授指出，学科生活化教学是对学科知识的"解压"，使之恢复为生活经验的形态。虽然生活经验更容易让学生理解，但生活经验并不能转存到学生的知识结构之中，要将已经被教师"解压"之后的学科知识转存到学生的知识结构之中，就有必要让学生走向生活学科化，即让学生重新"压缩"和抽象以生活经验形态存在的学科知识。[1] 所以，学科教学要帮助和引导学生汲取学科精粹，让学科核心素养铸强他们的生

---

[1] 周彬. 学科生活化还是生活学科化 [J]. 上海教育，2007（10）：33.

活脊梁，从而过一种有意义、有意思、有品质的学科生活化的人生。

总之，学科知识、学科技能、学科活动、学科思想、学科文化和学科生活彼此之间不是孤立的，而是相互关联和相互交融的，共同构成了学科教学的过程。它们都以"育人"为价值追求和根本目的，但侧重点有所不同，分别为"育其知""育其能""育其行""育其心""育其根"和"育其活"。因此，学科教学既要"授人以鱼"，也要"授之以渔和渔场"，更要使学生懂得"渔何鱼，渔几何鱼"，知道"何时何地渔"和领悟"何时鱼不得渔"的真谛，并且还要使他们走向"护鱼护境，和谐自然"的自觉和自律。

第四节 "活慧生物"教材观

所谓教材，又称教科书或课本，是依据课程标准编制的、体现课程的具体内容的教学用书，是师生进行课程教学活动的直接依据和主要素材。为了便于各门课程的实施和开展课堂教学，每门课程通常都会有配套的教材，生物学课程亦然。那么，"活慧生物"教学如何看待生物学教材？究竟有着怎样的教材观？

一、教材是学生成长的"食材"

如果说生物学课程是依据"营养标准"而研发和设计的"食谱"，那么生物学教材就是根据"食谱"进行遴选的系列"食材"，而生物学教学则是师生共同烹制和享用"菜肴"的过程。

作为"食材"的生物学教材，其要求至少有三：一是富含所在学段学生成长和发展所需的营养；二是安全、卫生（内容健康）、美观、新鲜；三是易于学生消化，且能引起他们的阅读兴趣。所以，在新课改中，对过繁、过难或过旧的内容进行了删减，并适当增加了人类最新的实践研究成果，还通过学习主题、内容"少而精"原则和聚焦生物学大概念等举措优化了生物学课程的内容和结构。

教育部在2022年颁布的《义务教育课程方案和课程标准》中指出，课程教材要发挥"培根铸魂、启智增慧"的作用，必须坚持马克思主义的指导地位，体现马克思主义中国化最新成果，体现中国和中华民族风格，体现党和国家对教育的基本要求，体现国家和民族基本价值观，体现人类文化知识积累和创新成果。这就说明，作为教材的"食材"，不是一般的"食材"，而是依据课程标准研制的，承载了育人目标，要遵照学生身心健康成长规律和学习发生的内在机制，经过精选、论证、试用、检验、审查和出版发行等过程的特殊"食材"。

为了集众人之智慧，给地方和学校提供更多的选择，发挥各地各校的主观能动性，目前我国基础教育生物学教材呈现"一标多版"的局面，根据组织编写教材的主体不同，分为国家教材、地方教材和校本教材。教材的编写和出版都是非常专业的事，理应由具备专业资质的机构或团体来完成，既不能"一家独大"，也不应"谁都可以"。教材编写者不仅应熟悉党和国家的教育方针、政策和价值取向，而且要领会课程标准的理念和要求，更要深谙课程的本质和育人价值，以及掌握相应学段学生的认知特征和成长需求。如何确保教材编写者或出版者拥有上述专业素养？将来不妨效仿教师资格证的做法去探索教材编写和出版资格证的申报和考核机制。

二、教材是课堂教学的"利器"

教材，特别是国家教材，承载着国家意志、国家使命和国家战略，是传承中华优秀传统文化基因的"桥梁"，是打造中国教育的"云梯"，是落实"课堂革命"的"根据地"，是为国家培育未来栋梁的"智慧沃土"，是教师履行教书育人职责的"脚手架"，是学生成长具有中国气魄的"精神食粮"。教材也凝聚了课程专家、学者和教学名师的智慧，是广大一线教师开展课堂教学的"利器"。教师要用好教材来培育有理想、有本领、有担当的时代新人。

那么，教师如何用好生物学教材这一"利器"？也就是说，教师怎样使用好手中的"食材"烹制出色、香、味俱全且营养价值高、学生喜欢吃的"佳肴"？

首先，在宏观上，教师要通读生物学教材，在熟悉生物学教材全部内容的基础上，整体把握教材的基本框架和编写意图。

其次，教师要研读生物学教材单元内容和章节内容之间的关系，在知晓生物学课程教学资源的基础上，根据生物学科内在逻辑和学生认知习惯，组织和设计生物学单元教学，对教学内容进行重整和优化。这就好像在烹饪时，对一些"食材"需要"去粗取精"，讲究"荤素搭配"，并适当加点配料，这样做出的"菜肴"的味道和营养才更佳。

最后，在微观上，教师要"精读"自己和学生，在清楚自身"烹饪水平"和学生"饮食喜好"的基础上，选择适合的方式、方法和路径，创造性地使用生物学教材育人。

三、教材要转化为学生"素养"

在某种意义上，教材的实质是学材，即学生要学习的资料，是他们成长所需的"食材"。当然，在教学中，教师不是教教材，而是用教材教。教材这一"食材"中的"营养"要转化为学生的素养，才能真正促进学生的身心发展，为其充满不确定性的未来生活做好准备和储备。

教材中的"营养"要成功转化为学生的素养，在这一过程中，不仅需要"物理性消化"的教材处理，而且需要"化学性消化"的教材转化，即对单元内容要分解为课时内容，将"蛋白质、多糖、脂肪"等内容分解为"氨基酸、葡萄糖、甘油和脂肪酸"。大体过程是：教材编写者编写的文本教材→教材阅读学习者（师生）所理解的教材→课堂教学中呈现的教材→学生重新认同和内化的教材→教材所含的"营养"进入学生机体的细胞并参与新陈代谢→形成学生"素养"。

在方式方法上，"灌输"显然是不适合的，因为人体对营养物质的吸收主要是依靠主动运输，即使部分营养物质可通过自由扩散或协助扩散的方式进行，但往往离不开通道蛋白或载体蛋白的帮忙。"死记硬背"的方法不仅疲劳，还可能徒劳，因为人的记忆存在遗忘规律，所以，核心素养导向下的新课程标准倡导"做中学""用中学""创中学"，甚至"玩中学"。素养的养成，还需"学中思""学中用"和"学中悟"。注重学科实践和跨学科学习就成了以核心素养为导向的新课程、新教材实施的应然选择和必然追求。

总之，生物学教材是学生成长的"食材"，不仅关系着他们的身心健康和成长，而且关乎生物学教育事业的可持续发展，关乎国家和民族未来的建设者和接班人的素养，所以我们教师一定要站稳讲台，用好生物学教材来育人，使教材中的"营养"转化为学生的"素养"。

教师要用好生物学教材，既要读懂教材，又要读薄教材，更要读活教材。①

---

① 李文送. 阅读教材的三重境界［J］. 中学生物教学，2023（5）：78.

首先，读懂教材不仅仅是看懂教材上的文字和图表，还要认识到教材在生物学课程学习中的地位和育人作用。无论是初中生物学还是高中生物学，生物学课程都是国家课程，都代表了国家意志和国家使命。生物学教师要责无旁贷地参与书写"为党育人，为国育才"这一宏伟篇章，用好生物学教材，为培育有理想、有本领、有担当的时代新人而赋能。显然，用好生物学教材的前提是读懂教材。

通常，食材变成菜肴的过程，烹饪者需要对食材进行适当清洗、加工和去粗取精。生物学教材之"食材"要转化为生物学教学育人之"菜肴"，也离不开"去粗取精"。即教师不仅要教会学生读懂教材，还要指导他们读薄教材。如果说读懂教材能清楚知道课程学习目标的路径，那么读薄教材就可从中找到捷径。

如何读薄教材？读薄教材是圈出教材内容的重点，然后让学生去背诵吗？对应试而言，这样做或许有效，但是对指向核心素养的教学来说，则有违"初心"，也无法实现育人目标。所以，读薄教材的关键不是缩减教学内容的量，而是提高内容的转化效率。转化得越多、越快，教材才会越读越薄。

当学生读薄了教材，就表明其学力增强，学习需求扩大，就要有新的"食材"为其未来之成长提供"营养"。在某种意义上说，教材之"营养"犹如种子中的子叶或胚乳，只是为种子萌发过程提供营养和能量，但种子破土而出后，就需要通过自身生长出来的枝叶进行光合作用，才能获取生命成长所需的营养和能量。也就是说，学生要跳出教材（即读活教材），方能更好地成长。

要做到这样，教师就应根据新课标的指引，既扎根于生物学科实践，又开展跨学科实践，特别是要加强科学、技术、社会教育的渗透，让学生通过实践与体验，形成相应的生命观念、科学思维、探究实践和责任态度，从而能用学科思维、学科方法、学科思想、学科眼光去看待、分析和解决生活中的生物学问题或社会性议题，进而获取源源不断的"食材"。

第五节　"活慧生物"学力观

学习是生命的本能，也是人生活、成长和发展的需要。但是，同一个班级的学生，在相同教师的教育下，学习相同的课程，往往表现出不同的学习效果，主要原因在于学生的学习力不同。学习力又称学力，什么是学力？就个人来说，学力就是一个人获取知识并让它产生价值的能力。学力不仅是学生关键的成长力，而且是未来人才核心的竞争力。"活慧生物"学力观认为，人的学习力即学力可分为"一窍不通""一点就通""触类旁通""无师自通"和"融会贯通"五个层次。①

一、"一窍不通"

学习之初，可能我们一点儿也不懂，处于完全未知的层次。这一层次称为"一窍不通"。正是因为不懂、不知，所以要学习。学习愿望的产生需要动力来驱动，学习过程的坚持需要毅力来维系，学习效果的好坏受学习能力所左右。好奇激发动力，兴趣产生毅力，而学习力决定学习效果的好坏。

我们要保持理性认知的是，对于有些知识，有些人就算学习了，可能依然是"一窍不通"。神经生物学研究表明，即使有了刺激，产生了神经冲动，如果没有神经冲动对应的受体，那么反射也不会发生。这就告诫我们，在学习面前，教师应允许和尊重"一窍不通"的学习状态和生命的存在。也就是说，教师不应在学习上责怪学生的不懂、不会，尤其是在经过屡次教导之后依然不会的情况下，注意不能让"这个内容我讲了多少遍了？你还不会？""你真笨！简直是花岗岩脑袋"等话语伤害学生心灵，而应转变思路，想方设法地引导他们"开窍"而进入学习力的下一层次。

二、"一点就通"

当经过他人（如教师）指点、指教、讲解或点拨后，学习者就能理解、掌握所学习的内容，这是"一点就通"，属于学习力的第二层次。当离开了教师的帮助后，该层次的学生往往表现出不会的现象。这时，教师的"点"显得尤为必要和重要。

"点"在何时？"点"在何处？"点"用何法？"点"用何力？教师要保持清醒的是，不是人人都适合"先学后教"，有的人可能喜欢"先教后学"，有的人适合"做中学"或"玩中学"，有的人则善于聆听中学、阅读中学，或讨论中学。所以，"点"时，教师要因人、因地、因时、因事而异。此外，有些

---

① 李文送. 学习力的五个层次［N］. 教育导报，2021－09－07（3）.

学生有时可能需要多点几下，甚至更多下才能通达，教师在点拨学生时要有足够的耐心。在某种意义上，教育是慢的艺术，是等的情怀。

三、"触类旁通"

学习者掌握了某些事物的有关知识或规律，形成了前期的实践经验和思维方法之后，当再学习类似这些事物的新事物时，他们通常能较顺利或较容易地掌握新事物的知识或规律。"旁通"的前提条件是"触类"。所以，教师应尽可能地创造机会让学生去经历、去体验、去观察、去探索、去辨析、去反思，去接触所要接触的"类"。如果要激发学生的科技兴趣，那么就应该让他们尽可能地感受科技的神奇与魅力，让他们和科技工作者交流、互动，点燃其心中理想之火，乃至使其走上科学探索或创造发明之路。

从"触类"到"旁通"，毫无疑问，学习者需要具备迁移等能力。在心理学上，迁移是指已经获得的知识、技能甚至方法、态度对学习新知识、新技能而产生影响的心理过程。迁移的发生，要求新旧知识、技能之间要有共同的要素。因此，教师应带领学生置身于真实情境中学习和成长，使之"触类旁通"，进而做到学以致用。

四、"无师自通"

"无师自通"，顾名思义，就是指没有经过教师或他人的传授、指点或帮助，就能理解、掌握、通晓某种知识、技能或规律。无师自通的人，往往具有过人的天赋或超高的智商。但是，如果没有后天的刻苦与专注，再高的天赋也会转化为平庸。我们耳熟能详的方仲永就是一个典型的案例。

脑科学研究表明，人类对知识天生具有"无师自通"的自我获取潜能。这种潜能的发挥需要特定条件，人们的自学或开悟就是在这些条件得到满足时发生的。我把"无师自通"称为学习力的第四层次。具有这样学习能力的人，不仅自学能力强、悟性高，而且通常是新知识、新技术或新经验的创造者。纵观人类发展历史，不难发现刚开始并没有"教师"这个职业，也没有语言文字、学校、课程和教材等事物，是"无师自通"的人先后创造的，从而为从师学习提供了条件。当然，从师学习也为无师学习创造了条件。两者互为基础，相互促进。

五、"融会贯通"

南宋著名理学家朱熹在《朱子全书·学三》中说："举一而反三，闻一而知十，乃学者用功之深，穷理之熟，然后能融会贯通，以至于此。"不论是从师学习还是无师学习，最高境界都是"融会贯通"，即能把多方面的知识和道理融合领会，从而得到全面而透彻的理解和体悟。

人类的学习，是为了更好地生活，是要解决不同真实情境中的实际问题，而这些问题绝大多数都是综合的，单靠某一学科知识是难以甚至无法解决的。换言之，学生的学习，是要跨越学科的藩篱，打破文本学习的壁垒，融合古今中外不同文化的精粹，让不同知识或文化的"孤岛"构成一个互联互通的生态体系，使之如人体的五脏六腑九大系统一样，相互组成一个整体。要达到这一层次，需要博学、笃行、近思和切问；需要有开阔的视野、开明的思想、开合的姿态和融通的思维。

总之，如果说"一点就通"是一种"通达"，那么"触类旁通"就是一种"通联"，"无师自通"就是一种"通晓"，"融会贯通"就是一种"通彻"，而"一窍不通"则是一种"未通"。如果说"一点就通"是"开通一条河"，那么"触类旁通"就是"发现另外的江河"，"无师自通"就是"心中有江河"，"融会贯通"就是"成为一片海"，而"一窍不通"则是"未见任何江和海"。

第六节 "活慧生物"学生观

学生观是对学生的本质属性、特征及其在教学过程中所处地位和作用的基本看法。学生观既影响着教师行走教育田野的态度，又左右着教师耕耘课堂教学的姿态。就"活慧生物"教学主张而言，学生不仅是活慧的，而且是能生发活慧的生命。因此，"活慧生物"教学主张认为，学生是活生生的人而不是一张白纸，学生有共性和个性，每个学生都会成长，每个学生都能发光。

一、学生是活生生的人

学生是人，是活生生的人。读到这，也许你会反问："谁不知道学生是人？"如果是这样，我会为你而高兴。因为你知道学生是人，是活生生的人，而不是容器、机器，也不是石头、木头。

当然，只知道学生是人，是远远不够的。教师不仅要知道学生是人，而且要做到目中有人、心中有人、教中有人和育中有人，并遵循人的生命成长规律和学习原理进行教学育人。

那么，什么是人？在希腊神话中，有个斯芬克斯之谜。斯芬克斯是一个人面狮身的有翼怪兽，它每天坐在忒拜城附近的悬崖上，向过路人出一个谜语："什么东西早晨用四条腿走路，中午用两条腿走路，晚上用三条腿走路？"如果路人没有猜对，那么就会被它吃掉。直到有一天，忒拜国王拉伊俄斯的儿子俄狄浦斯说："是人。在生命的早晨，他是个孩子，用两条腿和两只手爬行；到了生命的中午，他变成了壮年，只用两条腿走路；到了生命的傍晚，他年老体衰，必须借助拐杖走路，所以被称为三条腿。"俄狄浦斯答对了。斯芬克斯羞愧难当，坠崖而死。

有一天，学生问古希腊哲学家柏拉图："什么是人？"他回答说："人就是身上没有羽毛的两脚直立行走的动物。"有个学生听了后，跑回家里抓了一只公鸡，并把羽毛全部拔光后拿到柏拉图的跟前说："这就是您认为的人？"面对学生的质问，柏拉图无言以对，只好补充说："人是没有羽毛但有扁平指甲的动物。"

后来，柏拉图的学生亚里士多德提出，人是理性的动物，人生最终的价值在于觉醒和思考的能力，而不只在于生存，幸福才是人生的最终目的。法国思想家帕斯卡尔说："人是一根有思想的芦苇。"在美国哲学家富兰克林看来，人是能制造工具的动物。马克思说："人的本质不是单个人所固有的抽象物，在其现实性上，它是一切社会关系的总和。"

可见，人具有自然属性和社会属性。理解人的本质不能仅从动物属性去寻找答案，而且要从社会属性去归纳和概括。可以说，人是由原始森林古猿经过进化而来的，高度社会化的，有意识、能思考和制造工具的高级智慧生物。

"人"字，一撇一捺，结构简单，但内涵丰富。我曾读过一首关于人之本质的小诗："一撇一捺互支撑，一灵一肉两相成。一情一理为双翼，一言一行赖悟功。"什么意思呢？从总体构成上来看，"人"的一撇是灵魂，一捺是肉体；从灵魂构成上来讲，"人"的一撇是情感，一捺是理智；从动态构成上来说，"人"的一撇是言论，一捺是行动。当一个人言行不一致而口是心非时，当一个人出卖灵魂或肉体时，当一个人情感失去理智时，往往被骂"不是人"。因此，"活慧生物"教学主张认为，教师要把学生培养成为灵肉合体、情理合调、言行合一、人格健全的人，创造所能创造的可能，帮助他们开悟、顿悟和觉悟。

二、学生不是一张白纸

无论是初中学生，还是高中学生，虽然他们都还是未成年人，心智没有成熟，可塑性比较大，但是，"活慧生物"学生观认为学生都不是一张白纸，而是内心比我们想象中还要气象万千的活慧生命，他们能且需要走向活慧成长。

为什么说学生不是一张白纸？用朱正威先生的话来说，因为"任何一个生物学学习主题的提出，学生总会有已有的相关体验，或来自日常生活的接触，或来自大众传媒，或来自自己的探求和思索，已积累了相关的知识和存在相关的问题"①。不管学生是萌发的种子，还是正在吐绿的幼苗，或是振翅待飞的雏鸟，今天的每一个学生，都是从昨天过来的，他们有他们所经历的生活和学习，有他们所积累的知识和经验，有他们所形成的认知水平和认知特征，有他们所要前往的方向和所能抵达的山峰。

人的大脑要形成新知，是离不开旧知的。学生在学习中能否获得新知识，主要取决于学生个体的认知结构中是否已有了相关的概念。教师需要做的就是在熟悉学生旧知的基础上，以新知为目标，并在学生的旧知和新知之间搭建好必知的桥梁。有了必知的桥梁，学生方能顺利从旧知抵达新知，从而获得应有的成长和发展。

随着和学生接触的时间、机会的累加，也许教师会发现学生不仅不是一张白纸，而且其颜色还会不断地发生变化，就如变化莫测的天气一样，有时晴天，有时阴天，有时雨天，有时雪天，甚至有时还会遇到电闪雷鸣、风雨交加，或者极度干旱等恶劣天气。掌握学生这些表征后，教师面对相同或类似情况时，就不会产生烦恼，也不会被弄得焦头烂额。

面对学生的问题，教师不要紧张，也不要害怕，因为即使是我们成年人都可能会犯错，更何况是没有长大的学生。试想下，如果学生都不犯错，都没有出现问题，那么还要我们教师做什么？问题的存在，正是教育存在的意义，也是教学发生的价值。而人，无不是在不断探索、实践、试错和纠错等的历练中成长。

---

① 人民教育出版社生物室. 朱正威教育文集［M］. 北京：人民教育出版社，2020：24.

"活慧生物"学生观认为，在犯错的学生中，有知错能改型，有知错难改型，也有知错不改型，还有自以为是型，甚至有的可能还会和教师顶嘴、顶撞。这时，教师要谨记尽可能不要生气，不要让自己成为情绪的"奴隶"。

不是白纸的学生，需要教师读懂他们的"过去"，包括他们已有的经验、知识、能力和素养，乃至"最近发展区"。如果能了解他们的家庭环境情况当然最好，这样就更有利于教师读懂他们的各种行为表现。教师可以通过调查问卷、谈话、家访、查看档案记录等多种方式调研学情。

读懂学生，教师需要坚守学生立场，走进他们的世界，并尊重他们的天性和需求；教师需要换位思考，理解他们的行为，呵护他们的自尊，用师爱、信任、包容、耐心和真情敲开他们的心门，从而听见他们的心声。这样，教师就可以做到胸有成竹、有的放矢、因材施教和对症施策。

读懂学生，不仅是教师行走教育田野的资格，还是教师耕耘课堂教学的资本。读懂学生，是构建良好师生关系的基础，是开展"活慧生物"教学的前提。唯有读懂学生，教师才知道其内心之所想，才晓得其学习之需求，从而才能在其身上成功播种生命的光芒。正如教育家苏霍姆林斯基所说："不了解孩子——不了解孩子的思维、兴趣、爱好、才能，就谈不上教育。"教师要用一生来阅读学生。

三、学生有共性和个性

处于同一学段、年级和班级的学生，他们有着相同或相似的年龄特点、认知特征和兴趣爱好。比如，小学生的想象力非常丰富，天马行空，他们观察事物时，注意的是事物的新鲜感、新奇感，而不是事物的本质，即形象、生动、有趣的事物才容易引起他们的有意注意和主动学习的兴趣。到了中学后，学生的认知得到了进一步的发展，在思维能力上，形象思维向抽象思维过渡，发散思维向逻辑思维转变，思维的抽象性、概括性、独立性和批判性日益凸显。

根据心理学家马斯洛的需要理论，人的需要包括六个层次：生理需要（如身体对食物、温暖的需要）、安全需要（如对保护、秩序、稳定的需要）、社会需要（如对爱情、友谊、归属感的需要）、尊重的需要（如受到尊重与肯定的需要）、自我实现的需要（如发挥潜能、实现理想的需要）和自我超越的需求（如高峰体验、灵性成长的需要）。学生和教师一样，都有着七情六欲、喜怒哀乐和不同层次的需要，如共性成长的需要和个性发展的需要等。但是，学生有着不同的成长环境、生活经历和成长需求，所以教师既要掌握学生的共性和共需，又要知道他们的个性和特需。前者有利于教师开展班级教学活动，后者有助于教师进行个体教学辅导。

掌握学生的共性和个性，是非常具有挑战性的工作。教师可以通过阅读来丰富经验，拓宽认知，加快成长。即从前人的研究成果和他人的实践经验中，对学生的基本特征及个性特长形成大体上的认知，这对读懂学生会有很大的帮助。当然，最直接、最有效的办法是通过教师自身的研究，获取最原始、最真实的信息，加以科学的分析和诊断，从而掌握学生的共性和个性。

学生的共性和个性不仅可以通过研究来发现，还可以通过教师和学生的共同努力来培养。那么，教师如何培养学生的共性和个性呢？主要策略有四：一是通过班级文化的建设（如班容、班貌、班规、班风），塑造集体习惯、品格和风貌；二是通过班级活动的开展（如体育活动、文艺活动和美食、科技、演讲、辩论等主题活动）培育集体情感、性格和精神；三是尽可能多地创造平台和机会，让每个学生都出彩，即既让他们经历"失败是成功之母"的磨炼，又让他们体验到"成功是成功之父"的喜悦；四是尊重学生的差异性，对非常学生要有非常的教育手段和方法，不要"一碗水端平"，如对"缺钙者"，你应补钙，但不要让每个学生都来补钙，要懂得"过犹不及"的中庸之道。

虽然我们所教的往往是同一年龄段的学生，但是唐代诗人白居易的诗句"人间四月芳菲尽，山寺桃花始盛开"就告诉我们，不是每一朵花都在春天开放。无论是共性的培育还是个性的培养，教师都不能急功近利，而要学会等待，做学生生命成长的陪伴者和守望者。当然，在这一过程中，教师可以根据学生的真实需求，适当补光、追肥和加料，但也要善待他们的"含苞未开"，并允许他们的"笨拙"和"青涩"，当他们获得了充分的成长，你就能看到他们真正的"个性"与生命之智慧。

四、每个学生都会成长

"活慧生物"学生观强调："生命不息，成长不止。学生亦然。"因为学生是活生生的人，即活生生的生命，而生命具有成长的本能、潜能和需要。所以，"活慧生物"教学认为，每个学生都会成长。

因为成长是生命的本能。在自然界中，没有不成长的生命，也没有生命不成长。就人的生命而言，成长不只是婴幼儿和青少年的"专利"，而且也是中老年人的"福利"。可以说，生命不息，成长不止。成长之本能，与生俱来，源自于遗传，决定于基因，影响于环境。对生命的本能，遵从即是道。如果你拥有的是草的基因，那么不要期待自己成长为一棵树，做一根草儿就好。所以，在活慧教学中，教师要懂得育人实质上是"如生所是"，而非"如师所愿"。也就是说，教师需要做的是想方设法地创造条件和环境，让学生成为最好的自己。

因为成长是生命的潜能。有些成长，如沉睡的种子一样，潜伏在生命体中，是要在一定情境之中或条件之下，抑或经历某些磨炼之后方能被"唤醒"，从而表现出来。教师应为学生提供"唤醒因子"，助其发挥成长的潜能。用李希贵校长的话来说，教师的功劳就是要激发每个学生的内在潜能，让每一个学生都能寻找到自己的特长和兴趣所在，并行走在自己特长和兴趣的大道上。这就意味着，教师要研究学生、熟悉学生，知其成长的潜能，并促进其得以彰显。

因为成长是生命的需要。教育是以生命影响生命的事业，"活慧生物"追求"教学相长"的境界，以满足师生生命成长的需求。于学生来说，学习是"天职"，而成长更是"使命"。只有成长了的学生，才能经受得起生活中的风风雨雨；只有成长了的学生，才能扛起国家和民族未来发展的重任。教学工作的要义，既要服务于学生的学习，更要助力于学生的成长。在某一种意义上，学习不是学生到学校读书的目的而是途径，成长才是目的。也就是说，学生不是为了学习而学习，而是为了成长而学习。换言之，学生学习要指向成长，指向活慧成长。

因为成长是生命的蜕变。在结果上，成长即长成，成长即蜕变，如一株幼苗长成一棵大树、"丑小鸭"变成"白天鹅"、蛹化成蝶。这是由其内在的基因和所生活的环境共同塑造的生命态，且是可以改变的。正是因为生命态可以发生改变，才有教育的可能，才有课程的空间，才有教学的意义，才有教师的价值。不论是教育还是教师，课程还是教学，其根本旨趣都是让学生的生命发生改变。正如陶行知先生所说："教育是什么？教人变！教人变好的是好教育，教人变坏的是坏教育。活教育教人变活，死教育教人变死。不教人变、教人不变的不是教育。"

总之，成长是生命最美的姿态，是生命最动人的歌曲，是生命最美妙的诗意。生命的成长，有周期、有规律、有方向，需物质、需能量、需催化、需环境。

在这里，我想强调的一点是：倘若选择了"远方"，在"风雨兼程"的同时生命要学会休息，因为这是生命所需，所以要懂得"停一停""歇一歇"，或者"看一看""想一想"，或者"玩一玩""聊一聊"，甚至还可以"躲一躲""等一等"，从而让生命更健康、安全、丰盈而幸福，而不是太匆忙，因为生命的终点不是目的，"'活且活好'并能让别人'好活'"的生命才最高雅、最高贵、最有价值，而教育教学则应让生命走向高雅、高贵，活出生命应有的精彩。

五、每个学生都能发光

从生物属性而言，每个学生都是恒温的生命体。无论意识上知道还是不知道，主观上愿意还是不愿意，每个学生都会源源不断地向周围的世界传递自己身体上的"光"和"热"，都会"无私"地养育寄生在体表或体内的生命。

活慧之学生当然是"好学生"。何谓"好学生"？在思考这个问题时，可能有的人第一反应想到的是我国教育系统 1954 年开始且目前还在实行和评选的"三好学生"，即"思想品德好、身体好、学习好"的学生。有的学校还从不同维度进行了新的实践，如纪律好、创意好、形象好、演讲好……，甚至提出"四好学生""五好学生"等。还有的学校从综合考虑学校教育、家庭教育和社会教育出发，根据学生的不同角色推行"新三好"，如"好学生 = 合格 + 特长、好子女 = 勤俭 + 孝敬、好公民 = 公德 + 责任""家庭的好孩子、学校的好学生、社会的好公民"，有的更具体如"在校做个主动学习全面发展的好学生，在家里做个勤俭自强孝敬长辈的好孩子，在社区做诚实守信道德规范的好公民"。这些都是值得肯定和借鉴的实践探索。

就"好学生"而言，无论是"三好""四好"或"五好"，都难以囊括"好学生"全部的"好"，也无法表达出好学生的全部内涵，因为学生是综合的人、完整的人。关于要不要取消"三好学生"评选的问题，曾引发过学界的热议。建议取消者认为："'三好'已经不能概括今天优秀学生的标准，'三好'本身很不全面，没有涉及人的心理素质、审美能力、创新能力、实践精神、独立性等当代人特别需要的一些素质。"有的人呼吁，教育要关注全体学生，要促进学生的全面发展。然而，记者采访部分师生时，他们普遍认可"三好学生"的激励作用，如中山大学的学生菁菁表示，她小时候只要评上了"三好学生"都会特别珍惜，并且鞭策自己要努力做好，争取下学期能继续成为"三好学生"。她说，评选"三好学生"其实是很好的制度，无论对表现良好或不良的学生都能起到正面的促进作用。

南宋诗人戴复古在《寄兴》中说："黄金无足色，白璧有微瑕。"意思是说，金无足赤，人无完人。在培养"全面发展的人"时，如果要求每个学生的方方面面都好，显然是不现实的、不可取的，也是不可行的。对于每学年进行一次的评选评优，我认为还是以可实现的具体目标为宜，并在落实过程做到公平公正，乃至让评选更具灵活性，从而体现教育的智慧性。例如，评选"三好学生"时，不一定就是"思想品德好、身体好、学习好"，也可以是其他方面的好，达到三方面就可申报，如果达到 N 个，甚至可申报 N 好学生。这样不是更有活力和生命力吗？核心素养时代的教育不但致力促进学生的全面发展，而且也非常重视学生的个性化成长。鼓励学生某些方面突出，授之以"好"，不正是学生的个性化成长之需吗？战国时期屈原在《楚辞·卜居》中说："夫尺有所短，寸有所长，物有所不足，智有所不明。"每个学生都有所长，也有所短。倘若让每个学段的学生都能展露其生命的光泽，扬其所长实为上策。

虽然不同人对"好学生"的理解和定义不同，但是"好学生"必然有着其共性特征或特点，包括内隐的核心素养和外显的行为表现。

在我看来，"好学生"既崇德亲师又尊道敬人，既勤奋好学又乐于助人，同时能吃苦耐劳，能与人为善，有坚强毅力，有远大志向，有家国情怀，有责任担当。他们自主、自立、自律、自觉、自强、自省和自悟；他们爱学习、爱劳动、爱国家、爱人类和爱真理；他们善于学习，心有阳光，懂得感恩，给人温暖；他们有健康的身心、高尚的修为、活慧的大脑、活跃的思维、求真的精神、创造的能力、协作的态度和世界的眼光。

当然，"好学生"不仅有"好（hǎo）"之风采，还有"好（hào）"之意蕴。从高的立意来看，"好学生"应有"四博"，即博雅之情操、博学之笃行、博大之胸襟、博远之志向。这就是"活慧生物"教学追求培育的"卓越学生"。

第一，博雅之情操，就是博爱而优雅的情操。爱是人类生活最重要、最需要和最珍贵的情感。博爱于学生主要是指爱好广泛，并能做到爱己及人、爱屋及乌。所以，"好学生"会找到自己所爱和学会如何去爱，并通过知识、文化、文明、思想和精神等滋养，形成端正的品行和脱俗的气质，从而过上一种有品位的生活。诚然，优雅气质之树生长在学识渊博和修为高尚的高山上。

第二，博学之笃行，是指广博而精深地学习，并持之以恒地学习和践行所学。广博而精深的学习，不是"一点就通"的学习，而是"触类旁通"的学习，甚至是"融会贯通"的学习。这种学习不是浅层学习，也不是狭窄学习，更不是浅尝辄止的学习，而是一种深度学习、广博学习、精益求精的学习。学生要做到触类旁通和融会贯通，就要博采众识，博取众长，并内化于心，外化于行。正如刘勰在《文心雕龙》中所说："操千曲而后晓声，观千剑而后识器。"

第三，博大之胸怀，就是指开阔的心胸、广阔的视野和宽阔的格局。开阔的心胸，才能海纳百川；广阔的视野，才能高瞻远瞩；宽阔的格局，才能不拘一格，融通天下。这是登高望远者必备的核心素养。在教育教学中，教师应立足学科思想的耕地，跳出学科思维的藩篱，并引导学生找到天地万物之间尤其是学科之间的关联，从而使他们的心胸之海洋、视野之高山、格局之天空得以形成。

第四，博远之志向，就是心系国家和民族，乃至全人类的远大理想。明代心学大师王阳明说："故立志者，为学之心也；为学者，立志之事也。"故好的教育应帮助学生树立远大志向。

历史表明，人的博学之笃行、博雅之情操和博大之胸怀，往往取决于博远之志向。所以，"活慧生物"教学认为，教师要牢记立德树人的根本使命，致力于培育具有"大爱大德大情怀"的新时代"好学生"，共创"为天地立心，为生民立命，为往圣继绝学，为万世开太平"之美景。

第七节 "活慧生物"教师观

教师是一种职业，它以立德树人为使命，服务于生命成长，所以，无论何时，这个职业都闪烁着光亮。教师之光，照亮心灵，光泽未来。不管任教哪个学段、哪个年级、哪个班级的学生，无论学生如何，教师都应用真心、真爱、真知给他们输送精神的"食粮"，哺育他们健康成长；无论日常的教育教学工作有多繁杂，多琐碎，教师都要始终向学生传递光亮。当学生困惑或迷茫时，教师要为他们答疑、解惑，指引他们找到正确的方向；当学生失败、失落时，教师要教会他们"失败是成功之母"的真谛和"不经一番寒彻骨，怎得梅花扑鼻香"的道理；当学生成功、进步时，教师要激励他们再接再厉，使其向更好的目标前进。遨游知识的海洋，教师可以做学生远航的"灯塔"；攀登智慧的高山，教师可以做学生向上成长的"垫脚石"。因此，"活慧生物"教师观认为，诚善是好教师的底色，传道是教师第一要务，授业是教师专业本领，解惑是教师专业本事，成长是教师重要课题，读写是教师成长通道。

一、诚善是好教师的底色

好教师是有底色的，其底色就是诚善。诚善，包括"诚"和"善"。所谓"诚"，是指真实无妄的本心。孔子认为，真实无妄的本心就是天道的本心，能够成全万事万物。《中庸》提到："唯天下至诚，为能尽其性；能尽其性，则能尽人之性；能尽人之性，则能尽物之性；能尽物之性，则可以赞天地之化育；可以赞天地之化育，则可以与天地参矣。"教师之"诚"包括对国家的忠诚、对教育的赤诚、对生活的热诚、对学生的真诚、对他人的实诚以及对生命的虔诚，并遵循天之道、地之道、教之道和人之道。即按照自然的规律、教育的本质规律和人生命成长的规律进行教书育人。

能做到"诚"的教师，就会热爱教育、信仰教育、相信教育能创造未来、相信教育能为孩子幸福成长奠基、相信教育可以为国家乃至世界培育栋梁。比如，德国著名教育家福禄贝尔自从选择了教育，就把它当作一种使命，无论是解放战争时期，还是流亡时期，或者被打压时期，他都矢志不移，并写就了教育名著《人的教育》。又如，我国著名教育改革家魏书生当初为了能当上教师，在六年时间里先后写了一百五十多次申请，足见他对教师职业是多么热爱和向往，教育在他的心中就如信仰般执着和坚定，就如生命般珍贵和珍惜。再如顾巧英、林祖荣等老师，虽然不是生物学专业毕业的，但是被学校安排教生物课后，都诚心诚意地、想方设法地把生物课上好，且成长为全国知名的中学生物学特级教师。

所谓"善"，是指善于心、善于言、善于行。教师之"善"，包括善于教、善于思、善于问，也包括善于学、善于道、善于人；同时能以己之"善"帮助学生发现"善"、生长"善"、传递"善"。能做到"善"的教师，眼中有学生、心中有生命，坚守"有教无类"和"润物细无声"的教育路径，能真诚而友善地帮助和引领学生向上、向善成长。例如，面对打人的学生，陶行知先生没有作出任何批评和惩罚，而是在尊重事实和生命的基础上，发现生命的"善"，并通过自己的"善"，巧妙地用"四块糖"成功点燃了学生的"善"灯。又如，面对摘花的小女孩，苏霍姆林斯基不仅没有生气，还在了解实情的基础上，自己摘两朵大玫瑰花送给小女孩，从而守护住了孩子的爱心和善根。再如，知道自己的爱犬被学生麦克劳德等宰杀的英国韦乐登校长，为了保护学生的"善点"，经过考虑，最后"善意"地"罚"麦克劳德画出一幅人体骨骼图和一幅人体血液循环图，从而成就了一位著名解剖学家和诺贝尔奖获得者。

总之，"诚"和"善"构成了好教师的生命底色，无论是"学界泰斗，人世楷模"的蔡元培、"没有爱就没有教育"的霍懋征，还是倡导"活动教育"的顾明远、书写"情境教育"奇迹的李吉林，又或是"为了自由呼吸的教育"的李希贵校长、"教文育人"的于漪老师……从他们的身上，我们都不难发现，好教师流动着充满教育情怀和生命暖意的"诚"和"善"的色彩。这种色彩，也是活慧教师的生命底色。

这样的教师，在教学中保持着以下的姿态。

一是"站起来，也坐下去"。国之栋梁关键在教师，为师者不能"跪着教书"，而要"站着树人"。站着，是教师应有的专业姿态。站着的教师，才能挺直教育的脊梁，才能看到人生命成长的远方。卢梭说："在敢于担当培养一个人的任务以前，自己就必须要造成一个人，自己就必须是一个值得推崇的模范。"这样的人或模范，就是"学高为师，身正为范"。故而有云"学为人师，行为世范。"范者，贵在学高，根在德高。"坐下去"，就是说教师要"俯下身来"，与学生为伍，与学生为伴，并成为"学生"；同时，坚守学生立场，根据学生思维和认知规律来传道、授业和解惑；以及静下心来，让育己和育人相互辉映，共同出彩。

二是"听得见，也听不见"。教师要听见所能听到的声音，也要听见听不到的声音，尤其是要听懂来自学生内心，来自国家和社会当前发展需要的"心声"，且要听明来自学生、国家和社会未来发展需求的"音弦"，就像历史学家一样能听见穿越历史时空的回响，就像未来规划师一样能听到来自未来的召唤。在听见的境域里，教师要发现并引导学生发现成长的欢歌、生命的温热、真理的慧火，从而使彼此的生命都拥有一段心潮澎湃的有意义且有意思的生活。有一些声音，虽然你听到，但也要听不见，不然它可能会干扰你的价值判断，占用你的时间，影响你的心情，甚至消磨你的意志，从而阻碍你的前行。

三是"说得了，也憋得住"。教师语言是师生关系沟通的重要桥梁，是帮助学生学习知识、化解疑难、启发智慧的重要纽带。"说"，既是教师的专业职能，又是教师的专业法宝。显然，好的教师语言能调动学生积极思考，成为他们主动学习的"兴奋剂"，这样的语言，精练简洁，条理清晰，逻辑性强，既生动形象，幽默风趣，又声情并茂，充满感情。苏霍姆林斯基告诫教师说："教师决不可当着孩子的面，毫无顾忌地评论某些学生和教师。"所以，教师不但要能说、会说，也要憋得住，不要什么都说，不要想什么时候说就什么时候说，除了要把握说的方式、方法和技巧外，也要把握好说的内容、时机和场合，更要拥有不说的教育艺术和教育智慧。

四是"扛得起，也放得下"。教育既是民生，又是国家战略；既关乎个体成长、家庭幸福，又关乎社会发展、国家和民族的命运前途。教师要"扛得起"国家和教育赋予的使命、责任和担当，从"战略"的高度耕耘教育教学的田野，全心全意培育"大德大爱大情怀的人"。"放得下"于教师而言，其内涵有三：首先要放得下"名利"，有教育理想和教育信仰，有超越物质和金钱的人生追求；其次要眼中容得了"沙子"，心中允许"错误"和"失败"，用尊重、包容和期待的心对待学生的差异，用发展的眼光看待学生的成长；再次，放得下"一本正经"和"身份"，脚踏实地，紧贴地气，让教育充满生机和活力。

五是"学会教，也不会教"。能不能教、会不会教是一个人能否胜任教师角色的关键。就教的内容来说，教师主要是要教会学生科学知识、专业技能和学科思想，但这里的"教"，不是"灌输"，也不是让学生"背诵"或"记住"，而是要借助知识、技能和思想来"教化"学生"会学"和"乐学"，帮助他们从中发现生命成长的"营养"和智慧，从而提高他们的能力、悟性和修为。由于知识有真伪，需求有差别，个体有差异，所以好的教师不会教伪知识，不会教超出学生接受能力和需要的内容，并且也会如教育家叶圣陶先生所言"教是为了不教"。

二、传道是教师第一要务

韩愈在《师说》中说："师者，所以传道授业解惑也……道之所存，师之所存也。"习近平总书记也指出，教师第一位是"传道"。"活慧生物"教师观认为，传道是教师第一要务。那么，教师究竟要传何道？在我看来，教师至少要传为人之道、为学之道、为事之道和为世之道。

1. 为人之道

为人，即做人。做人是做事的前提，是人生的命题和必修课，是教育的根本目的。对中国学生而言，用教育家陈鹤琴先生的话来说就是要"做人，做中国人，做现代中国人"。这样的人，要有"健全的身体、创造的能力、服务的精神、合作的态度、世界的眼光"。用现在的话来说，就是要做具有"中国立场、家国情怀、国际视野、责任担当、德才兼备、身心健康"的全面发展和个性成长的中国公民。

那么，教师如何传好为人之道？

首先，教师要读懂人。读懂人在这里主要是指读懂学生，即教师要掌握任教学段学生所处的生命周期的生理、心理、思理和学理的特征，知道其真实的成长需求和发展需要；认识到学生既是感性的又是理性的，既是相对稳定的又是时刻变化的，既是有所好的又是有所恶的，既是有所长的又是有所短的；并走进学生的心灵，倾听他们的心声，了解其过去，清楚其现在，预见其未来。因为每一个人的心态、姿态和样态，都离不开其所处的生态。

其次，教师要重育人。育人即教师要不断地通过言传身教、学科教学、教育活动等途径来帮助学生的生命成长，使其人性得以强化，德行得以修炼，悟性得以提高，慧性得以增长。这说明，在育人的过程中，教师要正其心，正其气，正其行，正其言和正其容，从而使学生明正道，信正道，行正道，守正道和弘正道，进而懂得和践行"己所不欲，勿施于人"的做人哲学。《礼记·大学》中有云："欲修其身者，先正其心；欲正其心者，先诚其意。"故，教师要正学生之心，须先诚其意。

最后，教师要尚立人。我理解的"立人"，是指"使人独立"的意思。教师应让学生习得做人的独立之道，使之不但在思考和思想上，而且在人格和精神上，都能做到独立，还能在生活上学会自立和独处。当然，不同教师任教的学段不同，且时间有限，也许不能让学生在其任教期间实现真正独立，这很正常；但是，教师应帮助学生成为独立的人而养成其所在年龄段必备的核心素养。

因此，教师应教会学生无论是身处顺境还是逆境，无论是心感幸福还是悲伤，不论收获成功还是失败，不论是拥有健康还是身患病痛，都能活出生命应有的坚强模样。

2. 为学之道

为学，在这里有求学、学习、读书、做学问之义。也就是说，教师既要教会学生掌握学习之原理与规律，又要让他们明晰求学或读书之目的，树立为学之理想与志向，还要修炼做学问之道心。王阳明说："故立志者，为学之心也；为学者，立志之事也。"少年时期的周恩来就立下"为中华之崛起而读书"的志向。《礼记·大学》开篇的第一句话就说："大学之道，在明明德，在亲民，在止于至善。"

那么，教师如何传好为学之道？

首先，教师要让学生认识何为学习。在"何为学习"上，无论教师还是学生，都应深刻认识到：学习是人的本能，是人的终身需要，是人的生活常态，是人的成长阶梯，是人的蜕变力量。当然，有目的、有指导的学习和无目的、无指导的学习是不同的；有意义学习和无意义学习、高效学习和低效学习、深度学习和浅层学习、系统学习和碎片化学习、主动学习和被动学习也是不同的。可以肯定的是，学习是需要学习的，学习是存在层次之分的。大抵上，学习包括一窍不通、一点就通、触类旁通、无师自通和融会贯通等五层境界。

其次，教师要让学生明确为何而学。在"为何而学"上，"人不学，不知义"。陶行知说："千学万学，学做真人。"诸葛亮在《诫子书》中说："非学无以广才，非志无以成学。"求学、学习或读书一方面要修身、养性和正心；另一方面，还要有"立己达人"的宽广胸怀和"齐家、治国、平天下"的远大志向。这说明，人之为学要联结自我和他我、小我和大我，要对接国家之前途、民族之命运和未来之发展，要连接当下生活和将来更高质量的生活。这就意味着，学以成人，学以达志，学以立业，学以报国。

最后，教师要让学生懂得如何问学。在"如何问学"上，学贵有"五"：一是学贵有疑，二是学贵有思，三是学贵求真，四是学贵有恒，五是学贵致用。陆九渊说："为学患无疑，疑则有进，小疑则小进，大疑则大进。"孔子曰："学而不思则罔，思而不学则殆。"《曾国藩家书》中有言："不深思则不能造于道，不深思而得者，其得易失。"朱熹说："为学之道，莫先于穷理；穷理之要，必在于读书。"学须有恒，不能"三天打鱼，两天晒网"；只要功夫深，铁杵磨成针。学如食也，需化之以为用。正如袁枚所说："蚕食桑，而所吐者丝，非桑也；蜂采花，而所酿者蜜，非花也。"

总之，在为学的道路上行走，我们应以勤为径，以苦为舟，以梦为马，并坚持学做合一、学思共生、终身学习。

3. 为事之道

为事，又称做事。一个人不仅要学会做人，而且要学会做事。从某种意义上说，学会做人和为学，是为了更好地做事，并把事做得更好。做事，是一个人实现生命价值、人生意义的必经之路。如果说做人是教育的根本目的，那么做事就是教育的核心目的。好的教育就是要培育一批又一批想做事、能做事、敢做事和会做事的人。这就决定了在学生的生命成长中，教师不仅要传为人和为学之道，还须传为事之道。

那么，教师如何传好为事之道呢？

首先，教师要教会学生懂事之大小和难易。事之大小，关键在厘清，并付诸应有的对待。就学生而言，何为大事？何为小事？毋庸置疑，认真学习、健康成长是大事；吃喝拉撒、油盐酱醋是小事。有人说："大事决定人生的格局和生命的气象，不可含糊；小事是生活的源头，左右人生的走势和生命的长势。"故学生既要重视大事，也不要忽视小事。大事见人之能力、意志和格局，而小事则见人之品德、修为和胸襟。老子在《道德经》中曰："天下难事必作于易，天下大事必作于细。"清代彭端淑说："天下事有难易乎？为之，则难者亦易矣；不为，则易者亦难矣。"所以，教师要让学生坚持在为事中学习、磨炼和成长，并可先从易事、小事做起，而后达做大事、难事之境界。

其次，教师要教会学生识事之轻重和缓急。由于时间和精力都有限，学生难以事事兼顾，也没必要事事都全力以赴。根据管理学上的四象限法则，学生要做的事情可分为既重要又紧急、重要但不紧急、不重要但紧急、不重要不紧急四类。对既重要又紧急的事情，比如上课和考试，最好的方式当然是优先处理、马上去做；对重要但不紧急的事情，比如学习和生涯发展，应未雨绸缪，学会制订计划并按计划进行落实；对不重要但紧急的事情，比如接电话，尽量少做；对不重要不紧急的事情，比如逛街，应尽量别做。在处理事情的顺序上，既重要又紧急的优先，重要但不紧急的次之，不重要但紧急的再次之，最后是不重要不紧急的。

最后，教师要教会学生行事之道理和道义。无论事之大小、难易、轻重或缓急，都有其道理，都应守其道义。在道理上，教师要教导学生做事要遵守事之法则，按照事之规则，秉行事之原则，即依法按规，循序渐进，先易后难，从小到大，并因地制宜。在道义上，教师要教会学生领悟并笃行"勿以善小而不为，勿以恶小而为之"的做事信条，以一颗诚善、认真、负责、细致的心，好好地做事，做好事、真事和善事。

4. 为世之道

为世，即处世。从根本上说，人之为人、为学和为事，都是为了更好地为世。换言之，学生学会了为人、为学和为事，就能更好地处世。何为"处世"？"处世"在这里的内涵有二：一是与世人相处；二是与世界相处。歌德说："人不能孤立地生活，他需要社会。"马克思指出："人的本质是一切社会关系的总和。"所以，教师要给学生传为世之道，使之找到畅游世界的"活水"。

那么，教师如何传好为世之道？

首先，教师要引导学生看见世界。所谓"看见世界"，用电影《一代宗师》中的经典台词来说，就是"见自己，见天地，见众生"。即教师要逐步引导学生既要看见世界中的自己，又要看见世界中的国家、民族、社会和自然环境，还要看见世界中的他人和其他生命，从而找到自己在世界、社会和生活中的坐标。有了这样的坐标，学生就容易看清自己的世界和世界中的自己，从而为其融入世界奠定基础。

其次，教师要教导学生融入世界。人的出生，只意味着来到这个世界，但要做到真正融入世界，还要不断地学习和修炼，教师应教导学生领悟其道、尊其道和行其道，这里的"道"主要是指与人交往的相处之道。如果把人看作鱼，那么世界就是水，人只有融入世界才能如鱼得水。诚然，学生之今天和未来都担任着不同的社会角色，所以教师要传其相应之道，比如个人对国家的"担当"之道、子女对父母的"孝敬"之道、待人接物的"礼仪"之道，又比如夫妻之间的"包容"之道、团队之间的"合作"之道、朋友之间的"真诚"之道。

最后，教师要指导学生做和谐世界的使者。学生不仅要看见世界、融入世界，还要努力让世界更和谐。所以教师要指导学生与世和谐，并成为世之和谐的促进者。《礼记·中庸》说："万物并育而不相害，道并行而不相悖。小德川流，大德敦化。"费孝通说："各美其美，美人之美，美美与共，天下大同。"所以，教师要教会学生"和世"之道，使之学会理解、尊重、包容、接纳、和合的处世哲学和智慧，从而德行于世间。

三、授业是教师职业本领

教师不仅要传道，还要授业。"活慧生物"教师观认为，授业是教师职业本领。那么，教师究竟要授何业？依我看，教师不仅要授学生的学业之方法、职业之能力，还要授学生的志业之理想、事业之品格，乃至命业之信仰。

1. 学业之方法

业，对学生而言，主要是指学业，但也指向职业、志业、事业和命业。学生进入学校学习，是为了完成各学段、各门课程的学业。这就决定了教师的主要任务之一，就是帮助学生完成所在学段的课程学习的学业。比如，小学语文老师要帮助小学生完成语文课程的学业，中学生物学老师要帮助中学生完成生物学课程的学业，大学教育学老师则要帮助大学生完成教育学课程的学业。

古人云："授人以鱼，不如授人以渔。"授人以鱼只救一时之急，授人以渔则可解一生之需。俄罗斯谚语说："巧干能捕雄狮，蛮干难捉蟋蟀。"意思是说，人做事、做学问要讲究方法，蛮干为下，巧干为上。《学会学习》一书中说："就算你做不好，也不代表你没有这方面的天赋，也许只是你的'方法'不对。"如果方法正确，那么就会是另一番"人间巧艺夺天工"的景象。

学业之方法，在这里是指学生完成各门课程学习的方法。方法在构成上由"方"+"法"组成，前者是指方式、方向之意，后者有办法、法子之义。在课程教学中，教师应把本课程学习的好方法教授给学生，使其能更自主、更快速、更有效地完成本课程学习。

用黑格尔的话来说，方法是工具，是主观方面的手段。培根认为："方法是在黑暗中照亮道路的明灯，是条条蹊径中的路标。"有了明灯、路标和工具，在课程学习中，学生就不会迷失方向而出现迷茫，就拥有打开课程学习之钥匙，就能攀登课程学习之高山，从而完成课程。

2. 职业之能力

学校是学生进入未来社会的预备场，教师在教育教学中应坚守以学生发展为本，既立足于学生的今天，又指向他们的明天。在未来社会，明天的学生会走上不同的工作岗位，从事不同的职业，成为社会的建设者和接班人。因此，今天的教师就应为学生将来从事工作而培育和发展其应有的职业之能力。

也许有人会疑问：未来尚未来，学生是学生，其从事的职业更是充满各种变数，教师究竟要授予学生怎样的职业之能力？首先，教师要在观念上认识到——未来虽未来，但未来也已来，因为明天就是今天的一种抵达，没有今天就不会有明天。通常，从中学开始教师就应指导学生做好职业生涯规划，并有意义、有方法地培养其相应的职业之能力，以支撑其将来的职业工作。

其次，教师要厘清职业能力的内涵，为学生今后从事职业工作或活动而练就其能力。所谓职业能力，是指人进行职业工作的必备本领，是顺利开展职业工作所需的知识、技能、态度和个性心理特征等的综合素养，包括一定的技术水平、社会交往能力、语言表达能力、分析和解决问题的能力、协调和合作能力等。大体上，职业能力可分为一般职业能力、专业能力和综合能力。教师应熟悉与自己任教学科或课程相关的职业及其能力要求，重视课程实践育人，通过学科实践或跨学科实践，助力学生形成和发展相应的核心素养，重点培育其一般职业能力和综合能力。

3. 志业之理想

明代心学大师王阳明说："故立志者，为学之心也；为学者，立志之事也。"这说明，学生到学校学习就是要立志向，而学习的初心就是要实现理想。三国时蜀汉丞相诸葛亮在《诫子书》中说："非学无以广才，非志无以成学。"学生要增长才干就要去学习，而学习成就的获得需要志向保驾护航。

故，教师授业需助力学生树立其志业之理想。

理想是什么？诗人流沙河在《理想》一诗中如是说："理想是石，敲出星星之火；理想是火，点燃熄灭的灯；理想是灯，照亮夜行的路；理想是路，引你走到黎明……理想是罗盘，给船舶导引方向；理想是船舶，载着你出海远行。"当学生找到了理想，就能把自己点燃，就能把前行的路向照亮，就能获得主动学习和行稳致远的力量。例如，学生时代的毛泽东，出外求学时，就给父亲写下诗文："孩儿立志出乡关，学不成名誓不还。埋骨何须桑梓地，人生无处不青山。"

教师何以授学生志业之理想？志的本义，有志向、意志、志气、志趣等内涵。这就启示我们，教师一方面要指引不同学生都找到各自的志向，让他们明白，无论怎样的志向都应和国家的发展、民族的命运和社会的建设等连接起来，而不应仅仅根据个人兴趣；另一方面，教师在日常的教育教学工作中，要加强学生意志、志气和志趣等非智力素养的培养。诸葛亮说："非淡泊无以明志，非宁静无以致远。"成语"专心致志"说的也是这个道理。

4. 事业之品格

如果我们教师期盼今天的学生，明天能在社会上闯出一番事业，造福一方黎民百姓，那么教师就不仅要授其以学业之方法、职业之能力和志业之理想，还要砥砺其事业之品格。有人说："品格是立身的根本，品格越崇高，立身根本越稳固。唯有提升品格，面对艰险不动摇，才能扎根事业不松懈，避免品行不端而失去事业之魂。"唐代张说在《起义堂颂》中指出："源浚者流长，根深者叶茂。"所以，扎住品格之根，才有事业的枝繁叶茂。

品格由"品"和"格"组成，前者包含品德、品性、品行等意思，后者有格局、格调、格物等含义。这就意味着，教师在日常的课程教学中要坚持育人为本，渗透品格教育，让学生在学习的经历与体悟中不断提高自身的德行和修为，使其拥有更善美的言行举止、更大的为人格局、更高的处事格调、更宽的世界视野、更坚韧的精神意志和更主动的责任担当。正如北宋文学家苏轼在《晁错论》一文中所言："古之立大事者，不惟有超世之才，亦必有坚忍不拔之志。"因为这些都是成就事业之基。

教师如何授学生事业之品格？除了平时的言传身教，教师还要有目的、有计划地筛选各行各业的翘楚人物及其事业为课程内容（如袁隆平与杂交水稻、潘建伟与量子科学等），带领学生走进他们，从中汲取开创、经营和发展事业所需的精神食粮，并在格物中发现和遵循事物之规律与运转之道，并胸怀"国之大者"，进入社会后敢于到新时代新天地中去建功立业。

5. 命业之信仰

如果说平凡的学生能通过学业找到职业，那么非凡的学生则能通过职业发现志业，乃至创造事业，而超凡的学生还能以此为命业。诚然，完成学业要讲究方法，从事职业要锤炼能力，追求志业要树立理想，开创事业要砥砺品格，而命业的坚守则要拥有信仰。教师授业的至高境界就是能让学生在心中形成命业之信仰。

著名结构生物学家施一公教授嘱咐学生说："你自己心里想的、你信仰的东西，远远重要于外界、别人对于你的看法和整个社会的舆论走向。这是非常关键的。"所谓"信仰"，根据《哲学大辞典》中的定义，是指人对某种理论、思想、学说的心悦诚服，并从内心以此作为自己行动的指南。

把"信仰"一词拆开来看，是由"信"和"仰"组成。"信"有自信、相信、信任、诚信、守信、信用等意思，而"仰"则是指人的脸颊、头颅、身体的向上，喻指人的思想、精神和心灵的朝向，即所认同且秉行的价值观、人生观和世界观。

当学生心中有了信仰，他们就找到了人生前行的方向，他们就拥有了不畏艰难困苦的力量，他们就会心存敬畏，并持之以恒地在向真、向美、向善的道路上绽放生命的芳华，用知行合一、言合于意、德才兼备等人生画像来兑现生命的意义。因此，教师在授业的过程中，要在学生的心中种下"信"的种子，让其找到"仰"的方向，让信仰赋能其生命的充分成长和全面发展。

四、解惑是教师专业本事

"人非生而知之者，孰能无惑。惑而不从师，其为惑也，终不解矣。"正因为如此，韩愈认为师者不仅要传道和授业，还要解惑。"惑"解则"获"得，"获"得即成长。"活慧生物"教师观认为，解惑是教师专业本事。那么，教师究竟要解何惑？我认为，教师既要解学生的"学"之惑和"思"之惑，又要解其"行"之惑和"情"之惑，还要解其"意"之惑。

1. "学"之惑

学生进入学校，是为学习而来的，当然也是为未来而来。今日之学生抵达未来的彼岸，要通过一条叫"成长"的桥梁。虽然学习是人之本能，但是要进行专业的课程学习，学生还是需要教师"引入门"的。毕竟，无师自通者或自学成才者，可谓凤毛麟角。

当下之中国教育不仅指向人的全面发展，还希望每个人的生命都得以成长，都能绽放出其应有的芳华。这就意味着，学生之学不能学而无效，也不能学而无用。所以，学校教育、教学和教师，都要为学生赋能，使之学以成人、学以成才、学以成事。

在学习上，学生难免出现困惑。"学"惑生，则"学"困现；"学"惑解，则"学"困除。那么，教师如何解学生"学"之惑？

首先，知晓"学"之惑是何样。有的学生表现为不想学，甚至厌学；有的学生表现出学不会，或者不会学；有的学生表现是忘记学，即不坚持学；还有的学生表现为学不进、学不通、学不化、学不牢，等等。

其次，诊断"学"之惑的原因。是内因还是外因？或者内外因都有？例如，不想学或厌学者，大多是学习态度问题，一般缺乏学习目标和学习动力，基本上没有什么人生理想，通常还受到家庭因素的影响。又如，学不会或不会学者，普遍是学习方式、方法问题，也有的可能存在学习盲区，或者难度于其偏大。再如，学不进者主要是"吃不下"的问题；忘记或不坚持者属于自律问题；学不通或学不化者主要是消化或转化问题，学不牢者则主要是记忆力问题。

最后，对症施策解"学"之惑。态度问题要从"心"破，甚至需家校联合，以明其心，以暖其心，以正其心。方法问题要从"法"解，道不远人，法亦不离人，适法为上，得法为妙。难度问题要从"术"降，深入浅出，循循善诱，巧设支架，拾梯而上。

2. "思"之惑

《论语·为政》中说："学而不思则罔，思而不学则殆。"意思是说，只是学习但不思考，则会被知识的表象所迷惑而茫然无所得；只是思考但不学习，则会疑惑不觉，不仅无所得，甚至还更加危险。也就是说，有所得之学习，学思同行，学思共生，学思互促。

在学生的学习道路上，既然有思之相随，那么就自然有"思"之惑生。何为"思"之惑？"思"有思考、思路、思维、思想之意，即学生在课程学习上或日常生活中有关思考、思路、思维、思想等方面的困惑都属于"思"之惑。通常，人在思而不通时，则困惑起；思而不明时，则疑惑生；思而不透时，则迷惑现；思有贪念时，则诱惑见，均为惑也。

那么，教师如何解学生"思"之惑？对于学生思想上的不良诱惑，教师需要养其正念，长其积极心理，使其树立正确的价值观、人生观和世界观，在正确的方向上不断成长，学会做正确的事。学科教师应在学科教学中坚持

"课程思政",为学生的健康成长共造教育之沃土。

对于学生思考、思路和思维上的惑,教师则需要先分析其为何思之不通、不明、不透,如"困"在何处?"疑"从何来?为何"迷"住?然后找到恰当的策略,方能顺利帮助学生解其困惑、释其疑惑、破其迷惑。思考和思路上的问题实质上是思维问题,所以用杜威的观点来说,教师要教会学生如何正确地去思维。以核心素养为导向的新课标明确指出,新课程要重视培育学生的课程观念和学科思维,即新课标下的师生应"为思维而教,为思维而学"。因此,教师应加强学生思维能力训练,特别是迁移能力和思辨能力的训练,从而使其能举一反三,触类旁通,且懂美丑、知善恶和晓冷暖。

3. "行"之惑

"行"是人之生命常态,学生亦然。在成长路上,学生的"行"中既有顺水推舟又有逆水行舟,既有风和日丽又有风雨交加。所以,"行"中有惑相伴。那么,何为学生的"行"之惑?"行"有行动、行为之意,于学生而言,行动主要是指学科实践或跨学科实践。故,学生的"行"之惑,主要是指学生在学科实践或跨学科实践中,以及在行为上的惑。

学生在学科实践或跨学科实践中出现的"行"之惑,通常表现为做不够、做不好、做不对、做不乐,甚至做不到等现象。究其原因,主要有五:一是学科知识不够;二是学科素养不足;三是综合实践能力不强;四是解决问题的方法不多;五是跨学科实践偏少。在解答此类困惑时,教师应加强学生的深度学习、实践学习和综合学习,不断提升其综合实践能力,指导他们在做中学、做中思和做中创,做到尊重和理解"行"之差异,练就每个学生应有的真才实干。

作为未成年人,学生的人生经历和社会阅历都比较有限,所以有时就无法理解、接纳自己或他人(如同学、亲戚、朋友、父母和教师等)的一些行为。面对这种情况,教师需要先分析原因,在充分尊重和真心关爱的基础上,耐心地引导学生懂得"改变能改变的,接受无法改变的",并在学会与人和睦相处的同时,也学会与己和谐独处。

教师要意识到以下两点:其一,解学生行为上的惑往往需要更多、更长的时间,没有解"学"之惑或"思"之惑那么高效;其二,在人的行为发生中,既存在"先知后行"的知行之态,又存在"先行后知"的知行之态,还存在"知行同生"的知行之态;知和行不但互为基础,而且可以相互转化,还可以合二为一。

4. "情"之惑

学生既是有情感的生命，又是有情绪的生物。这里将学生情感上和情绪上的惑合称为"情"之惑。身处"情"之惑的学生，通常看不清或看不全"情"的本质和真实模样，乃至应然之态，从而无法读懂"情"之真义和调适好"情"之表达，如有的视父母的关心为管束、监控和不信任，有的视同学朋友之间的友好为异性之间的喜欢或爱，有的视教师的做法为偏心。

虽然"情"之惑是内在产生的机理，具有一定的内隐性，但是教师若能细心观察，也能捕捉到其异常的表现。遇"情"之惑的学生，有的出现烦躁、易恼、易激动、易发脾气等异常情绪，有的还可能产生妒忌、仇恨、焦虑、紧张、害怕，或自我封闭、逃避等不良心理。当学生出现了"情"之惑，如果没有及时解决，很多时候会影响他们的身心健康发展，严重的还可能引发早恋、抑郁、离家出走等问题，甚至发生想不开而寻短见等极端行为。

那么，教师如何解学生"情"之惑？俗话说，解铃还须系铃人，心病还须心药医。这就启迪教师，学生"情"之惑的产生通常和与其关系亲密的人或事有关。在解学生"情"之惑时，教师就可以沿着这条线索找出真因，然后联合各方力量，共同帮助学生走出"情"之困境，使之能成长为自己情感和情绪的主人。

教师要担当学生情感或情绪导师的角色，除了要学点心理学理论知识和掌握一定情感辅导的技巧外，还需走进学生及其日常生活，通过建立良好的师生关系，做学生情感上的港湾和心灵上的明灯。此外，在平时的教育教学中，教师应重视对学生进行情感教育，为其情感和情绪的调适造好"调节器"，并引导他们心向远方，树立远大的理想，再用理想之光指引他们向阳而长。当学生心有阳光，就能照亮自己，还能温暖他人。

5. "意"之惑

学生要成长为有理想、有本领、有担当的时代新人，不仅要做到知行合一、情理合调、德才兼备，还要做到"胸怀国之大者"。这就表明，有担当之人需要有坚强的意志和坚定的意念，即信仰赋之以强大的精神力、毅力和抗挫折力，使之有信心、有实力、有韧性地去面对复杂的、不确定的新情境，从而完成好未来社会建设者和接班人的使命。

诚然，不论是"学"之惑、"思"之惑，还是"行"之惑、"情"之惑，学生自身都是能感知的，但缺乏足够力量自行解决而已。但是，"意"之惑则不同，学生本人一般是没有意识到的，故须教师引导他们进行对接，以唤醒其理想之心和奋斗之志。

因此，教师解学生"意"之惑就是要想方设法地让学生在明德的基础上明其志，并笃行之。但要注意的是，不是让"每个士兵都要有当将军之心"（做一名普通的士兵也能保家卫国），而是相信且践行"三百六十行，行行出状元"的真谛。孙中山先生说："人能尽其才则百事兴，地能尽其利则民食足，物能尽其用则材力丰，货能畅其流则财源裕。"这不仅是"富强之大经，治国之大本"，还是个体生命实现人生意义与价值之要。

综上所述，教师解惑不仅仅是"解答学生在学习过程中所遇到的问题"，除了"学"之惑，教师还要解学生"思"之惑、"行"之惑、"情"之惑和"意"之惑，以传为人之道、为学之道、为事之道和为世之道，以授学业之方法、职业之能力、志业之理想、事业之品格和命业之信仰。

五、读写是教师成长通道

读写就是指教师的阅读与写作。于教师而言，阅读与写作能让教师无光也能亮、教师无位也能为，因为文字与思想的光芒会把教师点燃和点亮，从而让教师成为一束光；于教师而言，阅读与写作能让教师无脚也能走、无翼也能飞，因为双脚无法到达的地方和双手无法触摸的高处，文字可以到达或触摸。全球教育"一丹教育发展奖"获得者朱永新教授说："一个人的精神发育史就是他的阅读史。"高万祥老师说："写作，是平庸教师与卓越教师的分水岭。"

"活慧生物"教师观认为，阅读与写作是教师成长的绿色通道。阅读和写作给我带来的最大感受是获得了在其他地方无法得到的自由。这种自由仿佛让人拥有了雄鹰的翅膀一样，可以自由自在地翱翔在文字编织而成的世界里，享受其中、陶醉其中。慢慢地，这样的感觉就成为生命中的一种必需。于是，我把读写比作教师专业成长的"自由田"。因为阅读与写作是教师形成自由之思想、独立之精神的沃土，在这里，教师可以享受自由自在的时光和成长。

1. 教师阅读的四个追问

"教书先读书，育人先育己"是我从教以来的座右铭。在我看来，教师首先是读书人，其次才是教书人，所以在阅读上我能做到自律自觉。如果教师还没有养成阅读的习惯或还没有意识到教师生命成长的阅读需求，那么不妨从以下四个问题进行追问。

其一，为何读？"为何读"是目的问题，是教师阅读的原动力，驱动教师阅读行为的发生。于读书人而言，每天的阅读就如每天的饮食一样。我们之所以要天天饮食，是因为只有源源不断地输入新的营养物质和能量，才能维持人体的新陈代谢和健康状况。教师阅读在本质上就是要促进自身的生命成长，特别是思想和精神上的成长。这种成长，会让教师收获许多惊喜：原来的"问题"会变成机遇，原来的"绊脚石"能变成"垫脚石"，原来看不到的教育风景接连涌现眼前……简言之，阅读不仅能解师困、化师惑、助师长，还能强师能、怡师情、润师心。

其二，读什么？"读什么"是内容问题，是教师阅读的输入源，承载着教师阅读营养的摄入。当教师要获得较丰富的蛋白质时，自然就应多吃点肉类、蛋类和鱼类；当教师想补充维生素时，当然就应多吃点新鲜的蔬菜和水果；当教师需摄入糖类时，显然就应多吃点薯类和谷类。也就是说，教师应根据自身的真实需求和个人喜好，选择适合自己的图书进行阅读。我在和广大教师交流时，有不少教师都希望我能给他们提供推荐书目。这说明，对在内容选择上有困难的教师来说，可能就要参考专家学者罗列的书单。懂得借力，也是一种智慧。根据合理膳食的原则，教师阅读的内容应以丰富多样为佳。

其三，怎样读？"怎样读"是方法问题，是教师阅读的路径，明示教师阅读的方式途径。不论是教师阅读的方式方法，还是教师阅读的路径途径，不同的教师个体或群体既存在个性又存在共性。大体上，教师阅读的基本方法有泛读、精读、速读、慢读、跳读、通读、略读、选读、研读、序列读、反复读、边写边读等。这些方法可朗读、可默读、可听读、还可唱读。教师根据时间、场所、内容和喜好选择适合的方式方法即可。不同的阅读方式方法，意味着不同的阅读路径和途径，可能就会有不同体验和收获。一般地，对经典名著宜采用慢读、精读和反复读，犹如炖一锅骨头老火汤，要细火慢熬；如果想和作者进行深入对话，那么教师宜选择边写边读。

其四，读出啥？"读出啥"是效果问题，是教师阅读的转化剂，体现教师阅读的价值效应。如果把教师阅读比作一棵树，那么"为何读"就是树根，"读什么"是树干，"怎样读"是树枝，而"读出啥"则是树叶。诚然，树根决定树干，树干影响树枝，树枝左右树叶，树叶则能通过光合作用源源不断地制造和输送富含能量的有机物，从而促进树根、树干、树枝的持续生发和生长。当教师在阅读中读出了人生味道，读出了教育智慧，读出了自我成长，乃至读出了阅读习惯，读出了精神需求，读出了使命担当，那么，教师阅读就会像呼吸一样自然、自由和自在。阅读的根本旨趣是让教师"操千曲而后晓声，观千剑而后识器"，能见自我，更好地成长自我。

2. 教师阅读的四层进阶

有人说："一个人会读书可以改变自己的命运，一群教师会读书就可以改变一所学校的命运，千千万万个会读书的教师就会改变无数个孩子的命运，进而改变国家、民族的命运。"对此，我深以为然。读书不仅应成为教师生活的常态，还应成为促进教师专业发展和教师指引学生健康而茁壮地成长的不二法宝。从教师读书的心态和姿态来看，教师读书存在四层进阶。

（1）第一层：翻开书，打开前往远方的门。

不论任何学段或学科的教师，不论是任何职称或职务的教师，不论是任何性别或年龄的教师，教师读书的第一步都是先要把书打开。把书打开，看似是十分简单的动作，也是极其容易的事，但是，在平时的生活中，除了在课前、课中或课后，教师会打开课本（也称教材）或教参外，还有多少教师能主动地去打开其他教育类或非教育类的书籍？诗人狄金森说："没有一艘船，能像一本书，也没有一匹骏马，能像一页跳跃着的诗行那样——把人带往远方。"然而，在忙碌的日子里，有多少教师还会去自觉地打开前往远方的门呢？

许多教师都有着相同的感受："越忙越不读书，越不读书越忙。越忙越要读书，越读书越悠闲。"平时因为忙碌而没有时间读书的教师，不妨打开书开始读起来，或许读书能帮助你减少"忙"，从而让你遇见"悠闲"。其实，每打开一本书，就仿佛是推开一扇窗，透过这扇窗，教师就能吹到新的风，呼吸新的空气，看到新的景，就能汲取新的滋养，收获新的成长。当你成长了，工作的效率和效能就会提高。

当教师愿意甚至乐意把书打开，实际上这一动作就包含了教师的阅读兴趣、需求、价值取向和选择。这不仅是教师的心灵朝向，而且是教师的生命气象，必将会是教师的精神长相。

（2）第二层：读进书，赋能教师的生命成长。

打开书后，教师要读进去，进入读书的第二层，才能摄取书中所蕴含的营养。每本书就像一道做好的菜肴，教师要获得菜肴中的营养物质和能量，当然得吃进去，并经过人体消化系统的消化和吸收作用，方能使之进入细胞参与新陈代谢，并赋能教师的生命活动和生命成长。

"读进书"在这里的内涵有三：一是教师能进入书中，看得下其中的内容，即把菜肴吃下；二是书之内容及寓意能进入教师的大脑，即菜肴里的营养进入教师的细胞；三是书的内容能转化为教师的素养，即菜肴里的营养能转化为教师身体的组成成分。例如，李国茂老师读完《教师的生命成长》一书时，由衷地说："国之大厦教育乃根基，教育大厦教师乃栋梁。掩卷而思，教师的成长要点唯有智划生命之舟，慧通成长之虹，徜徉思想之海，乐为生命成长喝彩。"

诚然，不同的菜肴所含的营养物质不同，其需要咀嚼的时长、消化与吸收的场所和时间都会存在差异。读进书，离不开教师对书的理解和转化。这就好像不管人吃的是猪肉、牛肉、羊肉，还是鸡肉、鱼肉、鸭肉，都需要被消化后，人体才能吸收，然后才能重新合成人体肌肉蛋白或其他蛋白。这过程需要时间。同样，读书也通常很少有马上见效的，它需要时间去浸润、去转化、去涵育。当教师坚持不懈地去阅读，假以时日，就能体会到苏轼所说的"腹有诗书气自华"。

（3）第三层：爱上书，遇见越来越好的自己。

在读书的路上，如果教师没有进入第三层喜欢上阅读，一般是无法坚持的，即使能坚持也难以幸福。反之，如果教师能爱上书，让阅读成为自己生活或生命中的一部分，那么，即使教师再忙，都会有时间去阅读，去看书，并且还能从中找到人生的幸福。

被评为"全国推动读书十大人物"的闫学和徐飞都是爱书的教师。闫学说："当阅读成为教师的一种生活方式，就不愁没有阅读的时间。"徐飞家里珍藏七八千本图书，内容涉及哲学、美学、禅学、教育学、心理学、社会学、管理学、脑科学、人工智能等众多领域。有一年暑假，他装了满满一箱的书，回老家"闭关"阅读。他说："读书可以一步步去除遮蔽与狭隘，让我们遇见越来越好的自己……读书已成为我的生活方式，它像呼吸一样自然，如蚕食桑叶一般为我本能的需求。"

教师爱上读书，书也会爱上教师。如果你爱阅读，书籍会滋养你的成长，丰厚精神底蕴，开拓教育视野，丰盈育人思想，从而塑造读书人之气质，铺设一条教育生命成长的阳光大道。

（4）第四层：写出书，为读者带来一片森林。

真正幸福的教师，是会创造幸福并传递幸福的。在阅读中收获幸福的教师比较容易进入读书的第四层——写出有着自己独立思考、真实情感和深刻体悟的书。在他们的心中，往往燃烧着一种使命——"我要写一本属于自己的书，为他人种下一棵树！"所以，他们会以一颗感恩的心，自觉自律地去编织出书的梦想。当他们种下了第一棵树，通常都会去想着种下第二棵、第三棵……第N棵树，因为他们想为读者带来一片森林。

比如，前面提到的闫学老师，她不仅几乎读遍了国内出版的苏霍姆林斯基的所有著作，还先后出版了《跟苏霍姆林斯基学当教师》《跟苏霍姆林斯基学当班主任》《给教师的阅读建议》《教育阅读的爱与怕》等著作。又比如，儿童教育家李吉林，在从教 60 余年中，先后出版了《情境教育三部曲》《情境教育的诗篇》《情境教育精要》《情境课程的操作与案例》《潺潺清泉——李吉林教育随笔》《激情萌发智慧——李吉林情境教育论文集》《为儿童的学习》等著作 28 部。

因此，教师读书的真正旨趣在于立德、立身、立人、立言。也就是说，教师通过阅读不断提升自己的学识、常识和见识，让自身的修为、能力和悟性都得以提高，从中发现教育之规律、教学之方法、育人之艺术、从教之信仰，乃至建立某种教育理论或学说，使教育之薪火燃烧得更久远、更明亮，更好地照天、照地和照人。

3. 写作让教师思想可见

"你不会真正知道你在想什么，直到你努力把它写出来。所以，很多时候我们对自己说，'这就是我的所思所想'，然后你把它写在纸上，但是你看了又会觉得它看起来很肤浅。所以说，写作是一个真正推动你自己的思考，并发现你所思所想的过程。"这段话出自《写作何以成为哈佛大学唯一一门必修课程——南希·萨默斯与赫明珠、于海琴的对话》，刊发于 2022 年第 1 期《华东师范大学学报（教育科学版）》，是作者之一南希·萨默斯的观点，我对此深以为然：写作能让教师的思想可见。那么，何以可见？

首先，教师要进行广泛而有深度的阅读，为思想的种子储备萌芽和生长所需的土壤、温度、空气、雨水、阳光。广泛的阅读意味着教师不能只读教材和教参，或者只读本专业的教育教学著作，而应不拘泥于学科框架，精读一些心理学、哲学、社会学、管理学、文学等著作。教师若想达到有深度的阅读，就要把自己"读进去"，并把自我"读出来"。诗人王国维在《人间词话》中说："诗人对宇宙人生，须入乎其内，又须出乎其外。入乎其内，故能写之；出乎其外，故能观之。入乎其内，故有生气；出乎其外，故有高致。"教师阅读也应如此。

其次，教师要在阅读中进行深入而系统的思考，为思想之树培育拔节和抽穗所需的细胞、组织和器官。系统的思考是思想成形的必经环节，深入的思考是形成深邃思想的必要前提。教师要储备足够的知识，用整体、客观、辩证的思维去认识和深耕于教育教学工作，用创新的思路实施课程和落实教学环节，用发展的眼光看待学生和自己。教师不妨围绕某一主题进行阅读，通过实践检验和修正所学知识，为今后提出自己的教学主张做准备。当思想之树长出了开花、结果所需的根茎叶，思想之果则指日可待。

最后，教师要用文字精准地表述自己的观点和感悟，为思想之果成其形、露其色和溢其香"完成最后一步"。有了文字记录，教师的思考就得以呈现，就能被"看见"，乃至成为他人生命中的一束光亮。有了文字的表达，思想就有了形状、颜色和味道，就可以进行传播，让更多的人分享、交流。有了思想的浇灌，文字就有了生命的气息、情感的磁场、智慧的脉动，就能引起同频的人共振。

所以，从某种意义上说，写作于教师而言是一种教育和成长方式，有利于教师播种教育思想，让自己的思想被"看见"。

总之，教师是学生生命成长的"种灯者"和"点灯人"。在学生的心田种下一盏灯，使之发出属于自己生命色彩的光亮，这是教师的职责和使命，是教师的价值和追求，也是教师职业意义的旨归。因此，教师要"点燃"每一个学生的心灵，使之在向真、向善、向美的道路上燃放光亮。教师不仅要教会"高个子"学生懂得拥抱阳光，还要教会"矮个子"学生努力向上仰望；不仅要帮助"捣蛋鬼"褪去稚气，走向成熟，还要帮助"毛毛虫"实现破茧成蝶的蜕变；不仅要鼓励花儿敢于绽放光彩，还要激励绿叶勇于秀出真我。教师的光亮，源于高尚的师德、博爱的仁心、渊博的学识及过硬的专业能力，也源于灵动的教学方法、独特的教学风格、独到的教育智慧，还源于对教育工作、对课堂、对学生的热爱。而要维持或增加自己的"亮度"，教师就要坚持终身学习，不断修炼和超越自己，乃至成为活慧之师。

第四章 "活慧生物"课堂表征

课堂是课程与教学的实践基地,是教育发生的场所,是实现教师和学生教学相长的地方。教育部原部长陈宝生指出:"课堂是教育发展的核心地带,只有抓住课堂这个核心地带,教育才能真正发展。""活慧生物"教学主张坚守课堂教学阵地,致力打造理想的活慧课堂。那么,理想的活慧课堂具有哪些课堂表征呢?所谓课堂表征,在这里是指师生在课堂教学上的表达、表现,以及所体现或展现的特点、特征或特色。大体上,"活慧生物"课堂表征包括一个中心、两大主体、三种效能、四种气象、五大特征。

第一节 一个中心

生物学课堂教学和其他课程教学一样,都是一个开放而有序的系统。作为一个开放而有序的系统,生物学课堂教学理应有其"中心"?事实上,不仅课堂教学有其"中心",而且大至一个国家或小至一个细胞都有其"中心",如中国政治和文化中心都是北京,细胞核是细胞生命活动的控制中心。那么,"活慧生物"课堂教学的"中心"是什么?为什么以此为"中心"?在教学中,教师又应如何根据这个"中心"打造活慧课堂?下面作简要论述。

一、课堂究竟以谁为中心

在课堂教学改革发展史上,课堂教学中心出现过教师中心、内容中心(又称教材中心)、学生中心或学习者中心、学习中心,与之相对应的课堂分别被称为师本课堂或教本课堂、本本课堂、生本课堂或学本课堂、学习课堂。

作为从"知识本位"走向"素养本位"、从"以教为中心"转向"以学为中心"和从"旨在育分"转向"重在育人"背景下提炼的,以"育人、育活慧之人、育活慧之现代人"为根本宗旨的一种教学主张，"活慧生物"课堂教学既不是以教师为中心，也不是以学生为中心，而是以学习为中心，即构建的是学习课堂。

在学习课堂中，不仅学生是学习者，而且教师也是学习者。在从教的生涯中，我始终觉得自己在教会学生如何为学和为人的同时，学生也教会了我如何为教和为师。

工作的第一年，有一次，我组织各小组的代表到台上分享学习成果，而我则站到教室的后面。正当小欣同学在绘声绘色地介绍时，旁边有个离我一米左右的同学小声地问我问题，于是，我走近，弯下腰，俯下身，悄悄地回答。就在这个时候，"李老师，请您尊重一下别人，不要在下面讲话。"如光电如惊雷的声音，从讲台上飞速而来，直击我的大脑深处。虽然声音的分贝不是很高，但是足够迸发出让整个教室的空气瞬间凝固的能量。教室一下子就寂静得仿佛可以让人听见一根针落地的声音。"呆立"的我，脸上热辣辣的，就像一个做错事的孩子，霎时乖乖地站直身体，并退到教室后面，认认真真地听讲，但内心却犹如翻腾的大海。那一刻，我意识到了教师的言行对学生成长的影响，理解了"尊重"的教育意义。

让我再次感到意外的是，分享完后，小欣同学径直走到我身边，低声细语地向我"道歉"说："李老师，对不起，刚才我……""你是对的，是老师做得不对，不好意思，谢谢你，你表现很好，继续加油！"没等她说完，我就抢着说，以掩饰自己内心的羞赧。那时那刻，小欣同学更像是我的一位"老师"，而我就是她的一名"学生"。正是她的一言一行，让我不仅领悟了教育中的"尊重"之道，而且让我意识到"教师教会学生如何为学为人的同时，学生何尝不也在教会教师如何为教为师"，还找到了在三尺讲坛行走的应然姿态——"为师的身，为生的心"。

这件事情我从不敢忘怀，也忘怀不了，因为已深深扎进了我的骨髓里，伴随我整个从教生涯，以此提醒和鞭策自己：以生为本，以生为师，并重新成为"学生"。从"学生"的视角看待自己的成长，让我似乎找到了无限的向上向善的学习力。当阅读到中学生物学特级教师任小文的文章《与学生同成长》[①]和有关她的先进事迹介绍及报道时，我感同身受，产生共鸣，同时也备受鼓舞。她从教 30 多年，始终坚持"与学生同成长"的教育理念，在教与学的互

---

①　任小文. 与学生同成长 [J]. 中学生物教学，2016（1 - 2）：15 - 18.

动中，特别是和学生在对话与倾听、共同学习、反思中实现彼此生命的成长，从而让课堂教学和自身生活、生长融为一体。

二、课堂中心为何是学习

也许，有人会追问："活慧生物"课堂教学为什么选择以学习为中心？为什么不是以学生为中心？如果是以学习为中心，究竟是以谁的学习为中心？如果是以学生的学习为中心，那不还是以学生为中心吗？

假如"活慧生物"课堂教学是以学生为中心，那么是以哪个学生或者哪些学生为中心？课堂教学总不能以全部学生为中心吧，也不应以部分学生为中心吧，因为课堂的中心有一个就好，不宜多个，同时课堂中心应该是具体的、清楚的，而不是抽象的、模糊的。比如人体的呼吸系统以肺为中心、循环系统以心脏为中心、神经系统以大脑为中心、泌尿系统以肾脏为中心。

所谓学习中心课堂，是指以学生学习活动作为整个课堂教学过程的中心或者本体的课堂;[①] 也就是以"学生的问题导向和学生的活动为本"来代替传统的"教师问题导向和教师活动为本"，即以学生的问题作为教学过程的导向，并以学生的活动作为教学过程的本体。[②] 准确地说，"活慧生物"课堂教学是以学生的学习活动为中心，这里简称以学习为中心。需要强调两点：一是教师在学生的学习活动中要发挥其"教"的作用，并服务于学生的"学"；二是教师不仅是课堂学习活动的组织者、参与者，还是学习者、研究者。

"活慧生物"课堂教学既要依托生物学教材，又要跳出生物学教材。"活慧生物"课堂学习既要学习生物学文本知识或已知之知识，又要学习非文本知识或未知之知识，尤其是要进行基于真实情境的探究实践学习和跨学科实践学习，从发现生命之活慧，到形成和发展自身之活慧，乃至创造更加活慧的社会生活。不论是生命之活慧，还是自身之活慧，都值得并需要师生终身学习，不断地发现、领悟和成长。

就以人体为例，经过肾脏中肾小球的滤过作用和肾小管、集合管的重吸收

---

① 陈佑清. 建构学习中心课堂：我国中小学课堂教学转型的取向探析［J］. 教育研究，2014，35（3）：96 – 105.

② 陈佑清. "学习中心课堂"教学过程组织的逻辑及其实现策略［J］. 全球教育展望，2016，45（10）：40 – 47.

作用，我们每天都可以排出大部分的代谢废物，同时也将大部分能重新利用的葡萄糖、水分和无机盐等重吸收进入肾部毛细血管，再次回到血液循环系统。这个过程实质上不就是对人体血液的一种净化？这是生命经过不断进化和演变之智慧结果。试想一下，如果我们研发的飞机、汽车等的发动机也能如此智能地做到自动净化，还需要更换新机油吗？此外，这也启发我们，在人的生命成长的过程，及时排出心理上或精神上的"代谢废物"是非常必要和重要的。那么，教师如何帮助学生排出其心理上或精神上的"代谢废物"，以促进其更加健康而活慧地成长？我认为，这需要帮助学生建立正确的人生坐标系和价值体系，引导他们走上活慧之道。

"活慧生物"课堂教学之所以确立以学习为中心，除了本身的内涵、教学理念和价值追求外，还受到至圣先师孔子教学论思想的影响和启示。《论语》开篇就说："学而时习之，不亦说乎？"湖南师范大学张传燧教授的研究结果表明，在孔子的教学论中，学习是教学的核心，于学生而言，重要的是学而不是教，于教师来说，则是如何让学生学会学习；教学是一个以学生的学为中心的整体系统；教学活动的本质是一个理论知识学习与实践行为锻炼相结合和统一的过程；教学过程由许多具体教学环节所构成，是一个主观与客观、内在与外在交互作用的由外到内、再到外的过程；教学活动中要运用到许多具体的方法，这些方法有理论的、实践的，有知识的、技能的，有内在心理的、外在行为的；教学有特定的对象和内容，体现具体性。①

张传燧教授把上述概述归纳为教学是一个从宏观到微观、从抽象到具体、从理论到实践、从心理到行为的活动过程和系统，并将孔子等教学论思想之特色总结为六点：一是以学生的学为中心；二是学、习相结合，强调理论与教学实践的统一；三是学思结合，重视思维能力培养；四是学志统一，既重视发挥认知心理因素的积极作用，又重视志、好、乐、需、勤、恒等非认知心理因素的积极作用，并促进个体心理素质的整体发展；五是讲学修德结合，既重视文化知识的学习，又强调道德品行的养成；六是重视教学原则和教学艺术的实践运用。这些研究发现和教学思想观念，为"活慧生物"课堂教学提供了理论支撑和实践指导。

---

① 张传燧. 孔子"学习中心"教学论思想及其启示 [C] //中国地方教育史志研究会，《教育史研究》编辑部. 纪念《教育史研究》创刊二十周年论文集（2）中国教育思想史与人物研究，2009：1433－1440.

三、学习中心课堂如何做

刊登在 2022 年《人民教育》第 3–4 期的一篇题为《学习中心教学：高质量育人的有效途径》引发我极大的阅读兴趣，文中提出学习中心教学是指以学生能动、独立学习作为教学过程的本体或目的，而将教师的教导当作教学过程的条件或手段的教学；教学过程应强调"以学为中心，教为学服务"。① 读罢，我不禁思考和追问：以学习为中心的课堂教学只是以学生的学习为中心或目的吗？教为学服务的同时，学如何促进教？后来，我还写了篇小文《以学习为中心的教学何以实现》②，提出要真正实现以学习为中心的教学应做到以下三点。

一是"师""生"皆主体。以学习为中心的教学应以"学习"这个任务为中心。教师和学生都是主体，应根据"学习"任务的分工，各自承担相应任务，各自发挥主体作用以完成教学目标。即教师为"教"的主体，学生为"学"的主体。当然，在特定的情境和任务中，学生也可能成为"教"的主体，教师也会变为"学"的主体。

二是"教""学"乃共生。在以学习为中心的教学场域，"教"和"学"应是相互支撑、相互促进、相互服务的关系。这种关系可称为"共生"关系，与师生"双主体"论是相吻合的。这就意味着，学习中心教学不能仅仅"以学定教"或"以学论教"，而应依据"学习"发生规律，明确"教"与"学"的任务，让彼此的作用真正发生，各美其美，实现各自的价值。

三是"师""生"同成长。以学习为中心的教学要持续有序、有效地开展，不仅要助力学生的全面发展和个性成长，还要促进教师的专业发展和生命成长，因为师与生、"教"与"学"是教学的两翼。如果在教学中能做到师生皆主体，"教""学"共生，师生就能在每一次"学习"的经历和磨炼中实现生命的同步成长。因此。在教学中，教师在不断成就学生的同时，也要不断成长自己。

正是因为有这样的思考和感悟，"活慧生物"教学通过确立"师""生"皆主体、"教""学"乃共生、"师""生"同成长的教学理念和价值追求来打造学习中心课堂。

---

① 陈佑清，杨红. 学习中心教学：高质量育人的有效途径 [J]. 人民教育，2022（3–4）：83–85.
② 李文送. 以学习为中心的教学何以实现 [J]. 人民教育，2022（8）：13.

第二节　两大主体

可能有不少教师认为，在教学过程中，教师是主导，学生是主体。过去的我曾经也这么认为，直到拜读了张华教授的《课程与教学论》，再结合学校曾开展的"双主体教学"教改实验，加上在生物学教学中的实践探索，我才形成今天的认知，"双主体"也成为"活慧生物"教学的课堂特征之一。

一、什么是"双主体"

所谓"双主体"，也称两主体，即指教学过程包括"教"的主体和"学"的主体，通常教师是"教"的主体，学生是"学"的主体。

在"活慧生物"课堂中，教师和学生都是教学过程中的主体，两者属于一种"交互主体的关系"。这种师生关系，意味着"教师'闻道在先'，教师的经验更成熟，在知识、技能、能力方面的发展水平远远高出学生，因而教师担负着教学过程的组织者、引导者、咨询者、促进者的职责，教师是主体；学生在人格上与教师绝对平等，学生有独特的精神世界和价值观念，学生自由地、自主地、民主地参与课堂教学，在教学过程中有选择的权利和创造性地自我表现的权利，学生也是主体"[①]。

但是，需要说明的是，在特定情境或任务中，教师也可能是"学"的主体，而学生则变成"教"的主体，即师生共同创生生物学课程教学，都是生物学课程教学的参与者和构建者。即在"活慧生物"教学过程中，"双主体"之行为主体不是固定的，而是可变化的。在这方面，教育家陶行知先生不愧是大先生，其"小先生制"充满教育智慧，至今依然散发着耀眼的光芒，依旧具备非常强的生命力和借鉴性。

二、为何要"双主体"

如果在教学过程中，教师是主导，学生是主体，那么如张华教授所言：

---

① 张华. 课程与教学论［M］. 上海：上海教育出版社，2001：359.

"当教师在教学过程中的主导地位得以确立并发挥主导作用的时候，学生这个'主体'是被人（教师）主导的，学生的主体地位就无法得到真正体现。反过来，当学生的主体地位真正确立起来时，教师又如何能够'主导'……当教师与学生交互主体式地参与教学过程的时候，教师的作用就不是主导作用，而是在尊重学生主体性的前提下的组织、引导、咨询、促进作用，教师成为咨询者、促进者。"①

经过多次反复研读和思考，我似乎有一种豁然开朗的感觉，突然明白了在教学过程中，师生之间是主体与主体的交互关系，在人格上绝对平等，在相处上要相互尊重，如尊重个体之差异和选择之权利，尊重人格之独立和品性之独特。因此，在教学过程中，"活慧生物"教学不仅以学习为中心，而且提倡师生"双主体"，即教师和学生构成了"活慧生物"教学过程的两大主体。

三、"双主体"应何为

在交互主体的师生关系中，"教师与学生这两类主体并非原子化的存在，也并非彼此疏离，而是持续地发生交互作用，从而形成'学习共同体'；在这种共同体中，教师与学生、学生与学生彼此之间相互尊重，展开自由交往和民主对话，由此把课堂建构成一个真正的生活世界；在这个生活世界中，洋溢着自由和民主的气氛，每个人的创造性和潜能获得充分发挥，主体与主体之间在持续交往中生成交互主体性，这种交互主体性就是民主型人格的本质"②。

在具体的生物学教学过程中，教师应遵循学习发生规律，明确"教"与"学"的任务，让师生彼此的主体作用都能得到充分发挥，各美其美，美美与共，从而创造教学相长的"活慧生物"教学之景象。要达到这样的教学境界，在角色上，教师既是教学生学习的"师者"，又是终身学习的"学生"，还是研究学习的"专家"。例如，在"探究影响鼠妇分布的环境因素"的学习活动中，教师是"教"的主体，有教会学生探究实验的基本知识、步骤、原理、原则和其他要求等责任，如使学生建立自变量、因变量和无关变量等概念；而学生是"学"的主体，需要完成发现和提出问题、作出假设、设计实验方案、进行实验和记录、得出结论，以及表达交流等学习任务。

---

① 张华. 课程与教学论 [M]. 上海：上海教育出版社，2001：360－361.
② 张华. 论道德教育向生活世界的回归 [J]. 华东师范大学学报（教育科学版），1998（1）：25－31，60.

第三节　三种效能

人是教育的目的，是教学的目标，是课堂的主角。"活慧生物"教学主张以"育人，育活慧之人，育现代活慧之人"为课堂教学的目标追求。"如何促进学生活慧地成长"是"活慧生物"课堂要解决的核心问题。就"心境"来说，学生要活慧地成长，至少要在生物学课堂学习中，表现出"心花怒放""心有芳香""心向远方"三种"心境"。所以，基于"活慧生物"教学主张下的生物学课堂教学应具备让学生领略上述"心境"的三种效能。[①]

一、"心花怒放"

"怒放"的"心花"就是"绽放"的"花朵"，即自主、自由、自然地成长的人。自主是生命成长的属性，外界因素虽然可以影响成长，但是绝对替代不了成长。换言之，教师虽然可以影响学生的学习，但是无法取代学生的学习。北京师范大学石中英教授说："自由是作为人存在的基本规定性，是人作为真正意义上的人而存在的一个必要条件。简而言之，自由是人的本性。自由是不可剥夺、出卖或让渡的。"[②] 自然则是学生生命个体可以依循各自的成长方式、成长节律和成长规律，在适合的环境中成长。

德国教育家第斯多惠说："我们认为，教学的艺术不在于传授的本领，而在于激励、唤醒、鼓舞，而没有兴奋的情绪怎么能激动人，没有主动性怎么能唤醒沉睡的人，没有生气勃勃的精神怎么能鼓舞人呢？"所以，"活慧生物"教学根植于人的自然本性和本然的成长规律，唤醒学生的生命自觉，点燃学生的生命自律，激发学生的生命自主发展，使每个学生个体都可以在适宜的教学环境中绽放生命而不负芳华，实现全面发展和个性化成长，从而找到"心花怒放"的自己。

---

① 李文送. 好教学成就三种"心境"［N］. 中国教师报，2019－03－06（4）.
② 石中英. 教育哲学导论［M］. 北京：北京师范大学出版社，2002：242.

二、"心有芳香"

"有芳香"的"心"表现为"己善，且与人为善"。何为"善"？"善"既包括心善、言善和行善，又包括"善于"和"向善"等含义，即"善"是一种心态、一种能力、一种行为、一种使命、一种信念。陶行知先生在《师范生应有之观念》一文中说："教育能改良个人之天性。人之性情有善有恶，教育能使恶者变善，善者益善。"从他的"四颗糖"教育故事中，我找到了自己的教育信仰，那就是"教育的本质是一种'善'"。

"活慧生物"教学是一种教人变好、变善或变更好、变更善的教学，也即一种教人活慧或更活慧的教学。也就是说，"活慧生物"课堂要帮助学生往"善"的方向改变，使学生形成"善根"和"善念"，成为"善"的拥有者、发现者、实践者和传递者，并能各善其善，"各美其美，美人之美，美美与共"。正如《孔子家语》中所言："与善人居，如入芝兰之室，久而自芳。"因此，教师应自带"善"的阳光，为善且善为，在教学中做到"有教无类"和"因材施教"，"心之芳香"将随之而来。

三、"心向远方"

有"向远方"之心的人就是有理想、有追求、有信仰的人。诗人流沙河的《理想》告诉我们："理想是石，敲出星星之火；理想是火，点燃熄灭的灯；理想是灯，照亮前行的路；理想是路，引你走向黎明。"法国哲学家萨特说："世界上有两样东西是亘古不变的，一是高悬在我们头顶上的日月星辰，一是深藏在每个人心底的高贵信仰。"

"活慧生物"教学不仅要引导学生理性地看待历史的昨天并且过好今天，而且更要帮助学生创造更加美好的明天。这就意味着，"活慧生物"课堂要为学生的未来学习和生活积蓄好生命成长的力量和智慧，使之形成自己所执着的信念和向往的追求，从而拥有良好的成长态势和持续成长的能力。"活慧生物"课堂既要服务好学生眼下的成长，又要"指向远方"，使学生明确自己前行的方向，找到促使自己远航的力量。

第四节　四种气象

记得赵占良先生在给我的拙著《教师的生命成长》一书（东北师范大学出版社，2016）写推荐语时，曾说："我们在教授生物课而育人的同时，自己的生命也在成长……""活慧生物"教学主张下的活慧课堂，是追求一种师生教学相长的课堂。这样的生物学课堂，坚守"育人为本"的教育立场和价值取向，以本课程要培养的核心素养为导向，致力于创造一种既发挥又发现的课堂，一种既有味又有料的课堂，一种既生动又生长的课堂，一种既立德又立志的课堂。这就是"活慧生物"课堂教学应具有的四种气象①。

一、既发挥又发现

发挥的生物学课堂，是指教师的"教"和学生的"学"都得到尽情地发挥的课堂。尽情地发挥的课堂，注重以"学习为中心"，突出师生"双主体"，让课堂中不同角色的人都全身心投入。在发挥的课堂里，根据学习的目标、内容和分工，师生都有各自的"任务"，通过共同努力，使学习得以高效完成。

发现的生物学课堂，其意蕴主要有二：一是教师发现学生的生物学学习兴趣、优势和潜能，以及在生物学学习上的闪光点、疑难点和困惑处；二是学生发现生物学的学习规律、乐趣和价值，同时发现教师的"光泽"和自己的"光亮"，从而找到属于自己生命成长的道路。

二、既有味又有料

如果把"活慧生物"课堂教学比作一道美食，那么让人回味无穷的就是其独特的味道及食材。在"活慧生物"课堂教学中，教师和学生都是厨师，也是品尝这道美食的顾客。换言之，"活慧生物"课堂教学里没有旁观者，人人都是参与者，共同决定着课堂的味道。这味道，于教师，是教学风格；于学生，是学习风气。所以，"活慧生物"课堂是需要师生彼此共同经历、共同经

---

① 李文送. 好课堂的四种气象 [J]. 中学生物教学，2020（3）：1.

营的，有味且有料的课堂。

有料的生物学课堂是教学内容和教学资源高度优化的优质课堂，是深度学习和深度教育相互交融、相互辉映的高品质课堂，是可以习得真知、感悟真理和收获真情的活慧课堂。

三、既生动又生长

"活慧生物"课堂教学是"教"与"学"相伴而行的过程，这就决定了"活慧生物"课堂教学具有"生成"的特点。不论于教师还是于学生，生动的生成都能产生如磁铁般的吸引力，使在"磁场"中的人都能产生"多巴胺"等快乐因子，从而化解彼此的辛劳，发现课堂学习带来的光亮和滋养，故"活慧"课堂需要有生动的生成。

生成于生命而言，即意味着生长。生长既是生命的本能，又是生命的旨趣。在"活慧生物"课堂中，教师应依据学生当下生命生长的状态和差异，遵循生命成长的内在规律，让学生乃至自己都可以按照生命的特性而自主、自由、自然地生长，使彼此都能遇见更好的自己，即更有力量和生命智慧的自己。

四、既立德又立志

教育不仅是民生，更是国家战略，立国应先立人。在目的上，教育即立人。立人先立德，立人重立志。明代大儒王阳明先生说："故立志者，为学之心也；为学者，立志之事也。"这就启迪了我，"活慧生物"课堂教学的根本价值在于立人，在于通过立德、立志而立人。所以，我常常在生物学课堂教学中渗透德育，希望引发学生的共鸣与认可，使之在学会学习的同时，懂得做人的道理。

在"活慧生物"课堂教学中，教师一方面应在生物学教学中坚守"育人先育己，育己先立德"的教育信念，秉行"以德育德，以人育人"的教育哲学；另一方面，教师应帮助学生在生物学课堂学习中找到志趣及志向，成为知行合一、灵肉合体、情理合调的人格健全的活慧现代人。这样的人，也是有家国情怀、理想信念和责任担当的、顶天立地的人。

第五节　五大特征

"活慧生物" 课堂教学立足 "生命"，服务 "生命"，努力使学生生命因活慧而绽放，具有生命性、生活性、生动性、生成性、生长性五大特征。[①]

1. 生命性

在教学内容上，生物学是学习生命现象及生命活动规律的一门课程，即教学内容具有有别于其他学科的 "生命性"。在对象上，生物学课堂教学中的教师和学生都是活生生的、完整的、独一无二的生命个体，课堂教学是他们生命对话的过程。

在教学过程上，生物学课堂教学既是学生生命成长的一段重要经历，也是教师生命历程的重要组成部分。正如叶澜教授所说："如果一个教师一辈子从事学校教学工作，就意味着他（她）生命中大量的时间和精力，是在课堂中和为了课堂教学而付出的。每一堂课都是教师生命活动的一部分。课堂教学对他们而言，不只是为学生成长所作的付出，不只是别人交付任务的完成，它同时也是自己生命价值和自身发展的体现。每一个热爱学生和自己生命、生活的教师，都不应轻视作为生命实践组成的课堂教学。"[②]

在教学策略上，教师需要从生命的视角来构建课堂教学，即生物学课堂教学不仅要立足生命、为了生命，以实现生命的成长和发展为目的，而且更要循于生命。教学只有遵循并不断调适自身以符合儿童生命成长之内在生命运行逻辑，教学才能真正成为促进儿童生命成长的教学，这样的教学才是本真的教学，好的教学。[③]

无论是初中生物学，还是高中生物学，其课堂教学的本质都是学生生命个体在教师生命个体的指导下去认识和探索自然界中的生命，去学习生命的结构、功能及联系，去感受生命的美丽和奥秘，去掌握生命活动的规律，去领悟生命的智慧和生命的价值，并学会尊重生命、珍惜生命和爱护生命，最终实现自身生命的成长和发展。

"活慧生物" 课堂教学需要教师始终围绕 "生命" 这个核心，依托生命素

① 李文送. 论中学生物学优质课堂教学的特征 [J]. 中学生物教学，2016（4）：15-18.
② 叶澜. 让课堂焕发出生命活力——论中小学教学改革的深化 [J]. 教育研究，1997（9）：3-8.
③ 闫守轩. 论教学中的生命关怀 [D]. 南京：南京师范大学，2004：74.

材，依赖并遵循学生的自然天性和内在成长的规律，构建彰显生命关怀的课堂教学，真诚地为了生命，一心一意地成就生命，用生命的温情、关爱和智慧去让生物学课堂教学充满活力和魅力，让学生及自己都能深刻体悟到生命的本真及生命的价值和意义，从而激发生命的潜能，提升生命的品质，活出生命的尊严和精彩。

2. 生活性

生活既是教学问题的来源，也是蕴涵丰富教学资源的宝藏；生活既是教学的出发点，也是教学的落脚点。"活慧生物"课堂讲究生物学教学中充满生活的气息和味道，即具有"生活性"，注重促进学生生活的改善和生活质量的提高。可以说，帮助学生提高生活质量，是活慧教学的核心育人价值之一。

那么，何谓课堂教学的生活性？从认识论上说，生物学课堂教学是一种生活，即课堂教学既是师生当下正在共同经历的生活，又指向师生各自未来的生活。在方法论上，生物学课堂教学要生活化，生活化的课堂教学是基于师生过去和当下的生活实践和体验，并从生活中汲取教学的素材和智慧，使课堂教学成为师生共同创生的"生活场"。中学生物学特级教师吴举宏从生态化的情境教学视角提出："生活是认知的基础，生活能激发学习动机，生活孕育智慧；对真实的社会生活和生产实践进行科学提炼和加工，可以显著提升教学点有效性，可以开启不同学生个体的心灵之窗。如果我们在课堂教学中架设了生活的阶梯，就等于打开了一扇重新审视教育的窗户，那会给师生的心灵带来无数次美丽的悸动，那就会获得直面社会现实的勇气、行走教学人生的智慧。"①

"活慧生物"课堂教学立足学生的生活方式、生活习惯、生活体验或师生身边发生的生活事件及问题等进行设计和组织教学，使学生在教师所创设的生活情境中发现或产生问题，然后通过自主学习、合作学习或探究学习等方式把问题解决。通过解决问题，不断促进学生核心素养的形成和发展，为其将来的生活和后续学习奠定坚实的基础。2014 年我教的学生仕欣说："生物（学）这一科目，学习它不仅仅是为了应对考试，我认为其最重要的意义在于生物对人类健康生活的促进作用，它的作用一定是 $a^2 + 1$，其作用值永远大于 0。学习了生物（学），可以引导个人走向更合理、更健康的生活方式，同时有利于个人在日常生活中养成良好习惯。"

3. 生动性

课堂教学不仅是师生的一段生命经历、共同经历的生活，而且也是彼此成

---

① 吴举宏. 在生态化的情境教学中启迪学生的智慧［C］//吴生才. 著名特级教师教学思想录：生物学卷. 南京：江苏教育出版社，2012：131 – 146.

长（生活）的环境。俗话说："一方水土养一方人。"环境对生命有着重要的影响作用，北师大版初中生物学教材就介绍了多年生沉水草本植物水毛茛，即使在同一株水毛茛上，由于生境的不同，生长在水上和水下的叶子也会有不同的形态特征。

生动的课堂教学营造的是一种生动的环境，而生动的环境更容易让人感受到学习的生动之美、生命的生动之魅和生活的生动之味。这样的课堂教学引人入胜，充满"磁性"，富有吸引力和生命力。无论是对学习者，还是对施教者，生动的课堂教学都是一种快乐而享受的过程，所以生动的课堂教学有利于激发学生的学习兴趣，有利于促进学生对求知的向往；同时也有助于教师更加热爱自己的课堂教学，更加用心去经营自己的课堂教学。因此，"活慧生物"课堂教学的过程应具有"生动性"。

生动的课堂教学需要教师以生命为本，用生动的教学语言和灵活的教学方法，设置积极互动的课堂学习活动，引领中学生沿着一层层的问题阶梯，一步步迈向实现生命的成长与发展。生动的教学语言一般是风趣的、幽默的、诙谐的、动听的。例如，在解释"拟核不是真正的细胞核"时，我对学生讲道："拟核中'拟'即是像，像而不是，是而不像，比如说你是男生，能说你真像男生吗？如果你是女生，人家说你长得挺像女生的，你会高兴吗？所以拟核不是真正的细胞核。"又如，在讲解"精子和受精"时，我常常把精子比喻成"小蝌蚪"，把受精比作"约会"。实践表明，幽默风趣的教学语言常常引起学生欢笑。笑既是全世界通行的"语言"，又是课堂教学轻松的启动器。坚持运用幽默风趣的教学语言组织课堂教学的教师，将会形成幽默风趣的教学风格，而教学风格是教师生命成长的重要标志之一。

课堂教学因互动而生动。这里所指的互动是一种多边的对话，不仅包括师生的对话、生生的对话，也包括师生与学习文本、教学媒体、学习反馈和教学评价的对话，还包括师生的自我对话，即自我反思。例如，在介绍"细胞核的功能"时，初中和高中生物学教材都选取了变形虫的切割实验，且认为没有细胞核的那部分会死亡，而有细胞质和细胞核的那部分不会死亡（仍正常生长）。学习到这部分内容时，我引导学生思考："有细胞质和细胞核的那部分真不会死吗？生命都是有限的，你们见过不会死的生物吗？退一步来说，变形虫（有细胞质和细胞核）是否可能会在切割时因受伤而死？或衰老而死？或生病而死？或'郁闷''孤单'等等而死？"被调动了学习激情的学生你想他们不动脑都难。当然，最后我会提醒他们既要学会考试，也要学会科学地分析问题。

总之，"活慧生物"课堂教学是一种立体的互动，是一种多边共同参与的"对话场"。在互动和对话中，生动容易点燃感动，生物学课堂教学因感动而变得精彩。

4. 生成性

虽然生物学课堂教学离不开预设，但是，生命的特异性、认识的差异性、发展的不定向性和过程的变化性，决定了"活慧生物"课堂教学是生成的过程。华东师范大学钟启泉教授说过："从生命的高度来看，每一节课都是不可重复的激情与智慧综合的生成过程。"因此，中学生物学优质课堂教学应具有"生成性"。

这里所指的"生成性"，既指中学生物学课堂教学活动本身是"动态生成"的，也指学生对生物学教材文本内容或教师传授的生物学知识、研究方法和生物实验技能等的"内化生成"，还指在分析、解决问题的过程"再生成"新问题，以及在教与学的互动中师生"深化生成"新的思想观念和生命智慧。由此可见，中学生物学优质课堂教学是生成新知识、新认知，产生新问题、新思维，形成新观念、新智慧的"生成场"。

"凡事豫则立，不豫则废。"课堂教学是有目的有计划的活动，故也具有"预设性"。预设应发生在课前，而生成则应发生在课堂，即预设是生成的前提，生成是对预设的超越，只有"预设"好，才能更好地"生成"。但是，"教学预设性要求教师在课前按照教学、学生身心发展特点备课、备学生；教学生成性要求教师在教学过程中处理好教师、学生、文本之间的关系，恰当地处理非预期问题、寻找新的思维生长点。这二者也是不冲突的，预设性使生成性有的放矢，生成性让预设性更精彩，二者使得课堂教学更优质、学生学习更有效"①。课堂教学的"预设性"侧重关注教学目标达成即教学结果，而"生成性"关注的重点是教学过程而非教学结果。过程决定结果，而非结果决定过程，就好比细胞经过有丝分裂的过程形成的是体细胞的结果，而体细胞的形成还可以通过无丝分裂、二分裂等过程。只关注结果的教学是本末倒置的教学，只关注目标达成的课堂是控制生命的课堂，只关注分数的教育是舍本逐末的教育。

"活慧生物"课堂教学需要教师在课前备好课，根据现行的生物学课程标准、学生现有的生物学知识结构和认知能力预设好教学内容的广度和深度，设置好适合的教学活动及学习方式，从而使课堂教学的生成更具有方向感、针对

① 张晓洁. 课堂教学的预设性与生成性研究［D］. 兰州：西北师范大学，2009：19.

性和成效度。但是，课堂教学过程是不能完全提前预设的，"预设的只能是一个大概思路，而对教学中具体的行为表现则不能预设，也不应该预设，否则教学过程的丰富性就会被扼杀殆尽，学生丰富的发展过程也就成了没有生机的流程"①。"活慧生物"课堂教学需要教师在课堂上关注学生在教学活动是怎样去完成学习目标或任务的，要善于留意教学过程中的细节，如课堂上的"小插曲""小意外""小错误（失误）""小发现""小惊喜""小惊讶"等，从学生或教师自己的变化和反应中捕捉生成性教学资源、偶发的教育契机和灵动的智慧火花，及时作出积极的回应，从而创造性地"生成"课堂教学。

5. 生长性

从前面的论述可知，无论是教学对象，还是教学内容，或者教学活动的本质，生物学课堂教学都具有"生命性"，而"生命性"恰恰决定了课堂教学的"生长性"，因为生长是生命的基本特征，也是生命生长的需要。美国实用主义教育家杜威曾提出"教育即生长"的著名论断，同理，教师也可以认为"课堂教学即成长"。"活慧生物"课堂教学是注重发挥促进生命生长和满足生命需要的作用，是一种具有生长性特征的课堂。

具有生长性特征的课堂可称为生长性课堂，是一种以生为本的课堂，其教学目的是促进生命的生长和发展。孟晓东老师说："生长性课堂关注'生长空间'。既着力于生长的'原点'，更着眼于发展的'远点'。既要关注学生当下的生长状态——课堂的深处充盈蓬蓬勃勃的生命律动，学生的语言、思维、精神在活生生地生长，又'指向远方'——课堂为未来的学习和生活积蓄了生长的力量，学生萌发了生长的向往，拥有了良好的生长态势和持续生长的能力。"② 即教师既要客观地对待学生当下的生长，又要用发展的眼光看待学生未来的成长。

如果把教师比作园丁，那么在生长性课堂中，园丁的作用不是把花草修剪整齐，而是根据花草的生长规律，及时为它们浇浇水、施施肥，想方设法地让它们按照各自的生命程式自主、自由、自然地生长。由此可知，生长性课堂教学需要教师遵循生命的个性特征和内在规律，摒弃"满堂灌"和"拔苗助长"的教学，改善课堂生活环境各方面的关系和因素，依据生命的差异性、生长性进行因材施教，使课堂凸显生命的活力和生长的张力，使学生不断实现自我生成和建构，从而得到符合其生命个性的、合适的、连续的生长，即活慧地成长。

① 罗祖兵. 生成性教学及其基本理念 [J]. 课程·教材·教法，2006，26（10）：28–33.
② 孟晓东. 课堂应具有生长性 [J]. 江苏教育，2011（12）：1.

第五章 "活慧生物"操作体系

如果理念体系是教学主张的内核和机制,那么操作体系就是教学主张的"开关"和实践指南,它回答的是"怎么做"的问题。"活慧生物"教学主张提出后,其他教师要用得了、用得上,就需要形成操作体系。正如李吉林先生所说:"只有形成了操作体系,才有可能让更多的教师去做。"那么,"活慧生物"的操作体系是什么?根据"活慧生物"教学的理论内涵和课堂特征,我把其操作体系分为课堂操作和其他操作,前者是"以生活创设情境,以情境引发问题,以问题串联活动,以活动活跃思维,以思维涵育智慧";后者包括备课策略、教学转化、上课要领、兴趣培养、竞赛辅导、教学评价。

第一节 课堂操作

在探索情境教学时,李吉林先生对行之有效的做法进行筛选、概括和构筑,形成了情境教学操作体系,其模式是以"美"为突破口,以"情"为纽带,以"思"为核心,以"练"为手段,以周围世界为源泉。[1] 根据对生物学教学实践的梳理和归纳,我把"活慧生物"的课堂操作总结为:以生活创设情境,以情境引发问题,以问题串联活动,以活动活跃思维,以思维涵育智慧。

一、以生活创设情境

生活,承载着生命成长的意义与追求。何为生活?陶行知先生在《生活即教育》一文中说:"有生命的东西,在一个环境里生生不已的就是生活。"[2] 以生活教育理论和情境教学理论等为理论依据的"活慧生物"教学,不仅把

---

① 李吉林."情境教学"的操作体系 [J].课程·教材·教法,1997 (3):10–15.

② 陶行知.生活即教育 [C] //周洪宇.陶行知名篇精选.福州:福建教育出版社,2013:44–49.

"生活性"列为五大课堂特征之一，即在教学中要立足学生的真实生活，并服务于其当下和未来的生活，还认为生物学课堂教学在本质上就是师生共同经历和创造的生活，要以学生的现实生活创设教学情境。这说明，生物学教育要真正体现对人之为人的关注和培育，就必须从人的生活开始，引导人追寻积极向上、向善的生命价值与生活意义。

生活是流动着情境的"活水"，教师如何创设出好的教学情境？什么样的情境是好的情境？人民教育出版社生物室谭永平主任认为，好的情境具有真实、理蕴、适宜、情深、意远五大特点，其中"真实"是说情境应是真实的、可靠的；"理蕴"是指情境中的道理深刻，需要调动思维；"适宜"是指基于情境提出难度适宜的问题；"情深"是指情境具有人文关怀；"意远"是指立意高远，促进人的发展，而不仅仅是知识的学习。[①]

例如，在学习"血型"时，我预先让学生了解家庭成员的血型情况。到了上课时，我就创设情境：某同学体检时知道了自己是 O 型血，然而父母都是 A 型血，该同学是他父母亲生的吗？古人用滴血认亲的方法科学吗？"肯定不是啊，父母都是 A 型血，只能生下 A 型血的孩子。""他应该是捡回来的。"学生抢着发表自己的意见。于是，我反问："父母双方都是 A 型血，真的不能生下 O 型血孩子吗？""不能，不能。""应该不能。""可能可以。""肯定不能。"正当大家多数观点认为不能时，我发现有类似情况的学生疑惑中显得有点沉默，甚至还夹杂丝丝"失落"。当经过同学们的演绎和推理，知道了 A 型血父母不仅能生下 A 型血孩子，还可能生下 O 型血孩子，之前沉默不语的学生渐渐露出了笑容，其他学生也恍然大悟。通过不同血型的交叉配血试验，他们就理解了滴血认亲的不合理性。

二、以情境引发问题

当创设了教学情境，"活慧生物"教学接着就要从情境中引发问题。综合各家观念和结合自己多年教学观察的经验，赵占良先生提出，问题情境创设的第一条原则是引发问题，这样的问题情境或新奇有趣，或与原有认知矛盾，或境中有情，情深意远，能让学生产生共情，从而强化主动参与问题解决。[②]

情境何以引发问题？全国优秀教师、中学生物学特级教师周茜老师说：

---

① 谭永平. 试论中学生物学教材和教学中的情境创设 [J]. 中学生物教学，2019（11）：8－10.
② 赵占良. 生物学概念教学论 [M]. 南宁：广西教育出版社，2021：171－179.

"教师创设的情境应是真实的、有意义的、富有挑战性的，应与学生的已有知识或经验以及现实的学习生活和学生未来的发展需求和意愿直接相关。只有在此情境中生成的问题，学生才有能力在最近发展区内进行探究，并对问题保持有足够的热情和解决的愿景。"①

例如，在上述"血型"学习中，A 型血的父母，如果是生下 A 型血孩子，那么对学生来说是没有什么吸引力的，但是生下的不是 A 型血而是 O 型血孩子时，学生的好奇心就被激发——O 型血孩子究竟是不是 A 型血父母所生的呢？加上有些学生的血型和父母不同，所以就很容易点燃学生的学习激情，从而积极主动地参与课堂学习。每当这个时候，总有学生会提出其他问题，如"如果父母一个是 A 型血，另一个是 B 型血，他们的小孩是 AB 型血吗？或者是其他血型？""父母都是 O 型血，他们能生下 A 型血的孩子吗？""李老师，听说 O 型血比较招蚊子，我能不能换成其他血型？""既然输不同型血容易发生凝聚反应，我们能不能全部换成另一种血型？""李老师，Rh 血型又是怎么回事，可以跟我们说说吗？""为什么说古人滴血认亲的做法是不科学的？""如果我们的血型和母亲不一样，在胎儿时，会不会发生溶血现象，为什么？"

学生之所以热情如此高涨，问题如泉水般涌来，主要是因为教师所创设的问题情境来源于学生的现实生活，不仅与学生密切相关，而且与其前认知形成冲突，故而引发他们的追问，甚至其他的奇思妙想。

三、以问题串联活动

活动是儿童的天性，儿童在活动中产生对世界的好奇心，在活动中发现世界，认识自我。② "活慧生物"教学认为，活动是生命的特征，是生命成长的需求，学生的活慧成长要在活动中实现。在教学的场域，问题是梯，引领学生抵达学习的彼岸；问题是绳，串联课堂教学活动的开展。对学生的生命成长而言，问题是激发思考、活跃思维和启迪智慧的有效因子。因此，"活慧生物"教学过程就是要通过生活创设情境引发的问题，把教与学的活动串联起来，从而为学生的活慧成长赋能。

---

① 周茜. 课堂教学是一种生活［C］//吴生才. 著名特级教师教学思想录：生物学卷. 南京：江苏教育出版社，2012：311 - 328.

② 闫守轩. 论教学中的生命关怀［D］. 南京：南京师范大学，2004：36.

　　教师如何通过问题串联生物学教学活动？首先，教师要认识到，"一节（生物）课的问题链应当围绕核心问题整体设计，在内容上由浅入深，层层递进；在逻辑上顺理成章，环环相扣；在难度上由易到难，有一定梯度"①。其次，在过程上，教师要先以问题激活学生的学习动机，接着通过问题切入新课，然后围绕问题设计教学环节，为学生独立思考、应用知识和合作交流等铺路搭桥。英国教育家怀特海在《教育的目的》一书中说："知识的重要意义在于它的应用，在于人们对它的积极的掌握，即存在于智慧之中。"② 最后，在评价上，教师要意识到，解决问题只是途径和手段，不是目的，成长才是目的。有些问题，当学生成长了，可能就不再是问题。这就是"不解而解""无为而为"的"活慧"境界。

　　串联活动的生物学问题链，可以是并列的，也可以是递进的，还可以是综合的或其他连接方式。还是以教授"血型"为例，我通过"控制人类血型的基因通常是成对存在的，并能将成对基因中的一个基因传给子代，其中 A 型血的基因型是 $I^A I^A$ 或 $I^A i$，请推算 A 型血的父母生下的孩子的血型可能是什么？""B 型血的基因型是 $I^B I^B$ 或 $I^B i$，AB 型血和 O 型血的基因型分别是 $I^A I^B$ 和 ii，当你知道了父母的血型，是否能知道孩子的血型？从中你找到了什么规律？""学习了血液凝集反应的原理后，您能否说说滴血认亲的不科学性？从中你得到怎样的启发？"等问题把课堂教学活动串联起来，使学生在经历深度学习的过程中，不断锤炼思考的宽度、广度和深度。

四、以活动活跃思维

　　虽然"活慧生物"教学提倡让学生在活动中成长，但是反对为了活动而活动。教学活动的组织与开展，主要是营造一种问题情境，使师生置身其中，发挥各自的主体作用，让"学"真实发生，让"教"兑现价值，从而实现教学相长。对学生来说，"活慧生物"教学活动重在活跃其思维。思维是人类的高级认知活动，是"人之所以为人"的凭据，是人类对事物的间接性、概括性的认识。在美国心理学家克雷奇的眼里，思维是生物"进化的最高成就"。在恩格斯的心中，思维是"地球上最美丽的花朵"。在我看来，思维不仅是思考发生的基础，而且是思路生发的前提，还是思想形成的条件；无论是问题的

① 赵占良. 生物学概念教学论 [M]. 南宁：广西教育出版社，2021：184.
② 怀特海. 教育的目的 [M]. 徐汝舟，译. 北京：生活·读书·新知三联书店，2002：57.

发现或提出，还是问题的分析或解决，关键都在人的思维。

生物学教学活动何以活跃学生思维？下面重点介绍三种有效做法。

第一，夯实学生的生物学知识和生物学概念。生物学知识是打开生物学科"殿堂"和认识生物学科规律"宝库"的钥匙，是建立生物学概念、生物学思维和生物学思想的基础，是形成生物学语言、生物学色彩和生物学性格的条件。生物学概念则是组成生物学知识的基本单元，是通过抽象、概括而形成的对生物学对象本质特征或共同属性的反映，是生物学思维的基本单位。[①] 可以说，生物学知识和生物学概念是生物学思维之树生长的土壤，是构建生物学思维之反射弧的神经元，是组成生物学思维之花的花瓣。

第二，指引学生在生物学课程学习与（跨）学科实践或探究中"学会如何去思维"。除了掌握分析与综合、比较与演绎、抽象与概括、假设与推理、归纳与类比等常规的思维方法外，生物学教学非常重要而独特的育人价值就是让学生学会生态思维。生态学思维就是整体性思维的典范，关注事物和过程的网状因果关系和环状因果关系，重视非线性的和循环因素的分析，注重将人类生态系统作为各种组分相异相依、相克相生、共存共荣的有机整体，主张摒弃传统的极端功利型思维，倡导互利型的思维方式。[②]

第三，提高生物学活动中问题的趣味性、开放性和探究性。趣味性问题对学生而言，有着天然的吸引力，能有效激发他们主动参与和自觉思维的源动力。开放性问题能避免"一个人做对，其他人没有机会"的恶性竞争，从而创造"人人都有机会，人人都可以做对"的良性学习环境，进而为"人人都出彩"的教学盛景创造可能。在开放性问题的水域里，学生的思维就可以自由遨游。正如冯建军先生所说："教学不要满足于教给学生什么，而要创设一种'海阔凭鱼跃，天高任鸟飞'的发展空间，要放飞儿童的思维，让他们自由自在地思考问题，使教学成为探索和发现的过程，成为发展学生智慧，感悟自由精神的过程。"[③]

此外，在活跃学生思维上，我还开展过生物学辩论（如转基因食品的安全性）、生物学写作（如以"基因"为主题撰写文章）、生物学制作（如水果画、年夜饭）等学科特色活动。

---

① 胡继飞. 生物教育心理学［M］. 北京：北京大学出版社，2017：59.
② 赵占良. 试论中学生物学的学科本质［J］. 中学生物教学，2016（1－2）：4－8.
③ 冯建军. 简论学校教育中的生命关怀［J］. 教育评论，2003（2）：6－8.

五、以思维涵育智慧

"活慧生物" 教学既不是 "为了知识而教"，又不是 "为了思维而教"，而是 "为了活慧成长而教"。但是，活慧成长不仅需要知识，而且需要思维，还需要智慧。 "智慧" 一词由 "智" 加 "慧" 组成，如果说知道事相叫作 "智"，那么通晓事理则叫作 "慧"。哲学家冯契认为："智，法用也；慧，明道也。天下智者莫出法用，天下慧根尽在道中。智者明法，慧者通道。道生法，慧生智。慧足千百智，道足万法生。"① 他还指出，人有要求自由的本性，人的认识是为了获得智慧，而智慧体现为 "化理论为德性"、成就自由的人格。②

这就表明，在 "活慧生物" 教学中，知识或思维不应成为学生的负担或 "枷锁"，教师应通过自身的教学智慧，帮助学生把知识或思维转化为智慧；而智慧的涵育不仅需要理性思维之支撑，还需要感性思维之润泽。

在生物学教学中，学生智慧的涵育，要通过以生活创设情境、以情境引发问题、以问题串联活动、以活动活跃思维，并促进理性思维和感性思维的同步发展。教师要胜任 "活慧生物" 教学的操作，也要不断成长自己，从专业发展走向生命成长，并实现活慧成长。当教师形成了 "心" 之智慧，就破解了悟的密码，从而合成悟性之蛋白质，进而形成充满活力和智慧的教学行为。所以，教师要不断提高自己的悟性和智慧。

教师的悟性从哪里来？教师的智慧何以生成？陶行知说："我的教学悟性和灵性从实践中来，从读书中来，从思考中来，从艺术中来。"这说明，教师应深深扎根于课堂教学，坚持阅读学习，学会思考和反思，并不断提高自身的教学水平和育人艺术。一言以蔽之，从根本上来说，教师的悟性是从成长中生发出来，不断成长的教师才能不断生长出为师之智慧。

第二节　备课策略

从事教学工作以来，关于备课，我听到或看到最动听、最浪漫和最富有诗

---

① 蔡森. 语文教育的 "智" 与 "慧" [J]. 山东教育：中学刊，2020 (37)：34–36.
② 李妮娜. 论冯契的 "智慧说" 与哲学史书写 [J]. 思想与文化，2020 (1)：337–352.

意的表达，就是"我用一辈子在备课"。每当我和教育同行或师范生们分享这句话时，他们几乎都会被触动，且瞬间认识到之前"一两天""一个星期""几个星期"或"几个月"的回答是多么肤浅。用一辈子备课，是教师从教的职责与使命，同时也彰显了立教的格局与智慧。

备课是上课之始端，是授课之前提。没有准备的课，是缺乏尊重的课，是违背教育原则的课，是不负责任的课。备课是教师的基本业务，是教学的首要环节。根据实践探索和体悟，我总结了适合个人备课和集体备课的"四读"备课法。①

一、研读课程标准，让教学"有据"

生物学课程标准是生物学课堂教学的基本依据，是生物学教材编写、生物学教学考试和学业质量评价的行动指南。新修订的生物学课程标准不仅凝练了生物学课程要培养的核心素养，而且明确了核心素养育人的价值取向。所以，教师备课时，必须认真研读生物学新课程标准，读懂其思想和精神，读透生物学核心素养的内涵和外延，读明"为什么教"和"教到什么程度"，读出落实核心素养的学科教学方案。

二、精读教材内容，让教学"有底"

不论是人教版生物学教材，还是北师大版生物学教材，或者其他版本的生物学教材，其内容都是精选过的，是课堂教学的主要教学资源，是教学育人的重要依托。教师要精读所使用的生物学教材内容，甚至还可阅读其他版本的生物学教材，然后进行适当的增、减、调、删等处理，预设好教学内容的广度和深度，然后设置科学合理的教学活动及学习方式，选择合适的教学媒体和教学方法，这样就清楚了"教什么"和"怎么教"。由此，生物学课堂教学的生成就有了方向和方法，从而形成教学的底气。

---

① 李文送. 教师备课要做到"四读"［J］. 中国教育学刊，2019（6）：103.

三、品读学生和自己，让教学"有人"

人既是教育的目的，又是教学的价值所在。人既是备课的逻辑起点和研究支点，又是课堂教学的"承重墙"。一方面，教师备课的首要任务是品读学生，进行学情分析，掌握学生的学习起点、学习习惯和学习优势，甚至当下状态的兴趣点、兴奋点和生长点，并预设学生的学习远点；另一方面，教师还要品读自己，把握自己所能引导的"路"和所能掌控的"度"，让自己的生物学学科优势和个性特长得到充分张扬，照亮自己以更好地照亮学生。知己知彼，课堂教学就更容易做到活慧有度。

四、泛读课程资源，让教学"有料"

这里的"泛读"不是"泛泛而读"，而是"广泛地挖掘"。丰富的生物学课程资源是生物学课堂教学的"脚手架"。备课过程中，教师不但要利用好生物学教材资源和师生资源，而且还应根据所设置的教学情境、教学活动和学生的生活状况，开发和利用好学校资源、社区资源、社会资源等生物学课程资源，并结合生物学教学内容和师生与这些生物学课程资源的关联度、契合度进行有效筛选和重构，让生物学学习更"有料"，更有"营养"，从而更好地促进生命的活慧成长。

此外，如果是进行集体备课，那就要有"基于集体、为了集体"的价值取向。生物学教研组或生物学备课组在开展集体备课时，可做到"一备三定"，即活动前所有教师都要"备课"，做到"有备而来"，并定时间、定主题和定主备人。

集中研讨时，在听取主备人的发言后，组员围绕教研主题，畅所欲言，深入对话。依据求同存异的原则，最后达成"五个统一"：统一教学思想，统一内容与要求，统一课时安排，统一达标习题，统一考核要求。[①] 这样的集体备课既提高了教师的积极性，又调动了教师的主观能动性；既提高了备课的宽度、厚度和细度，又提升课堂教学的品质、效果和效益，教师在这一过程中就会收获真实的成长。

---

① 李文送.读懂教育：做成长型教师［M］.西安：西北大学出版社，2022：152.

"活慧生物"教学的备课提倡要有相同主题，以构建共同的备课话语体系。倘若备课无相同主题，无价值认同，无共同目标，没有共同话语体系，或者体系不同层，是很难实现有价值的对话的。星星因为相互辉映，所以能漾出璀璨的星空；迁徙的鸟儿因为相互协作，所以彼此能飞越遥远的距离而顺利到达目的地。活慧教学、活慧备课都是生命的合唱，而不是个人的独奏，需要劲往一处使，慧往一处用。在活慧备课中，教师要用开放的思想和胸怀，拥抱新时代"共享"的发展理念，践行"共同体"精神，把身上的光芒释放出来，为教育，为学生，为天地，为自己，立一颗乃至一群"共享"的心。

第三节 教学转化

生物学新课程内容中的"营养"如何赋能学生的生命成长？"活慧生物"教学认为，首先，教师要将新课程内容转化为教学内容；然后，再将教学内容转化为学生的核心素养。即在过程上，教学转化既包括从课程内容到教学内容的教学化，又包括教学内容到学生素养的素养化。这表明，教学转化存在从课程内容到教学内容再到学生素养两次流转，前者要依据课程标准，后者要指向学生成长（见图5.1）。

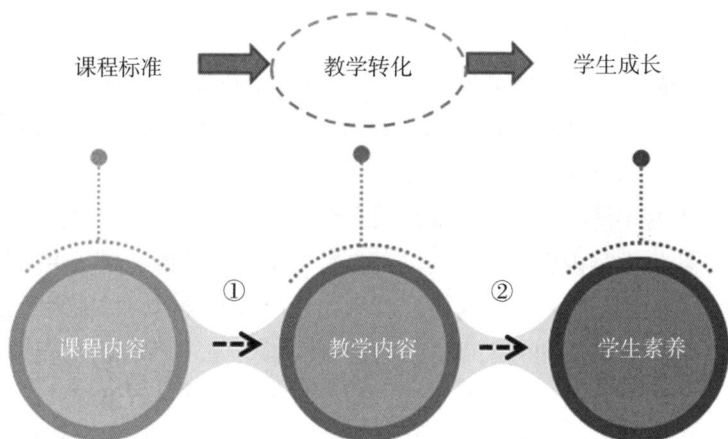

图 5.1 教学转化的两次流转

一、从课程内容到教学内容的转化

根据新课标，义务教育生物学课程内容选取了"生物体的结构层次""生物的多样性""生物与环境""植物的生活""人体生理与健康""遗传与进化""生物学与社会·跨学科实践"共7个学习主题，并聚焦了"生物体具有一定的结构层次，能够完成各项生命活动"等9个学科大概念。① 在"内容要求"方面，新课标还选取了"细胞是生物体结构和功能的基本单位"等25个重要概念和"一些生物由单细胞构成，一些生物由多细胞组成"等88个次位概念。显然，新课标中的"课程内容"只是课程内容中的纲要，并呈现主题化、概念化和结构化等特征。义务教育生物学课程要常态化实施，进入课堂教学，就要依据新课标编写与之相配套的生物学教材。这里需要强调的一点是，教材内容和课程内容不能画等号，因为两者之间不是等于的关系，而是整体和部分的关系。在教学中，教师除了文本教材外，还应用好生活、生产，乃至自然生物资源等"活教材"，并把这些"课程内容"教学化，使之进入课堂教学，为学生的生命成长赋能。

1. 课程教材内容的转化

教学内容是教学过程中同师生发生交互作用、服务于教学目的达成的动态生成的素材及信息。② 诚然，义务教育生物学教学内容主要来自与新课标相匹配的义务教育生物学课程教材内容的转化。正因为如此，国家对教材的编写、出版和使用都高度重视，国务院于2017年成立了国家教材委员会，同年教育部成立教材局，坚持做到教材"凡编必审""凡选必审"的原则，建立健全全流程把关机制，以发挥好教材"培根铸魂、启智增慧"的育人功效。

那么，生物学课程教材内容如何教学化？要解决好这个问题，教师首先要知道生物学课程教材内容教学化的过程包括两个步骤：第一步是生物学课程内容教材化，第二步是生物学教材内容教学化。前者通常由教材编写者根据课程标准和课程目标等选取和编撰而成；后者则需要一线教师依据课标要求、所使用版本的生物学教材内容和教学目标，结合具体的学情进行组织、设计和重构生成。这就意味着，一线教师要在认真学习和领会新课标和新教材的内容、精

---

① 李文送. 育全人·少而精·强主动·重探究·促发展——《义务教育生物学课程标准（2022年版）》的新教学取向 [J]. 教学月刊·中学版（教学参考），2022（7-8）：11-15.
② 李臣之. 论教学内容创生：规定性要素及基本路径 [J]. 课程·教材·教法，2007（2）：3-9.

神及导向的基础上，围绕课程育人目标，创造性地生成教学内容。

不论是哪个版本的生物学教材，其内容都是相对固定的，而教学内容则是动态生成的，即教师要根据教学目标和学生所处的真实的教学情境，对生物学教材内容进行或增加或删减或调整或融合或重组等处理，即二次开发教材，使之转化为课堂教学中师生互动和学生成长所需的素材和信息。这一过程就叫教材内容的教学化处理，其意图是实现教学内容的可用、能用、好用，且能运用于课堂教学。根据"内容聚焦大概念"的新课程理念和"围绕大概念组织教学和教学活动"的教学建议，义务教育生物学课程教材内容的教学化，教师既要有课程立意，又要有教学机智，并引导学生根据清晰的目标，置身于真实情境或模拟真实情境中，经历问题发现、提出、分析、解决等学习过程，理解、认同、内化、活用相应的生物学大概念、重要概念和次位概念，并认清它们之间的逻辑关系，从而形成和发展生物学课程教学要培养的核心素养。

2. 生活生产素材的转化

义务教育生物学课程内容和人们的生活、生产联系非常紧密，并且生物学课程要培养的核心素养需要在真实情境中形成和发展。教师要创生教学内容，就要从学生的生活和社会生产中挖掘课程教学的情境素材，并将这些素材融入日常的生物学教学中。用顾巧英老师的话来说，教师应把生命科学的最新成就引入课堂教学中来，且应因地、因时、因校制宜地选择实验材料、代表动植物，把生活中的生物学引入课堂教学中来。[①] 例如，在"人体生理与健康"主题学习中，教师就可利用师生这一宝贵的教学资源作为情境案例，从其生活以及所知道的社会生产中的生命现象等入手组织教学内容。

什么样的生活生产素材能转化为生物学教学内容？通常，只要具有教育价值且能变成教学内容的生活和生产的情境素材都能转化为教学内容。具体而言，这样的情境素材应和学生课堂学习的源于教材内容等转化的教学内容相契合，即能和对应的课程内容、教材内容等发生连接，且蕴含有价值、待解决的生物学问题或与生物学相关的社会性议题。比如，在"合理膳食"的学习中，学生及其家人的饮食结构、饮食习惯和体质情况等都是非常好的教学内容。倘若教师能如此转化教学内容，不仅能激发学生的学习兴趣和探究欲望，还能让学生具身体验到学以致用和用以励学的成长效应。

教师如何让生活生产素材进入生物学教学现场？这就需要教师不仅要熟悉义务教育生物学教材内容、具体学情和真实生活、生产中相关的生物学情境素

---

① 徐宜兰. 顾巧英"教活学活"思想与教学实践研究 [D]. 济南：山东师范大学，2003：11.

材，而且要找到它们之间的连接点和融合处。比如，在学习"生物圈中的植物"时，教师不妨组织学生调查校园里的植物，甚至鼓励他们在家里种植绿色植物，参与美化环境。在开展"人类传染病的预防"教学时，教师可以结合学生参与疫情防控的生活经历、预防接种等素材来设计和组织教学内容。在教授"遗传与变异"时，教师可引导学生认知自身的性状，并和父母、兄弟姐妹进行比较，从中领会遗传与变异有关概念，从而形成和发展学科思维和观念。

　　3. 自然生物资源的转化

　　对生物学教学来说，其取之不尽的生物素材和生命资源，即最具活力和潜力的"教材"，无疑是自然界中各种各样的生命及生命现象。当学生置身于自然界中，他们就会找到生物学学习最原始、最鲜活、最丰富的素材，就能接触和观察到形形色色的生物，从而深刻认知到生物多样性、生物与环境的关系，进而认同保护环境、践行生态文明和构建人与自然生命共同体的重要性。同时，自然界也是学生学科实践或跨学科实践的重要园地。

　　那么，自然生物资源如何转化为教学内容？下面通过案例来说明，如在生物学教学尤其是实践教学中，我们曾带领学生到学校附近的寸金桥公园进行观鸟活动，还组织过学生到本地周边的南亚热带植物研究所、湖光岩世界地质公园、湛江市国家级红树林自然保护区、中国林业科学研究院湛江国家桉树良种基地、湛江市森林公园、湛江对虾和金鲳养殖基地、廉江市红橙种植基地等地开展生物学科实践或跨学科实践。据了解，生物学特级教师黄伟胜经常利用课余时间，带领课题组团队到龙门县开展鱼资源考察，不仅发现了濒临灭绝的唐鱼，还找到了当地此前未曾记载的"水中彩虹"兴凯鱊。他们还把该县原生小型观赏鱼的种类、分布、生理及其文化内涵撰写成《鱼跃龙门》科普图册出版，并将研究的方法、过程和成果融入生物学课堂教学。

　　由此可见，自然生物资源的教学化既可以是现场式的作为直接的教学内容进行学习，又可以是通过选取、转化和呈现的方式，让自然生物资源或作为问题情境，或作为文本教材转化内容的一种补充、拓展和延伸进入课堂。

二、从教学内容到学生素养的转化

　　如果把生物学教学看作根据课程"食谱"为学生成长而烹制的"菜肴"，那么生物学教学内容就是生物学教学现场烹制"菜肴"所用到的"食材"。

"食材"中的营养要促进学生成长，就要转化为其素养。这离不开学生对"食材"的消化和吸收，以及转化和生成。就生物学教学内容转化为学生素养的过程而言，大体存在以下三条路径（见图5.2）。

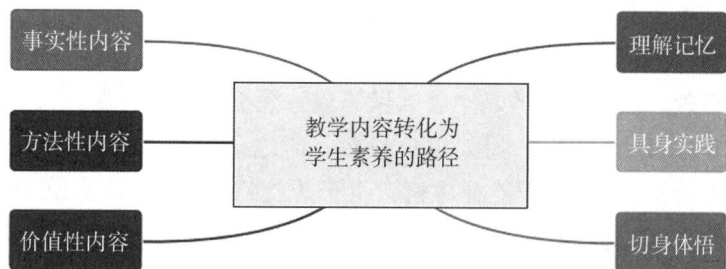

图5.2 教学内容转化为学生素养的三条路径

1. 理解记忆

生物学教学内容可分为事实性内容、方法性内容和价值性内容。其中，事实性教学内容由生物学事实组成，主要包括科学的生物学知识、概括的生物学概念、隐含的生物学原理和规律。生物学事实是客观存在的生物学现象，是对生命及其生命活动规律的真实反映。比如在"生物与环境"主题学习中，"生态系统是由生产者、消费者、分解者与非生物环境构成的有机整体""生态系统包括陆地生态系统、湿地生态系统和海洋生态系统""生物圈是地球最大的生态系统"等内容都属于事实性内容。

事实性教学内容是生物学课程学习的基础和起点，是形成生物学课程要培养的生命观念、科学思维、探究实践和社会责任核心素养的前提和根基。这类教学内容描述"是什么"或"学什么"的问题，是生物学事实。这表明，事实性是这类教学内容的最本质的特征。既然是事实，在学习过程中就不需过多地去讨论、去争辩、去探究，学生做到理解和记忆就好。

对于事实性教学内容，教师在教学中可采用讲授法"告诉"学生有关生物学事实，因为这类内容如食材中的水分、无机盐、维生素等营养物质一样，只要学生自身理解记忆了，这些营养物质就能进入人体细胞，从而参与细胞中的生命活动。教师要通过这些生物学事实，帮助学生构建生物学概念和生命观念，为其提升科学思维和探究实践等能力创造相应的"学习支架"，并为他们学习方法性内容和价值性内容提供必要的支撑。有了支架和支撑，学生就能拾梯而上，行稳致远，达成目标。

2. 具身实践

方法性教学内容由生物学的学科学习和研究的方法等内容组成，包括观察、实验、调查、统计、比较分类、演绎、推理、分析、综合、归纳、总结、概括、解释、运用、拓展、尝试、交流、讨论等。在义务教育生物学教学中，学生尤其需要掌握显微观察法、装片或切片制作法、细胞染色法、标志重捕法、实验研究法、比较分析法等生物学研究方法。

方法性教学内容回答的是"怎么做"或"怎么学"的问题。古人云："授人以鱼，不如授人以渔。"授人以鱼只救一时之急，授人以渔则可解一生之需。俄罗斯谚语说："巧干能捕雄狮，蛮干难捉蟋蟀。"意思是说，做事、做学问要讲究方法，蛮干为下，巧干为上。《学会学习》一书中说："就算你做不好，也不代表你没有这方面的天赋，也许只是你的'方法'不对。"如果方法正确，那么就会是另一番"人间巧艺夺天工"的景象。对初中生而言，掌握生物学学习和研究方法，是胜任本课程学习的不二法门。

可以说，方法性教学内容不仅是学生打开学科学习之门的钥匙，还是学生登攀学科之山峰的梯子。这类教学内容的习得，不能再依靠理解和记忆，而应指导学生进行具身实践，让他们有机会去开展做中学、学中创、创中做，方能转化为他们的核心素养。还是以"生物与环境"的主题学习为例，当学生理解并识记了生态系统有关事实性知识和原理后，教师不妨组织学生开展生态瓶的制作活动或比赛，看一看或比一比哪个班、哪个组或哪个学生制作的生态瓶中的动植物存活时间最长，从而建立和强化他们的生物与环境的协调观，提升和发展他们的综合实践能力和创新精神。

3. 切身体悟

完整的生物学教学内容犹如营养搭配合理的"食材"，不仅能回答好学生"吃什么"和"怎么吃"的问题，还能解答好学生"为什么吃"的问题。价值性教学内容就是能解决"为什么吃"，即"为什么学"的问题。基于新课标的生物学教学应加强学生这类内容的学习，以促进其主动学习行为的发生和保持，乃至端正和强化其态度责任，助力他们发展成为有理想、有本领、有担当的时代新人。

在学生学习生物学过程中，清楚"为什么学"比"学什么"和"怎么学"都重要。道理其实不难理解，比如吃东西，如果是为了填饱肚子，那么可以吃米饭或喝粥，也可以吃饺子、面包或面条；如果是为了解渴，那么就要喝水；如果是为了治疗疾病，那么有时还得吃药。诚然，如果是为了填饱肚子而吃或为了解渴而喝，那么就没有必要吃药，至于怎么吃或怎么喝，根据个人喜好和环境条件就好。

那么，价值性教学内容如何转化为学生的价值观？价值观的形成既不能靠学生的背诵和记忆，也不能单单靠他们的具身实践，而应得到其切身认同方能形成。这类教学内容要成功转化为学生的核心素养，离不开学生的体悟、揣摩、反思、取舍、认同、借鉴、分享、定向、准则、信仰……一言以蔽之，即"悟中学"。也就是说，学生需要通过切身领悟来汲取价值性教学内容中的营养，从而不断提高自身的悟性和修为。例如，让学生认同了"绿水青山就是金山银山"的理念，他们就能自觉自律地"像保护眼睛一样保护生态环境"，从而乐当人与自然生命共同体的倡导者、参与者和建设者。

三、对教学转化的思考及教学建议

从功能来说，教学转化是连接从课程内容到教学内容、再从教学内容到学生素养的"桥梁"。教学转化不仅是义务教育生物学教学的必经环节，还是教师成功帮助学生在生物学课程学习过程中形成相应核心素养和收获真实成长的必经路径。所以，在义务教育生物学新课标、新课程、新教材的实施过程中，教师要关注、重视和探索教学转化，不断提高自身的教学转化能力和相关的核心素养。

从过程而言，教学转化主要包括两次流转，其一是课程内容的教学化，其二是教学内容的素养化，前者实现课程内容到教学内容的流转，后者实现教学内容到学生素养的流转。如果流转的速度越快，同时流失的量越少，那么这样的教学效率就高，其教学转化的保真性就强。在关系上，课程内容的教学化是教学内容的源泉，而教学内容的素养化是教学转化的目标和意义。所以，在落实义务教育生物学新课程的育人目标中，教师应深刻意识到教学转化的两次流转都非常重要，缺一不可，因为少了前者，生物学教学会变成"无源之水"；而少了后者，生物学教学则会变成"无标之行"。

从整体来看，以核心素养为导向的义务教育生物学新教学要获得源源不断的"活水"之教学内容，教师就要做好课程内容的教学化，尤其是教材内容的教学化，这本质上就是"用教材教"的教学阐释。教材是落实学科核心素养的重要教学资源，所以对教材中的文本和图片等教学资源进行加工、梳理，使之成为学生易于理解、迁移并应用的教学内容，有利于学生建构概念、形成正确的生命观念，提升科学思维的品质和能力，从而使学科核心素养的发展得到充分有效的落实。①

　　华东师范大学崔允漷教授指出，教材内容要转化为教学内容，除了要有清晰的目标外，教师还要通过"三化"来实现"三有"。② "三化"包括知识条件化、知识情境化和知识结构化。"三有"是指教学内容的有趣、有用和有意义。这就告诉我们，义务教育生物学教学不仅应适当补充背景知识，让学生知道所学内容"从哪里来"，从中找到学习的"有趣"，而且应引入真实情境，让学生知晓所学内容能"到哪里去"，从中发现学习的"有用"，还应经历解决生活生产乃至社会中的真实问题的过程，从中体悟学习的"有意义"。

第四节　上课要领

　　上课是教师的看家本领，是教学主张落地生根的必经环节。"活慧生物"教学提倡教师通过生物课与学生一起活慧地成长。当然，要把课上好、讲活，体现教育智慧，教师需要先吃透生物学课程标准，明确课程培养目标和教学目标，做到有的放矢；把准教学的重点、难点和关键点，做到因材施教；研究学生的个性与共性，了解学生与学科知识之间的联系和关系，尽量贴近学生的实际生活和符合学生的成长规律；熟悉自己的教学风格和课程资源，做到量力而行，因地制宜。就上课而言，教师应掌握以下五步要领。

一、课堂导入能引思

　　课堂教学的导入，犹如乐曲中的"引子"，戏剧的"序幕"，起着渲染气氛，酝酿情绪、集中注意力、渗透主题和带入情境的作用，包括直接导入、经验导入、原有知识导入、实验导入、直观导入、设疑导入、事例导入、悬念导入和故事导入等类型。③

　　在实际教学中，教师可根据学生和学习内容的真实需求，采取适合的导入方法。例如，在学习"遗传和变异"时，我就采用情境导入法，设计"微博

---

① 钟能政，梁华明. 从学科核心素养视角理解和用好新教材的基本策略 [J]. 中学生物教学，2021（4）：7-12.

② 崔允漷. 指向学科核心素养的教学即让学科教育"回家"[J]. 基础教育课程，2019（2）：5-9.

③ 刘恩山. 中学生物学教学论 [M]. 北京：高等教育出版社，2009（2）：56-57.

寻人"的教学情境：某公安部门在官方微博上公布了四名失踪儿童的照片，希望热心的群众协助寻找或提供线索。有一天，假如我们发现了四名小孩的下落并获得他们父母的照片，请根据他们的特征，找出这四名小孩的亲生父母。这样的导入，不仅能调动学生课堂学习的积极性，而且能让学生发现"学能所用，学有所为"，还能培育学生的正义感和社会责任感。

又如，在教授"生态系统的能量流动"时，我依托关于海水稻的新闻报道，以"导游"的身份带领学生走进"袁隆平与杂交水稻"和"陈日胜与海水稻"的故事场景，围绕"水稻的能量怎样流动，人的能量又怎样流动"的学习任务，开展"稻田里取经寻宝"学习探究之旅。这样的导入，能够激发学生的学习兴趣，激活他们的探究欲望，从而引发他们的思考。

二、教学语言讲风趣

幽默风趣的教学语言不仅能使枯燥的知识变得有趣，便于学生理解和记忆，而且有利于培养学生的学习兴趣，提高教学质量。朱正威先生认为，教学语言不仅要有科学性和准确性，而且应当富有启发性，还要简明、生动幽默和注意节奏，生动让人爱听，幽默让人回味无穷。[1]

例如，"人体心脏的结构特点"是初中生物学的教学重点，也是教学难点，学生普遍反映难记。于是，我就引导学生联想生活中常说的"男左（左心房、左心室）女右（右心房、右心室），男的相对主动（动脉血）和脸皮厚（左心室的壁厚），女的相对文静（静脉血）和脸皮薄（右心室的壁薄）"去巧记"人体的左心房和左心室流的是动脉血，右心房和右心室流的是静脉血，左心室的壁比右心室的厚"；同时根据生活中"房（书房、睡房，喻指心房）静（静脉血管）室（教室、客厅，喻指心室）动（动脉血管）"使学生秒懂"心房与静脉血管相连，心室与动脉血管相通"。

在教学中，教师语言要注意语速语调，结合教学的重难点最好能抑扬顿挫。一般来说，好的教学语言精练简洁，条理清晰，逻辑性强，具有趣味性和启发性，能调动学生积极思考，成为他们主动学习的"兴奋剂"。"活慧生物"教学追求教学语言要幽默风趣。

---

[1] 朱正威．备课要备语言——以"生物的遗传和变异"为例 [J]．生物学通报，1995，30（10）：34－35．

三、科学提问贵得法

问题如梯，问题提得好，就能促进学生顺利地拾梯而上，乃至活学慧思，从而遇见更美的风景。教无定法，科学提问也无定法，均贵在得法。

课堂问题应体现针对性、层次性、情境性、启发性和探究性。[①] 针对性是指问题的提出要围绕教学目标和学习内容，符合学习者特征和当时的学习环境；层次性是指问题要有难易之分，体现梯度之别，可分为面向全体学生的基础问题、服务部分学生个性成长的发展问题和引领个别学生深度学习的高端问题；情境性是指问题要源于特定的情境中，生物学问题则应基于具体的生命现象中，这样的问题才是真问题，才有意义，才有价值；启发性是指提出的问题能激发学生思考，点燃学生思维，启迪学生智慧；探究性是指问题不能过于简单，要有一定难度和挑战性，让学生必须通过自己和与人合作学习方能解决，从而激发学生的探究欲望和促进学生学会与人合作。

以层次性为例，在学习"光合作用"时，教师可设计"光合作用过程中，光反应和暗反应的物质变化是怎样的""光反应和暗反应之间有着怎样的关系""学习了光合作用的原理和过程后，请你设计一套方案帮助农民伯伯提高青瓜的产量"等不同难度的问题，让不同层次的学生都得到相应的锻炼和成长，从而防止"优秀生吃不饱、中等生吃不消、后进生吃不了"的现象。

四、组织教学要灵活

教师组织教学要着眼于怎样让学生积极主动地参与到教学活动中经历学习与探究的过程，就需要讲究灵活。

例如，在组织学生探究"遗传密码"的奥秘时，中学生物学特级教师王荐老师从科学文化的视角入手，让学生在教学活动中经历类似于科学家在遗传密码过程中的观察、分析、猜测、实验、判断、推理等一系列科学探究过程。[②]

在课堂上，他引导学生思考：在翻译过程中，四种碱基如何决定二十种氨

① 李文送. 教师的生命成长［M］. 长春：东北师范大学出版社，2016：71－72.
② 王荐. 让科学文化滋润生物学课堂［J］. 中小学教材教法，2015（8）：47－50.

基酸？一对一行吗？学生的思维逐渐展开："不行！如果一对一，四种碱基只能决定四种氨基酸。"那怎么办呢？接着，教师组织学生小组讨论。在讨论的基础上，学生提出应该是三个碱基决定一个氨基酸。王老师适时指出："这三个碱基就叫遗传密码。如果是这样，有可能出现什么情况？"学生认为，肯定有一些遗传密码控制相同的氨基酸。接着，王老师出示一段话：今年正好晦气全无财宝进门，请学生朗读。可读为"今年正好，晦气全无，财宝进门"，也可以读成"今年正好晦气，全无财宝进门"。可见，所加标点位置不同，读法不同，意思也不同。然后，他启发学生：由这段话的不同读法，你能否思考在翻译过程中如何规定句读呢？学生进行了类比推理思维，得出结论：有些密码子具有标点符号的功能，规定着翻译过程的开始与停止。在此活动中，遗传密码这个抽象而理性的概念通过学生丰富的思维活动得以建构，有猜测、有类比、有迁移、有创新，尤其是给句子句读，使课堂充满了文化的氛围。

五、坚持反思增慧力

教学反思是针对教师行为主体的教学工作进行的一种自我反省式的思考过程，是获得和总结经验、发现和解决问题、反思实践和提升自我的过程。教学反思是一个积极的思维过程，同时也是积极的教学行为改进的过程，不仅能调动教师工作与学习的积极性、自觉性，而且能不断增强教师的慧力，从而使教师更加快速地走向专业成长。

著名教育学家叶澜教授认为："一个教师写了一辈子教案不一定成为名师，如果一个教师写三年教学反思就有可能成为名师。"[①] 教师不断提升自己，才是上好一节课的持续动力。反思教学，教师要注重课前、课中和课后反思，实践反思和理论反思，自我反思和评价反思，教学内容反思和教学方法反思等。在反思中，发现教学的优缺点，提炼成功的做法和经验，加深对教学的理解和形成自己的教学风格，这对教师从事教学工作而言非常重要，也非常必要。

第五节　兴趣培养

杂交水稻之父袁隆平曾对记者说："只要田里有稻子，从播种到收获，每

---

① 谭得发. 以深度反思促进教师专业成长［J］. 湖北教育，2023（10）：80.

天都要下田，这是我的本职工作，也是我的兴趣。"在八十岁生日时，他还许下愿望："到九十岁时，实现第四期超级杂交稻亩产一千千克的奋斗目标（后来真的如愿实现）。"是什么让他一直坚守在水稻田而始终保持斗志昂扬？是兴趣！孔子也曾说："知之者不如好之者，好之者不如乐之者。"可见，培养学生的兴趣对他们的成长成才至关重要。教师如何培养学生学习生物学的兴趣呢？在"活慧生物"教学的实践探索中，我总结了以趣育趣、妙语生趣、奇中引趣、观中诱趣和动中营趣等培养策略。①

一、以趣育趣

人可以影响人，人可以感染人。要使学生对生物学产生学习兴趣，作为生物学教师就应该首先对自己所从事的专业有着浓厚的兴趣，对生物学有着较强的趣味意识。如果连教师自己对所任教的课程都不感兴趣，都没有激情，都不能乐于其中，那么学生怎么能被教师所感染而更好地感知生物学趣之所在呢？不知其趣，又如何欲学其理呢？因此，要想让学生对生物学感兴趣，教师应树立趣味意识，这是实施趣味教学的前提。

有了趣味意识的教师，才容易发现在生命的世界里，其实处处充满美丽而神奇的生命现象，而生物学知识的趣味风筝也飘扬在每一片蓝天，只要引导学生睁开眼看看身边的风景，他们会被形形色色的生命所吸引，兴趣也在悄然中激发。只有激发学生学习的兴趣，才能使学生具有求知的欲望和积极探究的心理取向，将自己对生物学的学习内化为一种需要、一种乐趣和一种强的内驱力，从而推动学生的学习。教师在教学中应把激发并保持学生学习生物学的兴趣作为重要任务，引领学生去观察、去欣赏、去发现、去挖掘，甚至去探索生命之趣，这本身也是生物教师应有的专业责任。相信"以趣育趣"总比"以不趣育趣"容易。

二、妙语生趣

妙语生花，亦生趣。教师的语言是实施趣味教学的基本手段之一，而教师的教学魅力首先表现在其语言的魅力上。苏霍姆林斯基曾说过："教师的语言

---

① 李文送. 让学生在生物学教学中长出兴趣的翅膀 [J]. 中学生物学，2011，27（12）：28-29.

素质，在极大程度上决定着学生在课堂上的脑力劳动效率。"实践表明，在教学中巧妙运用幽默，能使课堂上处于紧张状态的学生神经得以松弛，使学生更加精神饱满地投入下一环节的学习中；在教学中经常用幽默风趣的话语，能拨动学生的心弦，拉近师生的关系，以此给课堂注入活力，可以增加教师的个人魅力。因此，我很注重教学语言的幽默与风趣，这赢得了学生们的喜爱，也催生了他们学习生物学的兴趣。

生命世界里的知识都是有趣的，都隐含着令人兴奋的亮点，都可找到较好的充满情感和幽默的表述方法。每当这个时候，很多学生都会开怀大笑，有的还鼓起掌来。用幽默风趣的语言，使枯燥的知识变得有趣，不但易于学生理解和记忆，而且可以培养学生的学习兴趣。

三、奇中引趣

好奇是人的天性，是探索求知的源泉。对中学生而言，他们一个重要的心理特征就是好奇心强，而这种好奇心往往是由于他们听到了闻所未闻的事情，或看到了见所未见的情境所引发的。有了好奇心，他们就会渴望通过自己的感官主动地去探究事物的发展和结果。在课堂听课时，他们会表现为注意力特别集中；参加活动课时，他们则表现得非常活跃；在实验室做生物实验时，他们常会露出蠢蠢欲动的举动，兴趣也就油然而生。针对学生的好奇心理，教师可以"投其所好"，以奇引趣。

例如，在学习初中生物学"昆虫的生殖与发育"时，我特地选择了蜜蜂为例进行介绍。当学生知道"蜜蜂分为工蜂、雄蜂和蜂王，且工蜂和蜂王都是由受精卵发育而来，但是雄蜂却由没有受精的卵细胞发育而成"后，纷纷抢着提问——"由受精卵发育而来的工蜂和蜂王有什么不同呢？""没有受精的卵细胞怎么能发育成雄蜂呢？""雄蜂能产生精子吗？它是怎样产生的？"课堂学习气氛顿时热烈起来。看到学生的好奇心被成功激发，于是我趁机引导他们："想要知道问题的答案，先阅读完课本中的内容，然后专心听老师讲。"接着，我发现全班都在认真看书。看完教科书有关内容后，学生就有点迫不及待："老师，快讲啊。"我边讲解边观察学生的情况，发现学生个个都坐得笔直，认真听课。

四、观中诱趣

直观是一种生动形象，给人感性的认识，最能留下深刻的印象。根据初中生以直接兴趣为主的特点，教师在初中生物学课堂教学中应加强直观教学，让学生通过实物、标本、模型或者幻灯片、投影、录像、电影等感受生命的魅力。在教学中，我基本上做到每堂课都有直观教具，有活体则用活体，没活体则用标本、模型，或采用多媒体教学手段，或师生徒手作画。实践结果表明，在课堂教学中适当采用直观教具开展教学，不但有利于直接准确地向学生传授知识，而且更能吸引学生的注意力，引起学生的学习兴趣，使学生由被动地接受知识转向主动地观察和思考，进而诱发学习和探究的兴趣。

例如，在讲授"家蚕的生殖与发育"时，我先利用录像视频播放家蚕从受精卵到成虫发育的情况，然后展示家蚕受精卵、幼虫、蛹和成虫四个阶段的照片。我发现学生在看图文和声情并茂的视频时特别认真。这样既增加了课堂教学的趣味性，又使学生对家蚕的变态发育状况有了直观形象的了解，对相关知识点掌握得更加清楚和牢固。当学生看完视频和图片，我提问："'春蚕到死丝方尽'的诗句中认为蚕的丝是到死了才没有，你们觉得呢？""不是的，丝在蛹时就尽啦。"我的话音刚落就有学生大声地说出自己的答案。课后，有些学生还在家里养起了蚕，并把茧带给我做标本。

又如，在讲"种子结构"时，我不仅用吸水膨胀的玉米和黄豆种子作教具，上课时分发给每一小组的学生，让学生动手纵切和横切种子并对照课本彩图进行观察，而且还鼓励学生把自己收集的各种各样的种子拿来和大家分享。在这个活动中，学生积极参加，热情交流，兴致很高。

五、动中营趣

生命在于运动，学习要结合实践。生物学课程标准提倡教师要创造各种机会，带领学生走进自然界，去接触活的植物、动物，在各种生态环境中去观察、了解、实验和思考。《国家中长期教育改革和发展规划纲要（2010—2020 年）》也强调："要培养学生学习兴趣和爱好，丰富学生课外及校外活动。"为此，除了课堂上进行生物实验外，我还组织学生开展实践活动，让学生在动手调查、做实验等活动中营造兴趣。

　　例如，学完课本有关知识后，我有时会组织学生制作叶脉书签；有时会和他们一起到学校旁边的寸金桥公园或湛江市湖光岩风景区开展有关调查活动；有时还与级长和班主任带领全年级学生到遂溪县国家级桉树种苗基地、湛江市国家级红树林自然保护区、东坡岭荔枝园等地方开展社会实践活动。在课外活动中，教师会看到一个个学生就好像一只只离开了笼子的小鸟，在自然界中快乐尽情地翱翔。

　　通过各种各样的实践活动，很多学生都获益匪浅。他们在谈及自己感想时，都表示在一系列校内或校外活动中不仅认识了很多种类的动植物，而且感觉自己像个科学家一样，在从事着科研活动。学生们对论文的撰写过程有了比较深入的理解。尤为可贵的是，这些实践活动更是让学生认识到了科学精神和合作精神的巨大力量。

第六节　竞赛辅导

　　对中学生物学教师来说，学科竞赛就是指省中学生生物学联赛、全国中学生生物学竞赛以及国际生物学奥林匹克竞赛等学科类竞赛。在此，以辅导学生参加广东省初中生物学竞赛的经验为例，谈谈学科竞赛辅导的策略。在数年竞赛辅导的基础上，我总结出：竞赛辅导要出好成绩，应做好挑才、选材和育才三个环节，称为竞赛辅导三部曲。[①]

一、挑才的策略

　　"谋事在天，成事在人。"挑选好优秀的参赛选手，是竞赛辅导成功的一半。初中生物学竞赛一般是在八年级举行，所以在七年级就要开始物色选手。到八年级确定参赛名单时，人数控制在四五十人为宜，我是根据以下几方面进行挑才的。

　　1. 要有学习兴趣

　　显然，在生活中，无论做什么事情，如果这件事情是我们比较感兴趣的，那么我们一般都会非常愿意去做，即使再苦再累，困难重重，我们也会心甘情

　　① 李文送. 挑才、选材和育才——试谈初中生物学竞赛辅导三部曲 [J]. 中学生物学，2011，27 (1)：21 – 22.

愿地去做。2012 年诺贝尔生理学或医学奖获得者英国发育生物学家格登在读中学时，他的生物学成绩是全年级 250 名学生中最差的，就连其老师加德姆都十分肯定地对格登说："如果你在大学选择自然科学专业，那将是一种浪费时间的做法，因为凭你的天赋，你完全不可能在自然科学方面取得任何成绩。"那么，后来到底是什么让到了牛津大学基督学院古典文学系报到的格登却申请调到动物学专业呢？毫无疑问，是兴趣。正是兴趣，让他醉心于自然科学的探索，并首次提出细胞的特化机能可以逆转，为他后来获得诺贝尔奖奠定了基础。宋朝理学家程颐说："教人未见其趣，必不乐学。"对学生而言，兴趣是激发他们积极学习的内部动力，是他们学习的最好老师；兴趣能激发学生的求知欲，能促进他们的思维活动。因此，在挑选学生参加生物学竞赛时，学习兴趣是我考察的首要因素。

2. 要有良好学力

生物学竞赛是综合考查基本学力、发展性学力、创造性学力和创新能力的考试，与学生学力和学业成绩存在正相关的关系。学力是指一个人的知识水平以及在接受知识、理解知识和运用知识方面的能力。不管是省市的生物学竞赛，还是全国和国际生物学竞赛，其内容均超出一般学生的学力范围。在挑选竞赛苗子时，我主要根据学生七八年级生物各次考试的成绩和辅导前的选拔考试成绩，以及在生物研究性学习中的表现情况，经综合排名，择优挑才。

3. 要有坚强毅力

毅力也叫意志力，是人们为达到预定的目标而自觉克服困难、努力实现的一种意志品质。在所有的成功者中，有没有毅力，坚强不坚强，起着决定性的作用；而对失败者来说，缺乏毅力几乎是他们共同的毛病。可以说，毅力是实现目标的桥梁，是驶往成功彼岸的渡船，是攀上高峰的阶梯。如果没有 15 年的坚持，达尔文不会写出《物种起源》，就不会成为现代生物进化理论的创始人；如果没有 27 年的执着探索，李时珍的《本草纲目》就不会面世。生物学竞赛和其他竞赛一样，是竞争很大的比赛，参加者不仅要在周而复始的上课、实验、复习、练习、考试的枯燥生活中忍受单调和寂寞，而且在精神上要经得起失败与成功的磨砺。同时，参加者还要应对日常课程的学习，按时完成各科作业和参加相关测验等。因此，参加生物学竞赛的学生应具备坚强毅力。

如何选出有毅力的学生呢？一般来说，专心听课、能自制、处事果断、有自信心、能经受得起挫折的学生毅力较强。此外，也可以留心观察学生在平时生物课中是否有追着老师问的习惯，即是否有"打破砂锅问到底"的精神；

在生物实验课中，是否有积极主动参与实验，甚至对实验提出建议的学生。如果有，这样的学生应是竞赛好苗子。

二、选材的策略

"人中吕布，马中赤兔。"三国时期，吕布因拥有赤兔马而更骁勇善战，后来赤兔马助关羽过五关斩六将。可见，"材"能让"才"发挥更出色。市场上有关初中生物竞赛的教材有好几个版本，辅导教师应对这些教材有所了解，并结合自己的教学特色和学生的特点，进行有效筛选，选出最适合的辅导教材。这样会起到事半功倍的作用。

我先后参考的辅导书主要有：①施忆主编的《初中生物竞赛培优教程》（浙江大学出版社，2008），该书针对初中生物竞赛大纲及教学实际进行编写，包括基础篇、演练篇、实验篇和模拟篇。②吴侃主编的《金版奥赛教程生物·初中分册》（浙江大学出版社，2010），该书分为科学探究、生物与细胞、植物、动物、人体生理、微生物、遗传与变异及进化、生物与环境、竞赛真题等9部分。③陈放等主编的《生物奥林匹克竞赛教程》（四川大学出版社，2004），该书共分11章，内容包括细胞的化学组分、细胞、微生物、种子植物的结构与功能、植物类群和分类、植物的新陈代谢、动物的类群、动物及人体生理、生物的遗传与进化、生态学、动物行为。④王月玲主编的《初中生物学竞赛解题方法大全》（山西教育出版社，2008），该书分为题型介绍和实战训练两部分，题型介绍包括科学探究、生物体的结构层次、生物与环境、生物圈中的绿色植物、生物圈中的人、动物的运动和行为、生物的生殖与发育及遗传、生物的多样性、生物技术、健康的生活等10章，每一节均设有赛题精讲和针对训练。⑤柯雪主编的《初中生物竞赛方法指导》（浙江大学出版社，2008），该书分为上篇（生物思想方法）、中篇（综合应用专题）以及下篇（竞赛仿真试题和竞赛真题测试）。可见，不同版本的辅导书都有着各自的特色。为此，在选材上，我一贯的做法是有辅导教材，但无定材，多数情况下采用两三套资料。

三、育才的策略

"玉不琢，不成器，人不学，不知义。"辅导竞赛，就如同雕刻玉器一样，玉在没有打磨雕琢以前和石头没有区别，参加竞赛的学生也是一样，只有在老师的辅导下，经过刻苦训练，才能取得优异的成绩。虽然教无定法，但育人需策。

1. 专题辅导，扎实生物学基础

万丈高楼平地起。初中生物学竞赛离不开对中学生物学基础知识（包括基本概念、基本原理和基本科学事实）和基本实验操作的考查。为了夯实学生的生物学基础，我采用专题形式进行辅导，分为生物体的结构层次、生物与环境、生物圈中的绿色植物、生物圈中的人、动物的运动和行为、生物的生殖和发育、生物的遗传与变异、生物的多样性、生物技术、健康地生活和生物实验等 11 个专题。每学完一个专题进行一次考查，保证学生逐步消化和吸收好各专题知识和技能。

2. 同伴效应，点燃智慧的火焰

三人行，必有我师焉。如何让学生在比较短的时间内掌握那么多竞赛知识？我以班级为单位，组建竞赛小组，利用合作学习弥补自主学习的不足。每一周，我至少组织一次各小组成员集中讨论，弄明白各自遇到的难题，扫清备考中的困惑，并分享好的做法。每两周，安排一个探究实验给各小组，我只给出实验主题和目标，让学生自己选择实验材料，设计实验方案并进行实验。为了充分发挥同伴效应，我还让学生建立生物学竞赛 QQ 群。这些做法，受到学生的喜爱，他们参与的热情高涨，讨论的氛围热烈。

3. 把脉心理，收获意外的惊喜

关注心理有惊喜。我曾通过心理暗示取得了意想不到的效果。2009 年，我辅导的邓同学的成绩在年级和班都属于中上层。不过他勤奋好学、有毅力，具备拔尖的潜能。为此，我鼓励他说："好好做准备，老师相信你能行，你重视了，你努力了，会拿好名次的"，还把我的一些辅导书借给他看。他很珍惜，也很努力，最后居然考了全校第四名的好成绩。另外，有的学生可能会出现顾此失彼的情况，因为选择了生物竞赛，影响了其他学科的学习，从而选择中途放弃。在 2010 年的竞赛辅导中，我就遇到两位这样的学生，当时都已交报名费却想放弃竞赛。为了让他们战胜自己，找到信心，在课堂上我鼓励他们不轻言放弃，在课后我专程去找他们谈话特为他们制订备考方案。我还和家长进行沟通，让家长给他们打气。后来，这两位学生终于克服心理压力，并获得了省级奖励。

第七节 教学评价

　　教学评价，是教学过程不可或缺的组成部分和重要环节，是回答"教得怎么样"或"学得怎么样"的问题，评价具有诊断、激励和促进的作用。教师要用好评价的教育机制，撬动基于核心素养的新课程新教学的杠杆，不断改进和优化课堂教学，让"教"与"学"同频共振，全方位赋能学生的生命成长。"活慧生物"教学遵循学科教学育人的价值取向，与核心素养导向下生物学教学评价在方向上保持一致；同时，形成自身的评价特色。

一、评价目的促师生成长

　　"活慧生物"教学评价以立德树人为指导思想，重视学生爱国主义情操、社会责任感、生命情怀和生态思维的形成，关注学生对生物学大概念的理解和融会贯通，指向学生生物学核心素养的养成，旨在促进师生的活慧成长。也就是说，"活慧生物"教学评价既要促进学生核心素养水平的提升，又要推动教师教学水平的提高，从而实现评价者和被评价者共同发展的目的。在对教师开展评价时，"活慧生物"教学评价要求注意以下三点。①

　　1. 评价对象是教学而非教师

　　教师评价不应过于关注"教师是谁"，而应聚焦"该教师做了什么、做得怎样"，或者"该教师是如何做的、为何这样做"。"活慧生物"教学评价中的教师评价要坚持"以教师发展为本"的评价导向，遵循客观、公平、公正的原则，充分尊重和肯定教师的生物学教学质量、教学效果和教学贡献，并能诊断生物学教学存在的问题，从而激励教师主动地改进生物学教学，进而为学生的生命成长提供更优质的生物学教育。

　　2. 评价过程要基于真实情境

　　无论是教师的"教"还是学生的"学"，都是在特定的真实情境中发生和进行的。正如斯坦福大学李·舒尔曼教授说的："教学受制于多方面的条件，如内容、文化、情境和经验等。我们在评价教师的同时，也在评价这些条件，

---

① 李文送. 好的教师评价究竟如何评 [J]. 人民教育，2022（15-16）：23.

所以我们不应该问谁是优秀的教师，而应当问谁在何种情况下是出色的教师。"无论是城镇教师还是乡村教师，在"活慧生物"教学评价体系中，教师都是不可或缺的重要组成部分，都应在岗位上绽放生命的芳华，得到应有的鼓励。

3. 评价主体从单一走向多元

显然，只以学生考试分数来评定教师之优劣的评价不是好的评价，自然就不是"活慧生物"教学评价，因为分数不能体现学生的全部成长，也不能反映教师全部的育人功劳。教师的教育教学工作是立体的、多方位的，需要从不同视角和维度进行评价才能得出科学而合理的评价结果。就评价主体而言，"活慧生物"教学评价从单一走向多元，且不同主体的评价内容和方式都应与其角色相匹配。例如，学生或家长可评教学态度和教学效果，教师之间可评教学组织和教学方法，专家学者可评教学能力和教学设计。任何形式的教师评价，都应以支持教师或成就教师为本。

二、评价原则关注"四度"

过去的纸笔测试评价聚焦教学评价的效度、信度、难度和区分度，但是"活慧生物"教学侧重关注教学评价的态度、向度、适度和无度。[①]

1. 态度是教学评价的基点

教学评价首先要回答的是"为什么而评价"。只有明晰了这个"初心"，即评价的目的，我们才能精准地找到评价应有的心态。传统的教学评价主要强调评价的甄别功能，以利于选拔"适合"的学生，甚至以此来定义教学的效果，其关注的是结果，即为了"选择适合教育的学生"。"活慧生物"教学评价不仅要关注结果，而且要关注过程，即评价应是为了"创造适合学生的教育"，其旨趣不是"鉴定"学生的过去表现，而是"服务"学生的活慧成长。

2. 向度是教学评价的远点

教学评价的根本宗旨是促进人的终身发展。教学中的人，包括教师和学生，无论是"以教师为中心"还是"以学生为中心"的教学评价，都不全面。"活慧生物"教学评价不仅面向师生，而且要指向他们当下的成长和未来的发展方向。要到达未来发展的远点，除了要给予师生适当的激励和导向外，"活

---

① 李文送. 好的教学评价"度"在何方 [J]. 江西教育（教研版），2020（5）：1.

慧生物"教学评价还会帮助师生实现自我评价的构建，从而形成正确的世界观、人生观、价值观。

3. 适度是教学评价的重点

"适"是对"度"的把握，是"生"的智慧，是"道"的精髓。"活慧生物"教学评价遵道而适度，应利人而充满智慧。适度的教学评价，主要表现为适合的评价时机、适当的评价方法、适宜的评价主体、适量的评价内容、适合的评价标准。这里的"适"，是一种恰到好处，可以是"家常便饭"的反馈与鼓励，也可以是"锦上添花"的表扬与赞美，还可以是"雪中送炭"的提醒与纠正。

4. 无度是教学评价的败点

教学评价既是科学，又是艺术，不能一味崇拜"对的真理"而不分场合、不分时机、不分对象、不分情境地坚持客观的评价。教学评价只是教学手段，不是教学目的，教师不能为了教学评价而评价教与学。"活慧生物"教学评价不会事无巨细、面面俱到，否则过犹不及，且物极必反。教学的根本价值是育人，所以评价教学不能用线性思维去审视和评判，不能毫无节制、毫无智慧地囿于评价，而要以人的发展为本，讲究科学和艺术的结合。

三、评价方式提倡多元化

无论任何学段、任何学校、任何班级的学生（即使存在双胞胎或多胞胎的情况），都是独一无二的个体。正如德国哲学家莱布尼茨所说："世界上没有两片相同的树叶。"也就是说，"凡物莫不相异，天地间没有两个彼此完全相同的东西"，故而没有两个完全相同的学生。爱因斯坦说过："每个人都是天才，但是如果你以爬树的本领来判断一条鱼的能力，那它终其一生都会以为自己是个笨蛋。"正因为如此，"活慧生物"教学提倡多元化评价方式。[①]

1. 为何开展多元化评价

多元智能理论指出，人具有语言智能、音乐智能、逻辑—数学智能、空间智能、运动—操作智能、内省智能、人际关系智能、自然智能和生存智能等多种智能。诚然，学生的核心素养是综合的，也是多方面的。《楚辞·卜居》中说："夫尺有所短，寸有所长。"为何学生各不相同，且各有所长和各有所短？

---

① 李文送.多元化评价：让每个学生都出彩［N］.教育导报，2022-12-01（3）.

最根本的原因，无非是基因多样性和生态系统多样性、物种多样性一样，都是自然长期进化的结果，同时也都是基因和环境共同作用的效果。所以，唯有通过多元化评价，励其所行，长其所能，才能更好地让每个学生都出彩。这就决定了"活慧生物"教学评价提倡多元化评价。

2. 究竟何为多元化评价

多元化评价是相对单一评价而言的一种综合的评价体系，包括评价原则和原理、评价主体和对象、评价内容和标准、评价方式和方法、评价结果与使用等要素。多元化评价既讲究评价内容（指标）多元和评价主体多元，又注重评价方式多元和评价方法多元，旨在让每一个学生的成长都能被看见，从而让学生人人都有机会享受课程学习与教学评价所带来的收获感、成就感和幸福感，进而找到生命源源不断地向上、向善生长的动力和对未来的希望。

多元化评价强调评价主体要多元，其主要目的在于充分提高学校、教师、学生，甚至家长等参与评价的积极性，综合利用各评价主体的评价结果，促进所有教育参与者教育方式和行为的改变。多元化评价要求评价方式方法要灵活多样，其主要用意是将定性评价与定量评价、过程性评价与结果性评价、发展性评价与增值性评价、形成性评价与终结性评价、纸笔测试与表现性评价相结合，综合利用多种方式方法，致力于让评价结果更精准、更科学、更有效，从而更好地发挥评价的育人功效。

3. 如何实施多元化评价

在思想观念上，教师要认识到多元化评价不是某一种评价方法或方式，而是一种评价体系，所以单靠某一方力量，往往都是举步维艰、收效甚微的。只有通过各方共同努力，各尽其职，各扬所长，才能营造好和"教""学"一体化的"评"之多元体系。在日常生物学教学中，教师应做到既赞美"高个子"的"高"，又赞赏"矮个子"的"矮"；既能让"瘦子"拥有向往生活的能力，又能指引"胖子"找到人生的自信；既认可"白天鹅"的"美"，又认同"丑小鸭"的"丑"；既惊叹"白杨树"的"伟岸"，又惊喜"垂柳"的"柔美"。

四、课堂评价工具量表化

在"活慧生物"课堂评价上，我还研制了分别适用于义务教育生物学课堂教学和核心素养导向下普通高中生物学课堂教学评价的量表工具（表5.1、表5.2），这样就可以让课堂评价更具可操作性。

表 5.1 "活慧生物" 义务教育生物学课程标准课堂评价表

评价指标	评价标准及要求		分值	评分	备注
	总体要求	具体要求			
有知识会行动	掌握生物学基础知识，形成基本的生命观念（20分）	获得生物体的结构层次、生物的多样性、生物与环境、植物的生活、人体生理与健康、遗传与进化等方面的基础知识	5		
		初步形成生物学的结构与功能观、物质与能量观、进化与适应观、生态观等生命观念	5		
		能够应用生命观念探讨和阐释生命现象及规律，认识生物界的多样性和统一性，认识生物界的发展变化，认识人与自然的关系等，初步形成科学的自然观和世界观	5		
		能够应用生命观念分析生活中遇到的一些与生物学相关的实际问题	5		
有方法能思考	初步掌握科学思维方法，具备一定的科学思维习惯和能力（20分）	尊重事实证据，能够运用比较和分类、归纳和演绎、抽象和概括、分析和综合等思维方法认识事物，解决实际问题，初步形成基于证据和逻辑的思维习惯	5		
		能够进行独立思考和判断，多角度、辩证地分析问题，提出自己的见解	5		
		能够对他人的观点进行审视评判、质疑包容	5		
		能够运用科学思维，探讨真实情境中的生物学问题，参与社会性科学议题的讨论	5		

（续上表）

评价指标	评价标准及要求		分值	评分	备注
	总体要求	具体要求			
有能力懂实践	初步具有科学探究和跨学科实践能力，能够分析解决真实情境中的生物学问题（20分）	能够从生物学现象中发现和提出问题、收集和分析证据、得出结论	5		
		综合运用生物学和其他学科的知识、方法与实验操作技能，采用工程技术手段，通过设计、制作和改进，形成物化成果，将解决问题的想法或创意付诸实践	5		
		逐步形成团队合作意识、坚持不懈的探索精神、实践创新意识、审美意识和创意实现能力	10		
有态度乐探究	初步确立严谨求实的科学态度，乐于探索生命的奥秘（20分）	初步理解科学的本质，能以科学态度进行科学探究	5		
		面对各种媒体上的生物学信息或社会性科学议题，做到不迷信权威，不盲从他人，能对自己或他人的观点进行理性审视，尊重他人的观点	5		
		乐于探索自然界的奥秘，关注生物科学和生物技术的新进展及其对个人和社会发展的促进作用	10		
有责任讲贡献	树立健康意识和社会责任感，能够强身健体和服务社会（20分）	关注身体内外各种因素对健康的影响，在饮食作息、体育锻炼、疾病预防等方面形成健康生活的态度和行为习惯	4		
		能够基于生命观念和科学思维，破除封建迷信，反对伪科学	4		
		理解科学、技术、社会、环境的相互关系，参与社会性科学议题的讨论	4		

（续上表）

评价指标	评价标准及要求		分值	评分	备注
	总体要求	具体要求			
有责任讲贡献	树立健康意识和社会责任感，能够强身健体和服务社会（20分）	初步形成生态文明观念，践行"绿水青山就是金山银山"的理念，积极参与环境保护实践，立志成为美丽中国的建设者	4		
		主动宣传关于生命安全与健康的观念和知识，成为健康中国的促进者和实践者	4		
总分			100		

表5.2 "活慧生物"普通高中生物学课堂评价表

评价指标	评价标准及要求	分值	评分	备注
生命观念	初步具有结构与功能相适应的观念以及生物进化观念，能从分子与细胞水平认识生物体的结构与功能是相适应的，生物的适应性是长期进化的结果；初步具有物质和能量观	0～16		
	具有结构与功能相适应的观念和生物进化观念，并能运用这些观念分析和解释简单情境中的生命现象；具有物质和能量观，能结合简单情境说明生命活动的维持包括物质代谢和能量代谢	17～19		
	具有结构与功能相适应的观念和生物进化观念，并能运用这些观念分析和解释较为复杂情境中的生命现象；能够综合物质和能量观以及稳态与平衡观，在特定情境中说明生态系统中时刻存在着物质循环和能量流动	20～22		

（续上表）

评价指标	评价标准及要求	分值	评分	备注
生命观念	具有结构与功能相适应的观念和生物进化观念，并能基于这些观念识别身边的虚假宣传和无科学依据的传言；具有物质和能量观，并能指导、解决生产和实践中的具体问题；具有稳态与平衡观，并能指导人的健康生活方式，能指出某一生态系统中的构成要素及影响其平衡的因素	23～25		
科学思维	能够认识到生物学概念都是基于科学事实经过论证形成的，并能用这些概念解释简单的生命现象	0～16		
	能够以特定的生物学事实为基础形成简单的生物学概念，并用文字或图示的方式正确表达，进而用其解释相应的生命现象	17～19		
	能够从不同的生命现象中，基于事实和证据，运用归纳的方法概括出生物学规律，并在某一给定情境中，运用生物学规律和原理，对可能的结果或发展趋势作出预测或解释，并能够选择文字、图示或模型等方式进行表达并阐明其内涵	20～22		
	能够在新的问题情境中，基于事实和证据，采用适当的科学思维方法揭示生物学规律或机制，并选用恰当的方式表达、阐明其内涵；在面对生活中与生物学相关的问题并作出决策时，能利用多个相关的生物学大概念或原理，通过逻辑推理阐明个人立场	23～25		
科学研究	能够使用简单的实验器具，基于给定的实验方案完成简单的实验，记录相关数据；能以书面的形式将实验结果记录下来	0～16		

（续上表）

评价 指标	评价标准及要求	分值	评分	备注
科学 研究	能够正确使用工具进行观察；能够提出生物学问题，在给出的多个方案中选取恰当的方案并实施；能够选用恰当的方法如实记录和分析实验结果；能与他人合作完成探究，以口头或书面的形式与他人展开交流	17～19		
	能够熟练运用工具展开观察；能够针对特定情境提出可探究的生物学问题或生物工程需求；能够基于给定的条件，设计并实施探究实验方案或工程学实践方案；能够运用多种方法如实记录和分析实验结果；在小组学习中能主动合作，推进探究方案或工程实践方案的实施，并运用科学术语报告实验结果	20～22		
	能够恰当选用并熟练运用工具展开观察；能够针对日常生活的真实情境提出清晰的、有价值的、可探究的生命科学问题或可达成的工程学需求；能够基于对相关资料的查阅，设计并实施恰当可行的方案；能够运用多种方法如实记录，并创造性地运用数学方法分析实验结果；能够在团队中起组织和引领作用，运用科学术语精确阐明实验结果，并展开交流	23～25		
社会 责任	知道社会热点中的生物学议题；认同健康的生活方式，珍爱生命，远离毒品；认同环境保护的必要性和重要性，认同地球是人类唯一的家园	0～16		
	关注并参与社会热点中的生物学议题的讨论；接受科学、健康文明的生活建议，珍爱生命，远离毒品；了解传染病的危害与防控知识；养成环保意识与行为；关注生物学技术在生产生活中的应用	17～19		

（续上表）

评价 指标	评价标准及要求	分值	评分	备注
社会 责任	基于生物学的基本观点，辨别迷信和伪科学；制订适合自己的健康生活计划；珍爱生命，远离毒品；主动运用传染病的相关防控知识保护自身健康；参与社区生物多样性保护以及环保活动的宣传和实践；积极参与绿色家庭、绿色学校、绿色社区等行为；具有通过科学实践解决生活中问题的意识和想法	20～22		
	针对现代生物技术在社会生活中的应用，基于生物学的基本观点，辨别并揭穿伪科学；制订并践行健康生活计划；向他人宣传毒品的危害及传染病的防控措施；参与当地环保建议的讨论，积极参与绿色家庭、绿色学校、绿色社区等行为；能通过科学实践，尝试解决现实生活中的生物学问题	23～25		
总分		100		

五、评价内容重核心素养

"活慧生物" 教学评价内容应以生物学课程目标、课程内容和学业质量标准为依据，结合具体的教学内容，以生物学大概念、重要概念等主干知识为依托，检测学生生物学核心素养的发展水平。

1. 教学评价的主要内容

大体上，教学评价的主要内容包括以下四点。

一是学生生命观念的形成。学生是否逐步形成了认识生命的基本观念，如生物体的结构与功能相适应、生物始终处于发展变化之中、生物对环境具有适应性等。学生能否运用这些生命观念，探索生命活动规律，解决实际问题。

二是学生科学思维的发展。学生是否逐步养成科学思维习惯，能运用归纳与概括、演绎与推理、模型与建模、批判性思维、创造性思维等方法，探讨、阐释生命现象及规律的能力。

三是学生的科学探究能力。学生是否具备观察能力、发现问题的能力、设计和实施探究方案以及探究结果的分析、交流等能力。

四是学生的社会责任意识。学生是否具有关注社会重要议题的意识和社会责任感，以及开展生物学实践活动的意愿和能力等。

2. 核心素养的学科定义

新课标对核心素养的学科定义是"生物学课程要培养的核心素养，主要是指学生通过本课程学习而逐步形成的正确价值观、必备品格和关键能力，是生物学课程育人价值的集中体现，主要包括生命观念、科学思维、探究实践、态度责任"①。这就表明，生物学核心素养不是单一的素养，而是主要指学生的综合素养。

学生在学习生物学的过程中，应既能从生物学视角，形成结构与功能观、物质与能量观、进化与适应观、生态观等生命观念，又能形成和提高"尊重事实证据，崇尚严谨求实，基于证据和逻辑，运用比较、分类、归纳、演绎、分析、综合、建模等方法，进行独立思考和判断，多角度、辩证地分析问题，对既有观点和结论进行批判审视、质疑包容，乃至提出创造性见解"的习惯和能力，获得解决真实情境问题或完成实践项目的能力与品格；还能在科学态度、健康意识和社会责任等方面形成应有的自我要求和责任担当。

3. 核心素养的相互关系

从构成上来看，生物学课程要培养的生命观念、科学思维、探究实践和态度责任分别是学生所形成的"知""意""行""情"，彼此相互关联，互为基础，互为支撑，是有机的整体，共同指向"完整的人"（见图5.3）。

其中，生命观念是生物学核心素养中最具生物学特色的，对学生认识生命世界具有指导作用，是他们形成科学的自然观、世界观、人生观的有机组成和重要基础。生命观念之"知"是学生进行探究实践之"行"的前提，科学思维之"意"既要生命观念来支持，又要探究实践来强化，而态度责任之"情"生发于"知""行""意"的沃壤，同时为"知""行""意"的形成和发展赋予生命的动力。也就是说，生命观念需要以科学思维为工具，是形成态度责任必备品格和提升探究实践关键能力的前提；而探究实践是建立正确的生命观念的重要基础，同时也是科学思维形成和发展的主要路径。②

---

① 中华人民共和国教育部. 义务教育生物学课程标准（2022年版）[S]. 北京：北京师范大学出版社，2022：4-7.

② 李文送. 育全人·少而精·强主动·重探究·促发展——《义务教育生物学课程标准（2022年版）》的新教学取向[J]. 教学月刊·中学版（教学参考），2022（7-8）：11-15.

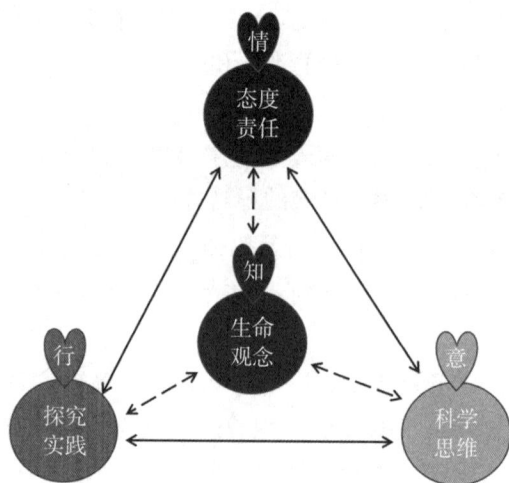

图 5.3　生物学核心素养之间的关系

4. 核心素养的育人价值

生物学核心素养的凝练，是落实"立德树人"教育根本任务的重要举措，凸显了生物学独特的学科育人价值。其中，生命观念不但是"对生命的物质和结构基础、生命活动的过程和规律、生物界的组成和发展变化、生物与环境关系等方面的总体认识和基本观点"，而且是"生物学概念、原理、规律的提炼和升华，是理解或解释生物学相关现象、分析和解决生物学实际问题的意识和思想方法"。

此外，科学思维的形成和提升是学生进行理性思考、批判质疑、探究实践等的重要前提。科学探究是学生学习生物学、发现生命活动规律、进行跨学科实践和增强自身综合本领的重要途径，也是学生发展成为创新型人才的重要标志。态度责任素养包括乐于探究、严谨求实、勇于质疑的科学精神、理性包容的心态、健康生活的习惯、主动担当的行为，是学生发展成为"有担当"的人的必备品格，是生物学课程育人价值的重要体现。

5. 核心素养的关键特征

新课标把生物学课程要培养核心素养的关键特征归纳为综合性、发展性和实践性。在此基础上，核心素养还具有情境性和生成性等关键特征。

（1）综合性。

综合不仅是人存在和发展的状态，而且是世界存在和发展的方式与状态，还是课程改革的走向，这就意味着核心素养的本质属性和核心特征是综合性。① 无论是生命观念或科学思维，还是探究实践或态度责任，每个方面的生物学核心素养都是生物学知识、能力、情感态度与价值观的综合表现，且彼此相互联系，以综合而非割裂的方式作用于学生个体的完整生命。

以生命观念中的结构与功能观为例，学生在学习动植物细胞结构与功能时，离不开对细胞结构与功能有关生物学知识、概念、原理和生命活动规律的学习，并经过自身主动的内化、转化和综合，方能构建起结构与功能的有效连接与识别，从而形成"细胞不同结构的功能各不相同，共同完成细胞的各项生命活动""生命体的各部分在结构上相互联系，在功能上彼此配合""生物体在结构与功能上是一个统一的整体"等生命观念。

（2）发展性。

核心素养的形成，一般经历概念理解和技能获得、解释身边的现象或问题、解决个人生活和社会生活的真实问题等过程，表现为由低到高不同水平。② 素养从低水平到高水平的过程，反映了生物学核心素养具有发展性的特征。这就说明，不同学段的课程与教学要根据学生全面发展和个性成长的不同需求，明确所在学段的核心素养育人目标，并做好不同学段之间的衔接，从而让不同阶段的学生都可以获得连贯的、可持续的发展。这就是新课标把"课程设计重衔接"首次写入课程理念的主要原因之一。

例如，在"遗传信息控制生物性状，并由亲代传递给子代"的生物学概念学习中，新课标的学业要求是"能够解释遗传信息在生殖过程中完成了传递，并控制新个体的生长发育"和"借助图示或模型阐明染色体、DNA 和基因的关系"；而高中课标则要求是"概述 DNA 分子上的遗传信息通过 RNA 指导蛋白质的合成，生物的性状主要通过蛋白质表现"和"阐明减数分裂产生染色体数量减半的精细胞或卵细胞"等。这就体现了不同学段生物学课程对学生发展的不同的学业水平要求。

（3）实践性。

生物学核心素养是在丰富的、真实的、复杂的（跨）学科学习和（跨）学科实践中养成的素养。从形成的途径而言，生物学核心素养具有实践性的特征。正如新课标所强调的，"做中学""用中学""创中学"是发展学生的生物

---

① 成尚荣. 核心素养的中国表达［M］. 上海：华东师范大学出版社，2017：30 – 31.

② 中华人民共和国教育部. 义务教育生物学课程标准（2022 年版）［S］. 北京：北京师范大学出版社，2022：4 – 7.

学核心素养的重要策略，教师在制定教学目标时要注重实践育人，落实对实验探究和跨学科实践活动的要求。

学生要主动参与学科或跨学科的实践活动，比如基于对生物学的认识及对科学、技术、社会、环境相互关系的理解，积极参与个人和社会事务的讨论，特别是在解决生产生活中的生物学问题时，学会理性分析、解释和判断，从而使自己的生命观念得以修正或更新，科学思维和探究实践等综合能力得以提升，态度责任得以增强。

（4）情境性。

知识需要融入情境之中，才能显示出活力和美感，才容易被学生理解、消化、吸收。[①] 国家督学成尚荣说："真正的学习是在情境中发生的，核心素养是对真实复杂情境的认知、辨别、顿悟，以及知识、能力、态度的综合体现。"[②] 所以，情境性也是生物学核心素养的特征。

依据核心素养的情境性，新课标在对体现学生完成课程学习后的学业成就表现和反映核心素养要求的学业质量描述时，都首先强调是在什么样的问题情境中，如基于真实的生物学问题情境、在与健康和疾病相关的问题情境中、在与生物资源开发和利用有关的问题情境中、在与生物和环境有关的问题情境中、与生物技术有关的问题情境中。可见，生物学核心素养的培育、发展和测评，都离不开真实而丰富的情境。

（5）生成性。

生物学核心素养是学生在学习生物学课程的过程中逐步形成的素养。新课标中这一论断就告诉我们，生物学核心素养不是先天的素质，而是后天形成的素养（虽然离不开先天的素质），具有生成性的特征。同时，这也让笔者意识到，教育不仅仅是唤醒或点燃，还可能是生成，生成也是教育的重要方式和核心路径。生成是从无到有，是成长的突破与突围。

脑科学和心理学的研究结果表明，学习的本质是生成连接，即激活大脑的神经细胞，让它们之间重新建立起更丰富和牢固的连接，把新的经验与已有的认知结构连接起来，从而不断在新学习的内容与已有知识之间建立连接通道，丰富、固化检索和提取方式，进而拓展自身的认知结构。[③] 根据生物学的结构与功能观，学生的认知结构发生改变，才能具备生成新观念、新思维和新品格

①　余文森. 有效教学十讲［M］. 上海：华东师范大学出版社，2019：85.

②　成尚荣. 核心素养的中国表达［M］. 上海：华东师范大学出版社，2017：58 - 59.

③　贺岭峰. 如何帮助孩子科学提升学习效果——基于脑科学和心理学的视角［J］. 人民教育，2022（10）：19 - 24.

等素养的功能。正是核心素养的生成性，为学生成长和社会发展带来无限的可能性，人类许多的创造和发明就源于此。

6. 核心素养的学科培育①

生物学核心素养的培育，是指在教师的指导下，学生基于生物学事实，在生物学实践或其他探究实践中，修正生物学前概念和习得生物学新概念，能从生物学思维、思路和思想去认识生命现象、生命活动规律以及解决有关生物学问题，从而形成正确的生命观念，发展科学思维，提升探究实践能力，润养态度责任品格的过程。因此，培育学生的生物学核心素养，教师应做好以下四点。

（1）以生物学知识为载体。

虽然知识尚未形成素养，但是素养的生成与提升都离不开知识的习得和积累。没有知识的素养，是无本之木，是无源之水。学科知识是打开学科"殿堂"和认识学科规律"宝库"的钥匙，是建立学科概念、学科思维和学科思想的基础，是形成学科语言、学科色彩和学科性格的条件。② 所以，无论是生命观念或态度责任，还是科学思维或探究实践，生物学核心素养的培育都应以生物学知识为载体。

庞大的生物学知识体系为学生构建生命观念提供了基础；复杂的生命现象和不良结构问题不仅是发展学生科学思维的良好材料，而且也是科学探究的理想对象；生物学及化学、物理、数学等其他学科的交叉发展，对人们生活影响日益广泛而深远，同时也产生了很多社会性科学议题，这为发展和强化学生的态度责任提供了良机。③ 在开展以核心素养为导向的生物学教学时，教师应根据生物学知识中陈述性知识（说明事物是什么的知识）、程序性知识（怎样做的知识）和策略性知识（是如何学习和如何思维的知识）的不同特点，采用不同的学习方式方法，帮助学生学会用学科知识连接生物学概念，然后转化为他们的生物学核心素养，并促进其发展。

（2）以生物学概念为支撑。

概念是人类对客观事物一般特征和本质属性的认识，既是思维形态，又是思维产物，还是思维工具，它以科学知识为连接载体，是人们进行判断和推理

---

① 李文送. 义务教育生物学核心素养的内涵、特征及培育［J］. 中小学教师培训，2023（4）：52－55.

② 李文送. 论学科教学育人的六重境界［J］. 当代教育科学，2018（6）：3－6.

③ 张春雷. 生物学核心素养的关键特征及其生成路径［J］. 生物学教学，2022，47（4）：16－19.

的基础。① 新课标不仅提出"聚焦生物学大概念"的课程理念，还在每个学习主题的内容要求部分，以大概念、重要概念和次位概念的形式呈现相应的概念体系。比如在"生物与环境"学习主题，以"生物与环境相互依赖、相互影响，形成多种多样的生态系统"为大概念，以"生态系统中的生物与非生物环境相互作用，实现了物质循环和能量流动"和"生态系统的自我调节能力有一定限度，保护生物圈就是保护生态安全"为重要概念，以"生态因素能够影响生物的生活和分布，生物能够适应和影响环境"和"生态系统具有一定的自我调节能力"等八个概念为次位概念。这样的生物学概念体系构成了结构化、系列化的生物学课程内容的特征。

课程内容是学生成长的"食粮"，其营养要进入学生的细胞，才能参与生命的新陈代谢，从而生发出课程目标所期待的核心素养。所以，在培育学生的核心素养时，教师要紧扣课程内容特征，以生物学概念为支撑，一方面指导学生学会遵照"大概念→重要概念→次位概念"的方式细化生物学概念；另一方面，引导学生懂得将生物学概念转化为自己的素养。

（3）以生物学实践为主路。

根据新课标的精神和要求，教师在课程实施中要重视运用以探究为特点的教学策略，实现学科育人方式从"学科知识灌输"到"学科实践育人"的转变。这种转变既符合生物学核心素养实践性、情境性、生成性和发展性等特征，又遵循义务教育阶段学生的认知特点和成长需求。这种转变旨在让学生在学科实践的田野里观察生命、发现生命和研究生命，并在与生命的各种互动中重塑生命观念和生命情怀，厚植探究实践之行，强化科学思维之发展，乃至做到热爱生命、敬畏生命和保护生命的自律自觉。

新课标指出，探究活动是主动获得新知的重要途径，教师应充分认识这种学习活动在培养学生核心素养中的价值，指导学生采用实验、资料分析、调查、测量等多种方式开展探究活动。这就表明，生物学的学科实践应突出探究的味道，要遵循科学研究的方法和原则，要让学生像科学家那样去思考、去实践、去探索生命活动的规律，并从中找到为人、为学和为事的启迪和智慧，从而积极参与到人与自然生命共同体的建设中去。

（4）以跨学科学习为辅路。

根据《义务教育课程方案（2022 年版)》的指导思想，生物学课程要用

---

① 赵占良．概念教学刍议（一）——对概念及其属性的认识［J］．中小学教材教学，2015（1）：40 - 42.

不少于 10% 的课时开展综合性的跨学科学习，以加强学科之间的相互联系，从而发挥课程协同育人的功能。如果说凝练课程要培养的核心素养是为了在基础教育领域构建共同的课程话语体系，那么提倡和开展跨学科学习就是通过融合创新的思路构筑不同课程的"相生"之道，共同培育综合的人，指向的是人的全面发展。

跨学科学习不是要摒弃学科，而是更要立足和夯实学科之根基，这样方能做到更好地融合其他学科。因此，教师在落实核心素养育人目标时，应结合生物学课程特点，指导学生开展渗透科学、技术、社会、环境等领域内容的跨学科学习，让学生能够在真实而复杂的问题情境中，综合运用各学科知识，特别是不断提升和发展自身的综合实践能力和创新精神，为未来的不确定性形成更多的确定性，从而有本领、有担当地应对未来社会的挑战。

第六章 "活慧生物"教学课例

教学主张的提炼与形成，离不开一个又一个真实的教学课例。"活慧生物"教学主张的形成，也是经过前期的研究与探索的结果。为了让广大读者能更全面、更深入、更立体地了解"活慧生物"教学主张形成过程，即实践探索过程，这里分享的教学课例主要是早期的教学课例。

第一节 初中课例

一、"合理膳食"的教学①

1. 教学目标

（1）说出合理膳食的意义；尝试设计营养较为合理的食谱，学会与他人分享和交流信息，提高与他人合作及沟通的能力，以及增强信息搜集能力和创新能力。

（2）积极参与探究合作学习过程，体验借助信息技术解决问题的方法。

（3）关注并学会评价自身的营养状况，运用科学知识指导健康生活。

2. 教学重点

合理膳食的意义；评价自身营养状况的方法；积极参与探究合作学习；尝试设计营养结构较合理的食谱。

3. 教学难点

结合活动研究如何充分发挥学生的主体作用；学生活动的组织教学和交流形式。

4. 课时安排

1课时。

---

① 本课例获得广东省 2008 年英特尔®未来教育项目教学创新竞赛三等奖。

5. 教学活动

表 6.1 合理膳食教学活动

教师活动	学生活动	设计意图
导入：同学们，老师对学校七年级学生体检结果中的"有无龋齿"这一项目进行了统计分析，结果吓我一跳。大家知道为什么吗？请看—— PPT 展示： 学校七年级学生 龋齿人数与健康人数的比例 52% 48% ■ 龋齿人数 ■ 健康人数 提问：通过观察龋齿人数与健康人数的比例图，你有何感想？或者有什么疑问？ 互动：帮助学生或引导学生互助解答问题。 （1）龋齿主要与不当的饮食有关，说明饮食与健康有密切关系。 （2）现在没有龋齿，如果不注意合理膳食，以后也可能会有。现在有龋齿，如果不注意合理膳食，龋齿的数量还会增加。可见，我们要合理膳食。	专心听讲，踏着老师思维的脚步声，迈进课堂学习的海洋。 活动1：观察 七年级学生龋齿人数与健康人数的比例图。 谈谈自己的感想，或者提出问题。 学生 A：看了比例图，可以发现有龋齿的人数比较多，比健康的人数还多。 学生 B：老师，我想知道龋齿跟什么有关？现在没有龋齿，以后会不会有？	从身边的事例出发，引导学生关注自身的健康，有利于学生投入课堂学习中 培养学生观察能力，锻炼发现问题和提出问题的思维

（续上表）

教师活动	学生活动	设计意图
新课：饮食与健康之合理膳食	进入新课学习：翻开课本第 17 页，并了解本节课的学习目标、学习方式和形式。	通过师生互动或者生生互助，构建和谐有效的课堂环境 进行有目的的学习
引导：同学们，健康是人生最宝贵的财富，不合理的饮食不仅会让我们产生龋齿，还会影响我们的体质。 指导：活动"评价自身的营养状况" 小结：由此可见，合理膳食关系身体健康，非常重要。	活动 2：评价自身的营养状况 　　运用体质指数计算公式：体质指数＝体重（kg）／身高的平方（m²），算出自己的体质指数，根据教材第 18 页提供的标准（体质指数＜18.5 营养不良；18.5～25 正常；＞25 营养过剩），评价自身的营养状况。 　　课后小组长把本小组情况交给科代表，科代表汇报全班情况。	使学生关注自己身体健康，发挥学习主体地位，并激发学习的兴趣
组织：请同学们利用 5 分钟时间，阅读教材第 19～22 页。然后以小组为单位将你们需要老师或者其他小组的同学帮忙解答的问题填写在共享文件夹里，与大家分享，由于时间有限，最好每小组提 1～3 个问题。 指导：指导学生填写问题。	活动 3：提出问题 　　对教材内容有所掌握后，联系生活实际情况，结合学习目标，提出想知道的问题。 　　小组 1： 　　中学生膳食结构存在的问题有哪些？ 　　一天三餐应如何安排才比较合理呢？ 　　小组 2： 　　中学生不良的饮食习惯有哪些？ 　　合理膳食有什么要求？ 　　小组 3：三鹿奶粉事件引起人们广泛关注，我们应如何注意食品或者食物安全呢？	改变传统课堂教学模式，创新地让学生提问老师，使教学真正以生为本

（续上表）

教师活动	学生活动	设计意图
组织：根据学生提出的问题，筛选出有代表性的问题，然后将学生进行分组，进行"我是调查小博士""我是营养小专家""我是食物安全小咨询师"等活动。然后组织学生通过网络，小组合作探究，共同解决问题。	…… 活动4：查找资料，解决问题，提高认识	运用技术，培养搜集、整理信息的能力；学会与他人分享和交流信息
组织：组织各组进行成果展示。 小结：今天，同学们的表现非常好，希望同学们以后再接再厉。	活动5：成果展示 各小组展示本小组的探究成果，并和其他组同学进行分享和交流。	
布置课外作业：各小组根据本组的实际情况，选做以下作业其中的两道题。 （1）一日三餐的营养应如何搭配？ （2）用 PowerPoint 展示搜集到的有关饮食与健康的资料。 （3）将本节的有关学习内容和心得体会制作成网页。 （4）运用 Internet 查找更多饮食与健康的资料，指导健康生活。	活动6：完成课外作业及评价	对作业进行分层，使每位学生都得到发展，都充满希望
老师送给学生： 格言 杂食为优，偏食为忌。粗食为好，淡食为利。 暴食为害，慢食为宜。鲜食为妙，过食为弊。 平衡膳食，每日必需。饮食卫生，更需牢记。	活动7：朗读饮食格言	了解饮食格言，指导健康生活

6. 教后反思

本节课是根据新课程标准和英特尔未来教育理念设计教学的。在教学过程中，技术起到了"助学助教"的作用，提高了课堂教学的有效性。英特尔未来教育的理念很好，强调教育是为了孩子未来的教育，并提倡让学生在活动中快乐学习，在活动中健康成长。但是，再好的教育理念，在目前我国的教育背景下，必须融入学科课程的课堂教学才能发挥最广泛的作用。然而，英特尔未来教育理念要融入学科课程，难度很大。"合理膳食"是一堂生物课，整体上来看，本节课的教学体现了新课程和英特尔未来教育理念，并在教学中进行创新尝试，具体体现在以下方面：

（1）活动贯穿整个教学过程。

纵观整个教学过程，可以看到共设计了观察、评价自身的营养状况，提出问题、查找资料解决问题、展示成果和课后任务等活动。在活动中，学生积极参与课堂教学，成为学习的主体。他们在参与中提高了认识，锻炼了能力，促进了交流与分享，并在活动中懂得合理膳食的重要性，也学会用科学知识指导健康的生活。

（2）把控制生命的课堂变成了激活生命的课堂。

在传统课堂教学模式下，教师往往是根据教学设计传授知识，向学生提问，然后根据学生回答的情况了解学生对所传授的知识的掌握程度。在这种模式下，学生的任务就是在课堂上用耳朵听，用眼睛看黑板和教材，用手记笔记，等待老师提问然后回答。这样的教学，实际上就是知识的简单搬运过程，是教师知识的复制过程，学生则处于被动状态。这一过程以教为本，以考为标杆，容易扼杀学生的个性，老师关注的是学生掌握了多少所传授的知识，能考多少分，学生被老师牵着鼻子走，这无疑是一种控制生命的教学。本节课由始至终都是从学生角度出发，关注学生心里所想，鼓励学生敢于提出自己想知道的问题，创新地让学生"考"老师，使教学真正体现以生为本，而成为激活生命的课堂。

（3）师生互动和生生互助结合，构建了和谐课堂。

课堂中的角色主要是教师和学生，和谐的课堂需要教师和学生有效的互动。在新课程背景下，我们已经认识到课堂中师生的互动很重要，但如果能鼓励生生互助，效果更好。因此，这节课，我扮演的角色是学习活动的引导者、鼓励者、组织者，而学生才是主角。如在活动1和活动4互动的过程中，我引导学生去发现问题、提出问题，去"考"老师。有些问题是值得学生探究的，我故意装作"不会"，鼓励其他学生帮忙解决问题。这样老师轻松了许多，而学生也学得愉快。同时，我还发现，学生在听同伴的解答时，尤其认真，同伴效应使互动更加有效。

（4）自主、合作、探究学习融为一体，分层教学思想画龙点睛。

在学生学习方式上，我精心设计，让学生可以把新课程和英特尔未来教育理念都倡导的自主、合作、探究学习三大学习方式运用于一堂课中。如活动 1 和活动 2 主要采用自主学习，活动 4 和活动 5 主要运用合作和探究学习方式。最后，考虑学生之间存在的差异，在作业布置上进行了分层，旨在因材施教，使每一个学生都得到发展，都充满希望。

二、"藻类、苔藓和蕨类植物"的教学①

1. 教材分析

"藻类、苔藓和蕨类植物"是人教版《初中生物学》七年级上册第三单元"生物圈中的绿色植物"第一章"生物圈中有哪些绿色植物"第一节的内容。本课是前面"植物细胞""植物体的结构层次"等课程内容的延伸，包括藻类、苔藓和蕨类植物的生活环境、结构特点、繁殖方式，以及与人类生活的关系等内容。这些内容是学生此后要学习种子植物结构和功能（特别是它们的起源等）的前提和基础。

2. 学情分析

经过此前的学习，学生初步形成了一定的结构与功能观、物质与能量观，但是对进化与适应观等相对薄弱。大部分学生都来自城市家庭，虽然对校园中的植物略有了解，也知道部分种子植物的名称，但是日常接触孢子植物极少，对孢子植物的种类和生殖方式了解不多。七年级学生的观察能力、参与学习活动的积极性都相对较好，对新奇的生命现象充满好奇心。

3. 教学目标

（1）概述藻类、苔藓、蕨类植物的特征，描述从藻类植物到苔藓植物再到蕨类植物的过程，分析藻类、苔藓和蕨类植物与人类生活的关系。

（2）初步形成尊重事实的科学思维，在观察、比较、分析和归纳等过程，形成和发展结构与功能观等生命观念。

（3）认同保护生物资源的重要性，参与保护生物多样性，主动向他人宣传生物多样性的重要意义。

（4）关注水体污染，积极参与到人与自然生命共同体的建设中去，做生

---

① 本教学案例根据 2021 年 11 月 2 日由广东省"百千万人才培养工程"初中生物学名教师培养对象何小霞、李文送、王惠和深圳市宝安中学宋洋老师一起"同课同构"的授课整理形成。

态文明的践行者。

4. 教学重难点

（1）教学重点：藻类、苔藓和蕨类植物的主要特征；藻类、苔藓和蕨类植物与人类的关系。

（2）教学难点：进化与适应观的形成，参与保护生物多样性、人与自然生命共同体的建设。

5. 教学思路

新课标以核心素养为导向，提出以核心素养为宗旨等课程理念，要求核心素养贯穿于课程与教学的始终。基于真实情境培育生命观念的教学，需触乎其境，以萌生观念；需入乎其境，以形成观念；需融乎其境，以强化观念；需悟乎其境，以拓展观念；需出乎其境，以活用观念。因此，本课的设计，遵照"以学生发展为本"的原则，注重发挥学生学习的主体作用，通过真实情境的创设，引导学生在分析和解决真实情境真实问题的过程中，形成相应的生命观念，促进其核心素养的发展。在目标上，旨在帮助学生形成和发展结构与功能观、进化与适应观等生命观念，在过程上，通过引导学生经历"触境→入境→融境→悟境→出境"等过程，萌芽、形成、强化、拓展和活用生命观念，使之在真实情境的学习中获得真实成长（见图6.1）。

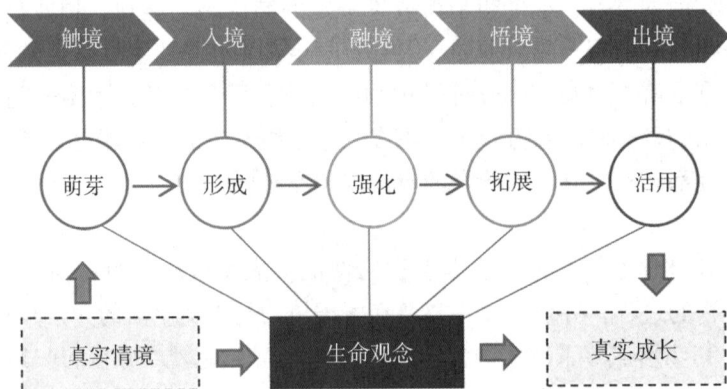

图6.1　基于真实情境培育生命观念的教学过程

6. 教学过程

（1）在"触境"中萌芽生命观念。

基于真实情境培育生命观念的教学设计，在教学过程中，首先学生要触境。所谓"触境"，就是教师根据核心素养培养目标、教学内容和具体学情，创设有"问题"的、真实的生活情境，并引导学生与之相接触，从中发现和提出问题，从而激发其学习兴趣和求知欲，以赋能学生萌芽生命观念等核心素养。

校园是学生熟悉的环境，但是大部分学生都没有仔细观察过"校园里究竟有哪些植物"。正因为如此，在"藻类、苔藓和蕨类植物"的教学中，教师以此为问题情境导入新课，易引起学生的有意注意和学习动机。当问题提出后，不一会儿，学生就纷纷说出了凤凰木、芒果树、榕树、大红花、簕杜鹃、白玉兰、椰子树、竹子等植物名称。于是，教师进一步引导学生总结和归纳上述植物的特征。对刚学完"植物体的结构层次"的学生而言，这个任务挑战性不大，但有利于建立他们的学习自信。

紧接着，教师展示学生平时很少留意的藻类、苔藓和蕨类植物的特写图片或视频，问："同学们，你们在校园里见过这些植物吗？它们的名称是什么？"大部分学生说没见过，少部分学生说见过但不知道名字，个别学生说出了部分名称，甚至有学生疑惑："这些是我们校园里的植物吗？"趁学生在认知困惑中，教师补充展出上述植物的全景照片，引导学生观察和思考这些植物有哪些结构特征和功能特点，并与之前列举的植物进行比较和分析。

设计意图：以学生身边的校园植物创设教学情境，有利于快速拉近学生和情境的距离并增强其学习的自信，从而更易调动其学习的积极性和主动性。特别是学生在教师的引导下，再次接触看似熟悉的情境，发现新问题：藻类、苔藓和蕨类植物是校园植物吗？在校园的什么地方？它们有什么特征？从而为其进行新课学习做好必要的"热身"和情思铺垫。

（2）在"入境"中形成生命观念。

《后汉书·班超传》中说："不入虎穴，焉得虎子。"学习也一样，不入其境，何以成其素养？在基于真实情境的教学中，学生生命观念的形成要"入乎其中"，通过基于真实情境的具身感知与体验、分析与比较、讨论与交流等学习过程，修正旧知，形成新观念。

为帮助学生形成有关藻类、苔藓和蕨类植物的结构与功能观，教师根据异质分组的原则，以4～6人为一个学习小组进行分组。教师课前设计好学习任务清单，组织各小组围绕学习目标，以学习任务清单为导引，对藻类、苔藓和蕨类植物的常见种类进行观察和比较。然后，各组选派代表分享本小组观察的结果，概述藻类、苔藓、蕨类植物的结构特征和区别，说出其功能。最后经过小组间的再交流、再讨论，以及教师的点拨，达成初步的共识，形成相应的生命观念。

学生虽然学习了植物根、茎、叶、花、果实、种子六大器官的相关知识，但是对叶状体、根状物、假根等概念还是比较陌生的。在初次观察时，有些小组的学生可能会误把藻类的叶状体当作叶、根状物看作根或茎，错把苔藓植物的假根称为根。此时，教师不要急于纠正学生的"错误"，而可组织学生回归课本，阅读相关内容后，进行再次观察，并做到边观察边比较，从中找出异同，从而建立新概念、生成新认知。

设计意图：遵循学生的认知规律，通过"身临其境"的"零距离"观察，让他们获得初体验和初认识，并在此基础上，指导学生经历针对性的文本学习、更细致的再观察和更系统的比较等真实学习过程，以促进学生形成新的认识、新的观念，从而收获新的成长。

（3）在"融境"中强化生命观念。

诚然，盐不仅要入汤，更要融于汤，这样的汤才能入味。同样道理，学生在入境中形成生命观念核心素养后，也需要在融境中加以强化。何为"融境"？这里所说的"融境"，是指教师借助学生的已有知识和经验，充分调动学生的学科情感和学科思维，引导学生"沉乎其中"，与新情境和新内容融为一体，从而强化其生命观念等核心素养。

学生掌握藻类、苔藓和蕨类植物的结构和功能后，教师可通过鼓励学生进行植物角色扮演的方式，结合所演植物的结构特征和功能特点，向同学介绍其生活环境。这个学习环节的设计，学生的表演或惟妙惟肖，或绘声绘色，或滑稽搞笑，或木讷可爱，都能把课堂气氛推向高潮。学生要演好所选植物角色，自然就要对该植物的结构、功能和生境等有更深入的了解，即全身心融入角色当中。这就促进了学生主动地进行深度学习。

有了深度学习后的课堂对话，学生的交流互学就更有价值。不仅能进一步强化学生对藻类、苔藓和蕨类植物等孢子植物的结构特征和功能特点的深度理解，而且能更深入地认识到孢子植物的生活环境之所以离不开水，是因为缺乏发达的输导组织，甚至还能更深刻地理解从藻类植物到苔藓植物再到蕨类植物的进化过程，从而发展进化与适应观。

设计意图：通过角色扮演，让学生成为课堂学习的主角，使其融身于情境之中，为植物代言，为植物发声，同时展示自己的学习成果和个人风采。这不但可以强化其藻类、苔藓、蕨类植物的结构与功能等相关概念及生命观念，以及结构特征和功能特点与环境相适应的关系，而且可以在分析和比较这些孢子植物的结构和生境中进一步发展学生的进化与适应等生命观念，还可以促进学生更全面地理解生命、热爱生命和敬畏生命。

（4）在"悟境"中拓展生命观念。

基于真实情境的课堂教学不仅要让学生在触境中引发兴趣和萌发问题，在入境中分析和解决问题，在融境中优化问题和发展素养，还要在悟境中领悟为何要学习那些内容，其意义何在、价值何在，即形成学习那些内容的正确的意义理解和价值体认。换言之，学生还应在情境中做到"悟乎其中"，且"得乎其理"，从而"知其然，也知其所以然"。

教育部义务教育课程标准修订综合组专家成员余文森教授说过："如果说知识内容是人的'机体'，那么知识方法就是人的'血液'，而知识意义则是人的'灵魂'。没有血液有机体无法存活，没有灵魂有机体则会变为'行尸走肉'。"① 也就是说，学生的生物学科的学习不能只停留在认知层面，还应深入思想或精神层面，这样的学习才能让生物学知识内化为学生的正确价值观、关键能力和必备品格。

在学生掌握藻类、苔藓和蕨类植物的结构、功能和生境等内容后，教师可引导学生通过阅读相关科学史料、科普资料或新闻报道，知晓这些植物和人类生活、生产的关系。关系能促进关注，当学生知道了藻类植物能为人类和动物提供大量氧气及可作为水污染的指示植物，苔藓植物可作为空气污染的指示植物，蕨类植物中的卷柏、贯众能作为药材……他们就会意识到保护和利用好这些植物资源的重要性和现实意义。

设计意图：通过关系探知，引发关注，使学生在习得藻类、苔藓和蕨类植物相关知识的基础上，领悟所学之意义和价值，进一步增强学生的生命观念，促进其从"要我学"到"我要学""我想学"的转变，从而提升学生的核心素养。

（5）在"出境"中活用生命观念。

诗人王国维在《人间词话》中说："诗人对宇宙人生，须入乎其内，又须出乎其外。入乎其内，故能写之。出乎其外，故能观之。入乎其内，故有生气，出乎其外，故有高致。"基于真实情境的课堂学习，学生不仅要"入乎其内"以学活内容，还要"出乎其外"以在新情境中学以致用，做到"灵活变通"和"活学活用"。此谓"出境"。

---

① 余文森. 以核心素养为导向：建立与义务教育新课标相适应的新型教学［J］. 中国教育学刊，2022（5）：17－22.

当学生学习完新课后，教师可先引导学生进行课堂小结，然后再创设新的问题情境，为学生的学以致用提供机会。例如，教师可创设新情境：有一天，某学生发现家里的鱼缸中的水不仅变成了绿色，仔细观察后，还发现鱼缸的内壁上长出了绿膜。请结合所学知识进行思考，鱼缸中的水为什么会变成绿色？绿膜是什么生物？如何防止这种现象的产生？又如，教师还可列举和展示由于藻类等植物大量繁殖而导致水华、赤潮等水体污染的现象，让学生从中对藻类等植物初步形成辩证的认识，还能积极参与水体污染治理问题的思考，使之意识到保护生物多样性和防止生态污染并重，主动通过手抄报、墙报、科普微视频等方式在班级、校内或校外宣传相关知识、法规，积极参与到人与自然生命共同体的建设中去。

设计意图：观念是行为的先导，学生所形成的藻类、苔藓和蕨类植物相关生命观念，能指导他们在新情境中观察、探究和解释有关生命现象，并指引他们做出正确的行为表现。核心素养的形成与发展既要基于真实情境，又要能从旧真实情境迁移到新真实情境。通过在新情境中的学以致用，旨在发挥用以励学的育人功效。

7. 教学反思

核心素养的形成与发展离不开真实情境，所以核心素养导向下的教学设计要基于真实情境。情境之于素养，犹如汤之于盐。本课先通过带领学生接触身边的校园环境入手，在熟悉的情境中聚焦新现象、发现新问题。这种方式的导入，不仅平添了几分亲切感和安全感，还有利于激发学生的好奇心和学习兴趣。接着组织学生通过在实物、实景或实图的观察与比较等活动中沉浸于情境，形成和发展结构与功能观、进化与适应观等生命观念。然后，指导学生全身心地融入扮演的植物角色中，并与之合一。小组内或小组间的相互讨论与交流，在新情境中的迁移、研讨和分享，使彼此的认知和悟性得以提高，从而更加客观而理性地看待和处理好人与植物等生命的关系。最后通过活用生命观念，升华学习之意义与价值，使学生的人生观、世界观和价值观得到进一步发展。

第二节　高中课例

"细胞膜是系统的边界"教学课例①

1. 教材分析

"细胞膜是系统的边界"是人教版高中生物学教材必修 1·分子与细胞第三章"细胞的基本结构"的内容，是在学习了生物的物质基础和细胞的组成成分的基础上进行的。学好本节内容既能帮助学生巩固前面的知识，又是第四章"细胞的物质输入和输出"的基础。它在教材中起着承上启下的桥梁作用。细胞膜是细胞必不可少的结构。教学主要内容是讲述细胞膜的成分和功能，这也是教学的重难点。教材首先由问题探讨入手，推断出细胞与细胞膜的存在；再通过实验证明了细胞膜的存在；接着，讲述细胞膜的成分，渗透结构与功能的统一性观点；之后，联系实际分析细胞膜的功能；最后，简要讲述了植物细胞壁的成分与功能。

2. 学情分析

在初中生物课学习细胞的基本结构时，学生对细胞膜已经有所了解。但学生用显微镜观察细胞时，是很难看清细胞膜的。结构是功能的基础，两者是相适应的。经过第二章"组成细胞的分子"的学习，学生知道了蛋白质、糖类和脂质是重要的化合物，但是对于这些物质的存在位置还不清楚。因此，在本章的教学中，教师应指导学生将细胞的物质组成与细胞的结构有机地联系起来，对细胞形成系统的认识。如引导学生从生命系统的结构基础角度，认识"蛋白质是生命活动的主要承担者"，原因之一是它承担了组成细胞基本结构的功能，它是细胞膜的主要成分之一，约占细胞膜总量的40%。再如，引导学生回忆"细胞中的脂质"提出的"磷脂是构成细胞膜的重要成分"，再提出细胞膜结构中脂质约占总量的50%，使学生将前后知识建立起有机的联系，同时，为"生物膜的流动镶嵌模型"的学习奠定基础。

3. 学习目标

（1）简述细胞膜的成分和功能，解释细胞膜在维持细胞结构和功能中的

---

① 本课例根据笔者指导成玉婷老师上课及与其合作发表的论文《基于"问题导学"的教学设计》等（详见《中学生物学》2019 年第 1 期）整理形成。

重要作用。

（2）体验制备细胞膜的方法，培养观察分析、合作学习的能力。

（3）认同细胞膜作为系统的边界，对于细胞这个生命系统的重要意义。

4. 教学过程及设计

（1）问题驱动，活跃思维。

教师板书细胞显微结构图，并提出问题：细胞有哪些结构？组成细胞的物质有哪些？当人们对细胞物质有一定认识后，有人尝试过组装细胞，你们推测一下能否成功？通过这个事例，你能得出什么结论？学生讨论、交流，师生共同总结出结论：系统不是其组分的简单堆砌，而是通过组分间结构和功能的密切联系，形成的统一整体。

设计意图：教师以问题串为引，激活学生的思维，使学生为学习新课做好热身基础；同时，使学生巩固前面的知识，联系到这节课所要学习的新课，建立前后知识的联系，有利于学生对细胞形成整体认识。

（2）创设情境，引入新课。

教师展示显微镜视野下的图片，并提出问题：细胞是一个系统，而每一个系统都有一定的边界，那么细胞是否也有边界呢？试说出图中哪些是气泡，哪些是细胞？能否在显微镜下看到细胞膜？学生讨论、交流并回答，师生共同总结出：气泡里面只有空气，所以比较光亮，并且气泡边缘颜色比较深。细胞有细胞核、细胞质等，是立体的，通过调节焦距可看到不同的层面。在显微镜下看不到细胞膜。

设计意图：教师利用学生最常见的显微镜观察中的误区（误以为气泡就是细胞），将学生的思绪带回曾经学过的知识，激发学生对细胞膜问题的思考。

（3）深入情境，解决困惑。

教师提供两则资料，提出疑问：细胞膜在光学显微镜下是看不清的，要想真正观察细胞膜要用电子显微镜。但是在电子显微镜诞生之前，科学家已经能够确定细胞膜的存在了，你能想办法验证细胞膜的存在吗？

资料1：进入活细胞的物质首先要通过一道选择性的屏障，并不是所有的物质都能进入细胞，用显微注射器将一种叫做伊红的物质注入变形虫体内，伊红很快扩散到整个细胞，却不能很快溢出细胞。

资料2：在光学显微镜下可以看到，用微针触碰细胞表面时，细胞表面有弹性，可以伸展；用微针插入细胞内，细胞表面有一层结构被刺破；如果细胞表面结构受损面过大，细胞会死亡。

设计意图：教师利用问题激发学生的学习动机，促进思维活动；为学生解决问题提供线索，让学生能够深入情境，解决问题，同时体会科学的方法，验证细胞膜的存在。

（4）实验探索，学习制备。

教师展示各种细胞图片，并提及：科学是不断发展的，知道了细胞膜的存在，那么细胞膜的成分是什么呢？它又具有哪些功能呢？要想解决这个问题，我们应当想办法获取细胞膜。下面我们就结合实验学习一下细胞膜的制备。首先，我们应该确定合适的实验材料。对于一个实验来说，合适的实验材料是实验成功的关键。哪一种细胞比较适合提取细胞膜？请尝试说出原因？

在学生选出合适的实验材料并说出原因后，教师引导学生阅读课本第41页旁栏相关信息并提出疑问：对红细胞有特殊要求吗？鸡红细胞可以用来做实验吗？

设计意图：学生积极讨论，确定实验材料。在这个过程中，教师启发学生的多元思维，培养合作交流的能力。教师展示红细胞在不同溶液中的图片（见图6.2），追问：如何利用红细胞获取细胞膜呢？用镊子撕取行吗？用针刺破行吗？那应当用什么办法来获取细胞膜？根据图中红细胞的形态差异，你能描述一下本实验的实验原理吗？

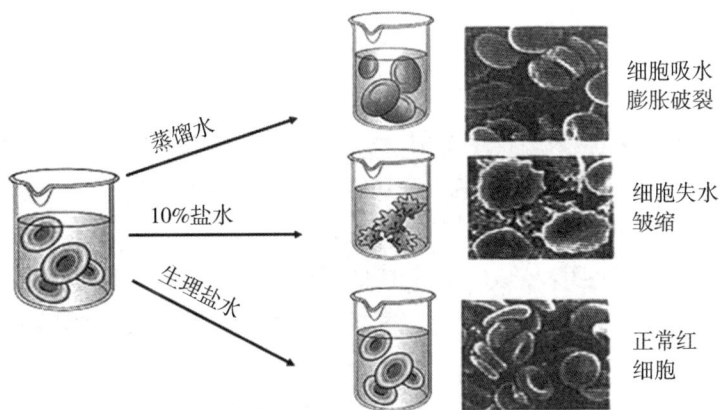

图6.2 红细胞在不同溶液中的变化

学生小组讨论后，讲解实验步骤。在讲解过程中，师生共同总结实验过程中的注意事项。然后，教师展示实验结果图片，进行讲解。最后，学生思考、讨论第41页的讨论题，教师给予评价。

设计意图：在获取红细胞膜的方法中，教师利用层层递进的问题，引导学生的思维慢慢地与正确方法接轨。学生在总结实验过程注意事项的同时，也提高了总结能力。讨论题中出现了新方法——差速离心法，也为下节课的学习做铺垫。

（5）学习细胞膜的成分。

教师提供资料，让学生通过资料分析：细胞膜的成分有哪些？

资料1：1859年，欧文顿选用500多种化学物质，对植物细胞膜的通透性进行了上万次的研究。发现脂溶性物质易透过细胞膜，不溶于脂类的物质透过细胞膜十分困难。

资料2：能够水解蛋白质的物质，称为蛋白酶。用蛋白酶处理细胞膜，会使细胞膜分解。请根据以上资料思考细胞膜在组成上有何特点？

学生通过资料分析，会知道细胞膜的成分有脂质和蛋白质。同时，教师提出疑问：细胞膜的成分中是否只有磷脂和蛋白质？学生通过阅读教科书即可知道：细胞膜的成分主要由脂质和蛋白质组成，还有少量的糖类。通过前面的学习，学生知道了蛋白质是生命活动的承担者。

教师提出问题：蛋白质在细胞行使功能时发挥重要作用，那么细胞膜功能越复杂，蛋白质的种类和数量是越多还是越少？并展示细胞膜的结构模式图，讲解蛋白质、脂质和糖类的分布及所占百分比。然后联系生活，引导学生如何看检查癌症的验血通知单。

设计意图：教师利用已知，引导学生分析材料，得出答案，提高学生的分析能力。学生联系上一章的知识，有利于构建"组成细胞的物质与细胞统一整体"。教师展示细胞膜结构示意图，引起学生的关注，使学生了解细胞膜的结构，为后面学习流动镶嵌模型奠定基础。

（6）细胞膜的功能。

教师展示中国地图：学习了细胞膜的成分，也了解了细胞膜的结构，接着学习细胞膜的功能。首先，教师讲解国界线的作用，引导学生类比细胞膜的功能进行学习：

①将细胞与外界环境分隔开（与国界线的作用进行类比）。教师利用原始细胞形成的过程进行讲解，让学生认同细胞膜作为系统的边界，对于细胞这个生命系统的重要意义。

②控制物质进出细胞（与海关或边防检查站进行类比）。教师提供素材，让学生通过分析素材得出细胞膜的第二个功能。素材一：洗涤红脚苋菜的清水没有变成红色，但是若用红脚苋菜煮菜汤则出现颜色。素材二：用台盼蓝染色，死的动物细胞会被染成蓝色，而活的动物细胞不着色，从而判断细胞是否死亡。

学生通过分析可知细胞膜具有控制物质进出细胞的功能，但是只有活细胞的细胞膜才具有。再通过观看演示物质进出细胞的动画，总结可以进出细胞的物质。

③进行细胞间的信息交流（和国与国之间的交流进行类比）。其具体例子如下：

其一，利用激素作用于靶细胞。教师结合动画演示进行讲解，引导学生寻找生活中的事例进行类比。教师举例类比：这种交流方式就像网上购物，内分泌细胞、激素、血管、靶细胞分别代表卖家、货物、快递以及买家。

其二，精卵识别。教师结合动画图进行讲解，并提出问题：为什么在水中青蛙的卵细胞不会与蟾蜍的精子相结合？

其三，胞间连丝。教师结合图片进行讲解，引导学生说出类比事例，如传声筒。

教师讲解植物细胞壁的成分及作用，以及其与细菌细胞壁的区别。并提出问题：既然植物细胞和细菌细胞的最外层是细胞壁，那它为什么不是系统的边界？师生共同总结出：细胞壁没有选择透过性，是一种全透性的物质，没有生命活性，细胞是最基本的生命系统，它的边界是有活性的。所以，细胞的边界就是具有选择透过性功能的细胞膜。

设计意图：教师将细胞膜的功能及国界线进行类比，激发学生的兴趣。在介绍细胞膜的功能时，涉及了原始细胞的产生。对这个问题的认识会让学生感到思维的跨度太大，因此教师利用原始细胞形成的过程引导，帮助学生构建起生命起源与细胞膜形成之间的联系，认识细胞膜对于生命系统的重要意义。创设问题，让学生积极思考、讨论，进而解决问题。学生积极寻找生活中类似的例子，不同学生有不同的想法，学生之间发生思维的碰撞，有利于思维的活跃，也有利于记忆。

5. 教学反思

本节课采用"问题导学"的教学思路，问题创设注意与现实生活的联系。教师围绕本节内容的核心问题，以学生的生活实际为素材，创设情境，突出重点问题，激发学生的学习兴趣，让学生进行自主、合作、探究学习。通过创设问题情境吸引学生注意力，让学生深入情境去解决问题，教师以"问题"为主线精讲问题。教学中，教师注重给予学生充足的时间和空间去思考、解决问题，引导学生自主学习，讨论、交流表达，充分发挥学生的主体作用。教师提供相关材料，使学生感知教材，启发性讲解使学生理解教材。但由于条件限制，不能在课堂上进行"体验制备细胞膜的方法"，这一点违背了让学生动手探究、促其学会学习的初衷。

第三节 融合课例

一、"生物美食"劳育课①

无论历史如何变迁，时代如何变化，社会如何变幻，教育如何发展，劳动在人类社会中从未缺席。而崇尚劳动是中华民族的优秀传统美德之一，学校不但要传承，更要结合时代特点加以发展，充分发挥劳动树德、增智、强体、育美的价值和作用。

近年，在"至诚至真"核心理念的引领下，岭南师范学院附属中学成功打造了"诚真教育"的名片，并致力于劳动教育品牌化建设，打造"生物美食"等一系列特色劳育校本课程，指引学生在劳动中发现美、创造美、品尝美、传递美和践行美。

1. 发现"美"的生活

生活中从不缺少美，只是缺少发现美的眼睛。"生物美食"劳育校本课程的首要任务是带领学生感受生活的"美"，从而发现"美"的生活。经调查可知，不同学生对"美"的生活有不同的认识和理解，但大多数学生津津乐道的都是各自品尝过的美食。俗话说："民以食为天。"食，既是生命的保障，又是生活的需要，还是认识美的重要途径。美食之色、之香、之味，始终如美景般吸引人的眼睛，如香水般陶醉人的鼻子，如琼浆般荡漾人的口腔。正因为有如此磁场效应和脑电波作用，在劳动教育品牌化建设中，我们选择了"生物美食"，以融合美育来创新劳育，发挥其最大的育人效果。

2. 创造"美"的食品

美不仅可以被发现，还可以被创造。苏联著名作家高尔基说："我们世界上最美好的东西，都是由劳动、由人的聪明的手创造出来的。"在"生物美食"劳动教育课程中，组织学生亲手制作美食是最核心的课程内容。在许多

---

① 本课例根据刘春燕、郑红梅老师组织开展的"当食用色素与发酵技术相遇"趣味生物美食活动梳理形成。

人的心中，最美味、最难忘、最温暖的美食莫过于家人亲手制作的美食。"生物美食"劳育校本课程的开设为学生创造了条件，让他们可以在校内学习美食制作技巧。我们曾开展主题为"当食用色素与发酵技术相遇"的趣味生物美食活动，引导学生运用所学过的生物知识和对生命之美的体验感受，对所选食材进行创意加工。他们从紫薯、西红柿、南瓜、火龙果、菜心等食材中提取多种植物色素，并运用发酵技术，制作了各式各样的彩色包点。这些包点造型独特，形象生动，俨然一个个艺术品（见图6.3）。

图6.3 学生的"生物美食"作品

3. 品尝"美"的味道

"美是有味道的，就看你能否品尝到"，这也就是说，美不仅需要发现和创造，而且要懂得品尝，这样才能真正体验到美的滋味、美的魅力。在"生物美食"劳动课堂上，当手工包点新鲜出炉时，学生们就像刚飞出笼子的小鸟一样，或欢呼，或惊叫，每个人的脸上都洋溢着劳动后如秋天般丰收的喜悦。这不正是教育至美的景象吗？沐浴此景中的师生不正品尝着教育之美吗？不正享受劳动之美吗？看着自己做的美食热腾腾，不少学生早已垂涎三尺，但我们没有马上让学生品尝，而是把这些美食进行现场展示，先用眼睛、用精神品尝一次。等学生的食欲被彻底点燃后，才允许他们开始互相品味彼此亲手做的美食。看着学生在欢笑中吃得津津有味的样子，就可以知道他们已品尝到劳动的"美"滋味。

4. 传递 "美" 的气息

教育是发现美和传递美的事业，劳动教育也应如此。当学生在 "生物美食" 劳动教育校本课程中发现美、创造美和品尝美后，我们会结合学校教育教学工作的实际，让学生制作成宣传板报、班级墙报、班刊或级刊等，便于在校内外进行交流，让美的发现、美的设计、美的食品、美的体会凝成一股美的气息。遇到学校教育教学开放日、家长会、社团日等活动时，我们还会组织美食分享会，主要由参加 "生物美食" 劳动教育校本课程学习的学生进行展示。尤其是在家长会上，班级美食分享活动的场面特别温馨、感人，家长的眼睛里闪烁着泪花，脸上挂满了幸福。

5. 践行 "美" 的行为

教育不但应当培养学生对劳动的尊敬和热爱，还必须培养学生劳动的习惯。我们之所以开设 "生物美食" 劳动教育校本课程，就是为了组织学生通过发现美食、制作美食、分享美食等活动，让他们更好地感受到劳动所带来的乐趣、情趣、美趣，领悟劳动的真正内涵和意义，从而认同并践行 "劳动的人是最美丽、最可爱、最可敬的人，是行为最闪亮、思想最富有、精神最富足的人，是最懂得幸福、最易获得幸福、最会享受幸福的人"。这就是我们基于 "诚真教育" 思想和核心素养下要培养的 "至善至美" 的人。这样的人，热爱劳动，终身劳动，以劳动为乐，以劳动为荣，以劳动为美；这样的人，以劳动为钥匙，以劳动为梯子，以劳动为渡轮，打开美好生活之大门，登攀美好事业之高山，迈向美好未来之彼岸。

二、"环境调查" 的课例①

2007 年 3 月 16 日，《湛江日报》上一篇题为《世界最大的玛珥湖水位连降 5. 5 米，为近 10 年罕见——湖光岩湖脊露真容》的报道引起社会的强烈关注，后经过广东省水文一大队派出测量队实地测量，推算出自 2006 年到 2007 年水位下降了 1. 63 米，而非骤降 5. 5 米。2008 年 4 月 26 日，广州日报报道了《湖光岩露出湖脊》，文章说："自 2007 年年底至今，其湖面水位已再次下降了约 0. 8 米；而其总水位已连续下降了近 3 米，大部分湖脊已露出水面，成为

---

① 本课例是 2008—2009 学年度笔者组织和指导学生开展的实践课 "湛江湖光岩生物多样性的调查及保护"。

近 15 年来所罕见的现象。"同时，也有湖光岩物种死亡和生态环境遭受破坏的报道。

接二连三的报道引发了我们深深的思考：湖光岩现在的生态环境怎样？生活在湖光岩里的生物会不会受到影响呢？我们应该如何进行保护？

作为世界地质公园、国家重点风景名胜区、国家 AAAA 级旅游区、全国青少年科普教育基地和广东省最美丽的湖泊，湖光岩无论在科研方面，还是在旅游观光、教育等方面都有着难以用金钱来衡量的价值，所以吸引了不少中外科学家、专家和学者前来考察和探研。生物多样性是指一定范围内多种多样活的有机体（动物、植物、微生物）有规律地结合所构成的稳定生态综合体，包括动物、植物、微生物的物种多样性，遗传多样性及生态系统的多样性。其中，物种的多样性是生物多样性的关键，它既体现了生物之间及环境之间的复杂关系，又体现了生物资源的丰富性。人们越来越认识到生物多样性是人类赖以生存和可持续性发展的物质基础，是维持生态系统平衡的基本要素。但是我们查阅了很多文献后发现，有关湖光岩生物多样性的文章较少，为了丰富这方面的材料，并且解决好我们提出的问题，我们组织八年级学生成立研究小组，围绕"湛江湖光岩生物多样性的调查及保护"这个主题，开展实践活动。

1. 活动目标

（1）阐述生物多样性及影响因素；举例说出植物多样性、动物多样性、微生物多样性和生态系统多样性。

（2）能根据生物的主要特征，识别名称和分类；运用计算机搜集有关资源；提高与人合作、交流的能力；锻炼捕捉信息和整理资料、分析数据的能力；提升综合实践能力。

（3）发扬科学精神和创新精神，关注生态环境科学前沿课题，关心家乡宝贵资源的现状，强化对社会和自然的责任心和爱心；认同生物多样性是人类赖以生存和可持续性发展的物质基础，是维持生态系统平衡的基本要素。

2. 活动过程

（1）第一步：活动准备。

①搜集有关生物多样性，尤其是湖光岩生物多样性的有关资料，包括湖光岩风景区的交通、饮食、门票等情况。

②各小组聘请老师、家长等有关人员担任小组指导教师。

③在指导教师的指导下，分配好任务，并制订好活动计划（见表 6.2）。

表 6.2   活动计划

研究主题	湖光岩生物多样性的调查与保护		
小组成员	唐乐圻（组长）、林晶、邱华伦等	指导教师	李文送
活动时间	主要任务	分工情况	
2008 年 11 月 8—9 日	调查植物多样性、搜集有关资料、采访相关人员	唐乐圻：本专题负责人 林晶：拍照，查找资料 邱华伦：记录植物情况	
2008 年 11 月 15—16 日	调查动物和微生物多样性、搜集有关资料、采访相关人员	唐乐圻：记录动物和微生物名称 林晶：本专题负责人 邱华伦：拍照，查找资料	
2008 年 11 月 22—23 日	调查生态系统多样性及搜集有关资料	唐乐圻：拍照，查找资料 林晶：记录，观察并分析 邱华伦：本专题负责人	
2008 年 12 月 1—7 日	针对问题，提出建议；完成调查报告，并分享成果	唐乐圻：撰写植物多样性，整合调查报告，分享成果 林晶：撰写动物和微生物多样性 邱华伦：撰写生态系统多样性	

（2）第二步：实地考察。

①开展植物多样性的调查、记录。

②开展动物多样性和微生物多样性的调查、记录。

③开展生态系统多样性的调查与分析。

④采访湖光岩有关人员，获取有关资料。

（3）第三步：撰写成果。

①整理所搜集的资料，形成调查报告框架。

②组内成员分工撰写活动成果。

③组长整合组员成果，完成综合报告初稿。

④请指导教师审查成果，给予修改意见。

⑤完善研究报告，定稿。

（4）第四步：分享交流。

①在校内公开展示研究成果。

②交流心得，商讨下一步打算。

3. 研究结果

通过对湛江湖光岩生物多样性的实地考察和文献调查，我们发现湖光岩的生物多样性情况如下：

（1）植物。

744种，藻类植物260种，占种类数的34.9%；维管植物484种，占种类数的65.1%，其中蕨类植物13科18种、裸子植物6科17种、被子植物约86科449种。

（2）动物。

约200种，主要是鸟类和昆虫，其中鸟类有牛背鹭、白胸苦恶鸟、绿翅金鸠、四声杜鹃、草鸮、小白腰雨燕、普通翠鸟、喜鹊、蓝翅八色鸫、麻雀、禾花雀、黑眉苇莺、家八哥、家燕等；昆虫常见有蜻蜓目、螳螂目、直翅目、同翅目、鞘翅目、双翅目、膜翅目、鳞翅目等8目，鳞翅目昆虫居多，包括凤蝶科、蛱蝶科、眼蝶科、斑蝶科、粉蝶科、弄蝶科和灰蝶科。

（3）微生物。

细菌的种类较多，77%为杆菌（包括短杆菌），23%为球菌。真菌种类较为单一，以霉菌居多。放线菌有诺卡氏菌属、小单孢菌属和链霉菌属。

（4）生态系统。

主要包括湖泊生态系统、森林生态系统、草地生态系统和人工林地生态系统。

同时，根据我们的观察发现，湖光岩生物多样性面临的问题主要有玛珥湖水位下降，水质受到污染；林木遭受砍伐，森林生态系统受破坏；草地生态系统出现枯萎现象；盲目放生导致动物死亡。因此，我们经过讨论，最后建议：设立湖光岩自然保护区；抓好污染防治工作；植树造林，扩大森林植被面积；加强宣传，提高环境保护意识；开展珍稀物种的调查和保护，加强科学研究；未经允许，禁止在湖光岩内放生。

4. 学习体会

唐同学:"从课本走向自然,把所学知识运用到实践活动中,感觉真好。自己不仅提高了对湖光岩的了解,而且加深了对生物多样性的认识,也深深体会到生态环境的重要性。这次活动,我第一次写调查报告。在写作的过程中,李老师让我认识了调查报告这种特殊的体裁,不能像平时写作文那样写,要用平实的语言客观地阐述,让我很有新鲜感。我还学会了运用计算机搜集资料、处理图片和制作幻灯片。总而言之,我学到很多课本上无法学到的东西,希望以后学校多组织这样的活动,对我们的成长,我认为是很有意义的。"

林同学:"从小到大,我去过很多次湖光岩,但这次和以前不一样,我们成立研究小组去做生态环境的调查,我收获很大。首先,以前,我连校园里一些常见的树木,都不知道叫什么名字,这次,在生物老师的辅导下,我知道了很多植物名称。比如,格木、见血封喉、桃花心木、美人树、蛤蒌、肾蕨等植物都是我这次认识的。同时,我还拍到并认识了碧凤蝶等动物。现在,我更加喜欢生物课了。其次,我们还没学过论文这种作文体裁,但这次调查,我们要进行研究,还要写成论文,所以,我觉得自己像个科学家一样,在同龄人中这是件值得自豪的事。在老师指导下,我懂得了论文的思路,要提出问题,分析问题和解决问题。我还明白了无论做什么事都要有认真的态度,特别是科学研究过程中,要有科学精神和合作精神。"

邱同学:"通过和老师同学们的实地调查,平时紧张的学习生活得到调节,通过尽情地欣赏大自然的美,开阔了视野,陶冶了性情,我觉得湖光岩的生物很丰富,景色很美,我的家乡湛江很美,而且我还觉得做学问也是件很有意思的事情。我以后要多到野外,亲近大自然。但,当我看到湖光岩的环境被破坏,水位继续下降时,心中总有一丝疼痛,从中我认识到了环境保护的重要性。为了尽自己一份力量,经过和组员们讨论,我们提出了建议。我们还准备把研究报告送给有关部门,希望能有所帮助。"

此外,我还鼓励他们用自己的实践成果去参加各类比赛。其中,八年级学生唐同学等撰写的研究报告《湛江湖光岩生物多样性的调查及保护》长达1万多字,比较详细地介绍了湖光岩植物多样性、动物多样性、微生物多样性,并针对湖光岩的生态环境问题提出了建议。后来该研究报告获得湛江市青少年科技创新大赛二等奖。还有八年级学生梁同学、邓同学制作的关于湖光岩生态环境的PPT,参加广东省首届中学生物多媒体作品竞赛,获得了全市最高奖项。

第七章 "活慧生物"创意作业

作业是课堂教学活动的重要组成部分，是巩固和检验教学效果的重要途径，能帮助教师了解学生的学习态度和学习效果。作业是学生学以致用的"锻炼场"和"试验地"，可以帮助学生巩固知识、培育兴趣、发现错误和锻炼能力。为了培育学生的创新思维和创造能力，"活慧生物"教学崇尚创意作业。那么，什么样的作业是创意作业？"活慧生物"创意作业又是如何？我和工作室的团队进行了前期的探索，积累了一些经验和做法。由于篇幅有限，本书只挑选了个别具有代表性的优秀作品进行展示分享。

第一节 作业类型

在教学中，针对不同的学习内容，理应需要与之相匹配的作业，方能体现其"活慧性"，从而培育学生的"活慧"素养。在前期的教学实践中，我设计和布置的"活慧生物"创意作业主要包括行动研究类、文学创作类、操作类、制作类、绘画类和感悟类等六大类型。①

一、行动研究类作业

行动研究类作业是指学生围绕某一问题或课题开展行动研究而完成的作业，也称为研究性学习类作业，常见的形式有问卷调查、实地考察、实验探究、观察分析、文献研究等。这种类型作业最大的亮点是能锻炼学生的探究意识和研究思维，培育他们的科学精神和问题解决等综合能力，同时有利于渗透科学教育。

---

① 李文送. 中学生物学创新作业的类型及案例 [J]. 中学生物学，2016（5）：30－32.

在学习"生物和环境"专题内容后，教师可以设计"酸雨对植物种子萌发率的影响""探究废弃电池浸出液对植物生长的影响""不同水分（温度）对霉菌生长影响的研究"等作业。学到"近视"内容后，笔者布置学生在校内完成作业"中学生近视情况的调查及原因分析"。在学生习得"生物多样性"核心概念等知识后，我曾布置如下作业：以 4~6 名学生为一个研究性学习小组，可以在校园内，也可以到学校旁边的寸金桥公园或到世界地质公园——湛江湖光岩开展生物多样性的调查研究，然后撰写调查报告或小论文，并进行展示。

二、文学创作类作业

文学创作类作业是指学生依托中学生物学知识来创作文学作品的作业，有利于提高学生的想象力，加深他们对生物学知识的理解，也有利于在生物学教学中渗透人文教育。中学生物学教师可独立安排布置这类作业，也可以和语文教师或班主任联合进行。

我曾在任教的班级布置这种课堂作业，即利用上课时间，让学生在 40 分钟内完成一篇有关"基因"的文章，题目自拟，字数不限，体裁不限（包括诗歌）；在内容方面，可以根据自己对基因的学习了解，介绍基因；可以根据基因的功能，创想未来，编织一个我的基因梦；可以根据自己的感悟，表达看法和想法。不管在文科班还是理科班，当布置这次作业时，学生都感到很惊讶，因为他们完全是第一次遇到在生物课上"写作文"。学生写得如何呢？且看陈同学的"小 r 基因的奇幻漂流"，全文如下：

小 r 生来便是茫茫基因家族中的一员，他每天都会看见他的同伴背着小背包到处旅行。看着出发前小伙伴们开心的笑颜和对旅游的兴奋，小 r 也不想待在家里了，决定来一场属于自己的旅行，去体验外面世界的精彩。

他出发了，沿途的风景真是奇妙啊，一路上有无数的奇花怪草簇拥在路的两旁，那高得看不见顶的大树郁郁葱葱……

当他正陶醉在其中时，他定眼一看，才发现原来那鲜艳的花儿是由千千万万个他的小伙伴们组成的！哇！多奇妙！他兴奋地跑过去，发现原来不仅是这朵花儿，那黄色的、紫色的都有他的小伙伴在里面，连那冲破云霄的大树，奇形怪状的草都是……啊！小 r 第一次感到了他家族的庞大，还有一股自豪感油然而生。他想，若不是他的小伙伴们长得好看而且数量庞大，就没有这一路上美丽的花儿草儿了。

就在他感到心意盎然时，身后传来一阵"隆隆"的响声。一回头，只见有几只野兽朝着他飞奔而来，他吓坏了，慌忙向不远处的石洞里钻，生怕被踩成一堆泥巴。但由于他惊魂未定，加上这石洞又黑，脚下一滑，他便跌入了一个黑洞里。"啊——啊——"他一边尖叫一边试图抓住些东西不让自己再往下掉，但奈何这石洞对于小小的他来说，实在是太大了。也不知道沿着黑洞掉了多久，当他醒来时，不禁被眼前的景象惊呆了，原来他来到了"基因梦工厂"。

这里有一流的流水线机器，正在整齐划一地操作着。他好奇地走近一看，谁知忽地被机器抓进了流水线机器中。只见他被机器缓缓地抬进一注液体里，后又随着液体继续上升。当液体停止上升的时候，他惊奇地发现他的小伙伴们也都在，并且他们一会儿两两贴在一起，突然又分离……哦！原本纳闷的他明白了，原来小伙伴们正进行着有丝分裂，随着染色体的分开而分离呢。再看一下他的左边，他发现了他的小伙伴们正在找伙伴，随后便两两分开进入了两个独立的空间……再抬头向上一看，原来那奇形怪状的小草都是因为他不同的小伙伴们在里面控制着呢！

正当他也想尝试下时，只听见载着自己的机器开始"隆隆"响，又开始运作了。

"哈哈……"他开心得大笑起来，正经历着一场从未有过的奇幻之旅……

三、操作类作业

操作类作业是指学生需要通过操作实验仪器、设备等完成的作业，如正确使用光学显微镜、解剖镜、pH测量仪、打孔器、试管、漏斗、滴管、培养皿等，有利于提高学生对中学生物学实验仪器和设备的操作能力和熟悉程度。

在设计这类作业时，考虑到学生个体的差异性，我通常的做法只是规定仪器或设备，至于作业的具体内容由各学习小组自定，在课余时间开放实验室给学生完成作业。有时，为了方便学生完成作业，我还把光学显微镜等仪器或设备拿到年级组的办公桌上，让学生可以自由选择空余时间进行操作。此外，对已经懂得操作的学生，我是允许他们不需要做这类作业的，但会鼓励他们担任学习小组的小导师，指导和评价小组同学作业的完成。

四、制作类作业

制作类作业指学生根据生物学知识、原理和规律通过制作方式完成的作业，如制作生物模型（模具）、叶脉书签、生态瓶、生物电子期刊、视频或PPT、校园植物介绍牌、果酒、酸奶、种子画等。实践表明，制作类作业有利于提高学生的实践动手能力、创新意识和学习生物的兴趣。[①] 中学生物学教师可根据教学进度和学习内容布置制作细胞膜结构模型、细胞结构模型、动植物细胞有丝分裂模型、关节模型等模型制作作业，也可以设计葡萄酒、苹果酒、青瓜酸奶等家庭亲子制作类作业，还可以结合多媒体技术设计生物电子期刊、生物视频等电子制作类作业。

为了发挥好这类作业的作用，我一般会组织学生把自己的制作类作业进行交流展示，甚至参加省市各级竞赛。如开展叶脉书签、"牙签搭塔"（学生每两人一组，在80分钟内，利用100～200支牙签和胡萝卜或萝卜现场制作一件塔体艺术品，高度达到70厘米以上）、种子画（学生根据自己喜好选择植物种子，依据种子的颜色和现状等特点来制作成一件画作，如制作成各种各样的花、动物、植物，或其他饰品）、生物专题电子期刊等比赛，其中潘同学的"牡蛎报"、周同学的"大周报·食品与安全专题"、莫同学的"湛江八景之南亚热带植物园"和杨同学"走进红树林自然保护区"等制作类作业参加广东省中学生物多媒体作品竞赛均获奖。

五、绘画类作业

绘图类作业是指学生通过绘画的手段来完成的作业。绘图类作业不是普通观念上的画画，而是带着学习任务和明确的学习目标，以绘图的形式完成作业，本质在于有一个知识中心，以此为原点向四周发散，表现形式不限。[②] 在教学中设计绘画类作业，既可以帮助学生建立生物学知识之间的联系，又可以促进学生养成生物作图的规范性，还可以提高学生的绘画能力、创意思维，渗透美育教育。

---

① 胡颖红. 浅谈如何设置生物学创新作业［J］. 生物学教学，2006，31（9）：23－24.
② 邓过房. 生物学创意作业的探寻［J］. 生物学教学，2013，38（4）：23－24.

在教学过程中，教师可以设计新颖而有创意的绘画类作业，如学习完"植物体的器官"内容后，教师不妨发给每个小组或学生一种或若干种植物的种子，然后要求学生根据种子的形状大小画出该种子的果实；或者呈现具体的植物果实（最好是不常见的），让学生根据果实的形状大小画出其中的种子。作业完成后，教师进一步展示真实的种子（果实）给学生进行对比。这样的作业，学生的参与度、兴奋度和热情度都是传统习题类作业无法媲美的。教师还可以设计科幻画的作业，如要求学生围绕水体污染、净化空气和环境保护等主题，发挥自己的想象力和绘画能力，绘就充满科幻和创意的画作。当看到学生"蓝藻变鱼料转化器""化漠成洲：科技植树造林""雾霾净化器"等画作后，我更加深信中学生物学作业也可以充满美感，并散发科学和创意的气息。

六、感悟类作业

感悟类作业是指让学生写出自己的感受、感想和体悟的作业。这类作业最大的好处是能有效帮助教师走近学生的内心，倾听学生内心的声音，有利于建立和谐的师生关系，及时反馈教与学的真实问题及实现中学生物学教学的育人价值。我的通常做法主要有：让学生写生物学习心得——反思自己的学；写我的生物学教师——感悟教师的教；写影评（《侏罗纪公园》《疯狂动物城》《熊出没》等生物主题影视观后感）；陈述自己的看法、写书评（《昆虫记》《生命力顽强的两栖爬行动物》等生物科普图书读后感）；分享自己的感悟。

总之，"活慧生物"创意作业的设计，应体现形式多样、内容灵活、别出心裁和富有创意，既要有利于学生巩固和运用知识，激发和维持学习兴趣，又要培养学生的创新能力，从而使他们更加乐于做作业，并在做的过程中获得生命的成长。

第二节　作业要求

"活慧生物"创意作业是"活慧生物"教学的重要组成部分之一。那么，"活慧生物"创意作业有哪些要求？我的"百千万"理论导师胡继飞教授在《高质量作业设计旨趣何在》一文中说："作业具有诊断性和发展性功能，一是用于了解学情并改进教学,二是用于巩固和促进学生知识、能力和情意发展。"① 就作业的功能维度而言,"活慧生物"创意作业除了能激发和发展学生的思考力、思维力和思想力之外,还应至少具有巩固"旧知"、内化"新知"、活用"所知"和探求"未知"等"四知"功效。②

一、巩固 "旧知"

学生新的学习、新的成长需要"旧知"进行停靠、连接和同化。显然,停靠点、连接处和同化区越多,学生学会的"新知"就越快,且越丰富。这就意味着,"活慧生物"创意作业要能帮助学生克服遗忘而巩固"旧知"。

当然,巩固的方式可以不同,如在解题答问、交流讨论、设计制作、项目研究或主题演讲等过程中巩固。例如,在学习"细胞结构与功能"之后,教师可布置学生完成"细胞模型制作"的作业,这样就能巩固他们这方面的"知"。如果学生能进行展示和介绍,那么效果就更加理想。

二、内化 "新知"

学生要获得新的成长,毋庸置疑,肯定要汲取新的营养和智慧,即内化"新知"。"活慧生物"创意作业就要具备这样的功效,赋予学生内化"新知"的能量。

由于不同学生的停靠点、连接处和同化区的种类、数量及条件不同,倘若要让每个学生都能成功地内化"新知",形成和发展相应的核心素养,那么教师在设计和布置作业时,就要对作业的种类、难度及量等方面进行分类分层,让不同层次的学生都收获应有的成长。这就意味着,教师要加强对任教学生的关注和了解,从学生的真实学情和成长需求出发,为其生物学课程学习之旅搭建必要的内化"新知"的作业之"脚手架"。

---

① 胡继飞. 高质量作业设计旨趣何在 [J]. 中小学班主任, 2022 (6): 1.
② 李文送. 好作业要具有"四知"功效 [N]. 教育文摘周报, 2021 – 12 – 01 (7).

三、活用"所知"

如前面所述，作业是学生学以致用的"锻炼场"和"试验地"，所以"活慧生物"创意作业要能有利于学生活用其"所知"。当学生有了"学有所用、学能所用、学会所用"的亲身经历和体悟后，作业就能反馈激励学生的后续学习，促使他们走向自觉学习、主动学习和终身学习。

教师如何帮助学生活用"所知"？这需加强基于真实情境的作业训练，同时要提高其迁移能力和融通思维。学生能否在新的情境中迁移运用其所学，并做到融会贯通，是检验学生能否活用"所知"的表征。例如，当学生学习了生态学有关知识和原理后，如果能顺利设计和制作出生态瓶，且能讲述其中的原理，那么他们就做到了学以致用。"活慧生物"创意作业就应促进学生做到活学活用。

四、探求"未知"

除巩固"旧知"、内化"新知"和活用"所知"之外，"活慧生物"创意作业还应能促进学生不停地探索和求真"未知"。也就是说，"活慧生物"创意作业应能点燃学生求知的欲望和探索的精神，赋能学生不断探求"未知"的力量，从而避免"无知"的桎梏。

教师如何做到这一点呢？有效做法有三：一是评价学生作业要科学而充满艺术；二是作业评语要充满温暖和温情；三是讲究作业的指引性、激趣性、启发性和创新性。要做到这三点，需要教师加强生物学作业的研究与设计。

第三节　作业案例

根据前述的"活慧生物"创意作业的类型和要求，以及此前的实践探索，我们形成和积累了一定的作业案例。由于篇幅有限，不能一一列举，故挑选了"基因创想""水果画作""创意美食""模型制作"等主题创意作业的部分案例，以飨有缘读到本书的广大读者。

一、基因创想

"基因创想"创意作业是我任教高中生物学时，给高一级学生设计的生物学作业。该作业的设计，主要意图包括两方面：一是巩固和深化学生所学习的有关基因的内容；二是通过创想和写作的方式引导学生对人类社会基因研究与应用进行大胆想象，以锤炼学生的创新思维和文字表达能力，促进他们在想象中孕育理想的种子。

1. 具体要求

利用40分钟时间，完成一篇有关"基因"的文章，题目自拟，字数不限，体裁不限；文章内容可以根据自己对基因的学习了解来介绍基因，也可以根据基因的功能，创想未来，编织一个我的基因梦，还可以根据自己的感悟，表达看法和想法。

2. 代表作品

一个基因的自述

高一（7）班　陈晓彤

我是一个基因，是具有遗传效应的 DNA 片段。通俗地说，我就是 DNA 的一部分，是特定的一部分，有着特定的遗传效应。在我的家族中，许许多多的兄弟姐妹也和我一样，存储着遗传信息。

至于我是从哪儿来的呢？这恐怕得从很久以前说起了，当地球上出现了第一个单细胞生物的时候，我的祖先伴随着第一条 DNA 的产生而产生了。在一代又一代的稳定遗传中，难免会有一点点的小差错，DNA 分子中发生碱基对的替换、增添和缺失，会引起我们基因结构的改变，也就是所谓的基因突变，这会为我们家族增添新的成员。尽管基因突变的概率很低，但因为时间的推移与生命的发展，基因突变是实实在在存在的，它是新基因产生的途径，是生物变异的根本来源，是生物进化的原始材料。也许我就是基因突变的产物呢！

我的存在必定有我存在的原因。我的作用就是指导蛋白质的合成，从而控制生物体的性状。你会不会感到困惑——我是有遗传效应的 DNA 片段，而 DNA 主要存在于细胞核的染色体中，而蛋白质的合成是在细胞质中进行的。那么我储存的遗传信息又是怎么传递到细胞质中去的呢？其实，是这样的。在 DNA 与蛋白质之间，有一个充当信使的物质——RNA。这个信使是怎么来的呢? RNA 其实是在细胞核中,以 DNA 的一条链为模板合成的,人们把这个过程称为转录。RNA 很小,可以在细胞质与细胞核中自由出入。当 mRNA 合成以后,就通过核孔进入细胞,而游离在细胞质中的各种氨基酸就以 mRNA 为模板合成具有一定氨基酸顺序的蛋白质,人们把这一个过程叫作翻译。这一过程中还有许多细节,但总而言之,RNA 为我指导蛋白质的合成做出了巨大的贡献,在这里我要向它表示深深的感谢。

既然我在前面说到,我们基因能够稳定遗传,而基因突变概率特别小,也就是说我们基因本身不会轻易改变,可是我们基因控制生物的性状,那么,为什么生物个体或个体间会有一定差别呢?即使是同卵的双胞胎,也只是外表十分相似,用人们常说的一句话来说,就是世上没有两片一模一样的叶子。这,是为什么呢?

其实是这样的,我们基因是一个大家族,有着许许多多的家族成员,而一个生物个体,往往带有许多基因,不同的家族成员控制的性状不同,而在生物繁殖后代时,我们基因会在生物产生配子时发生基因的自由组合,会使它们的后代变异。而我们的重组是随机的,有千千万万种可能,因此,生物个体之间的性状大都不尽相同。

听了我的一席话,你是不是对我们基因的了解又多了一些呢?其实我们基因还有更多不为人知的奥秘,等着你来探究哦!

我的基因梦

高一(12)班 李诗恩

基因是神奇的,它构造了缤纷的世界,使地球不会那么荒凉寂寞;基因是神秘的,它似乎只藏在生物课本上,离视野那么遥远。但它却时时刻刻存在我们身边,如果没有它,我便不会是我;如果没有它,那么也谈不上亲情。总而言之,基因是伟大的。

然而,再伟大的人也有疏忽的时候,基因也是这样的。人在疏忽的时候,或许会,意外地得到了什么,或许是永远丢失了一些珍贵的东西。基因和人很像,不,应该是人和基因很像吧!毕竟是基因决定一个生命以怎样的姿态存在的。基因可能一不小心,就夺走一个人本该有的东西,比如声音。所以,能够监督基因和纠正基因的错误是我的梦,我的基因梦。

我的叔叔是一个先天性聋哑人,在他的世界里没有声音的存在。小时候,听奶奶说过,她带着小小的叔叔四处求医,只是希望弥补一下她可怜的小儿子，能够让他听听这世界的声音，能够亲口喊她一声"妈"。然而，现实是残酷的，基因是撼动不了的，更无力说改变。金钱散尽后，奶奶只能含着泪把叔叔带回无声的世界里。求医之路让在那个年代本已贫困的家庭变得更加贫困，但奶奶还是坚持把叔叔送去上学。虽然只是上了两年的学，叔叔在我的心中仍然是伟大的，小时候，每当他指手画脚教我数学题的时候，总觉得，叔叔如果不是先天性聋哑，他一定会是个了不起的人物。

幸好基因不是总那么偏心的，起码，叔叔现在生活得还好，已经娶妻生子，孩子们都健康活泼，能说能笑。相信，叔叔还是满意的，因为那灿烂的笑脸，即使听不到欢欣的笑声。

但令人痛惜的是世界上还有那么多有缺陷的孩子，唇裂夺走了孩子本该灿烂的笑脸；白化病夺走了孩子在阳光下奔跑的权利；多指、并指让一个孩子不敢自豪地向国旗敬礼，不敢落落大方地和朋友握手……

这一切都是基因一时疏忽造成的。我希望有一天，人们可以监督基因，在缺陷形成之前把萌芽掐断；如果缺陷实在形成了，可以通过后天的手术进行修复。

这就是我的基因梦。

二、水果画作

"水果画作"创意作业是我任教初中生物学时，给七年级学生设计的生物学寒假作业。当时，他们已经学习了有关生物圈中的绿色植物等知识，所以想让学生通过完成此作业，发现和创造生活中的生物之美，分享自己独特的创意。在学生提交上来的作品中，我总能发现惊喜。这让我更加相信：论创意，学生绝对是高手。

1. 具体要求

围绕"春节"主题，用各种各样的水果为材料，拼出创意画作，拍照发班级钉钉群，以"班级+姓名+作品名称"命名，可适当用蔬菜进行装饰。

2. 代表作品

三、创意美食

"创意美食"作业是我任教初中生物学时，给七年级学生设计的生物学寒假作业。设计"创意美食"作业，旨在为学生学习"人体的营养"等内容，特别是为养成良好的饮食习惯和合理的饮食结构等做好铺垫，以及培育学生"创"的思维能力和"美"的生活情操。当看到学生完成的作品后，我由衷地感叹道："讲做菜，学生也是拿手的!"

1. 具体要求

一家人团团圆圆吃"年夜饭"是我们中华优秀传统文化。请你为年夜饭做一道自己最拿手的好菜（要求摆盘美观、体现寓意），做好后拍照并写上菜的原料、烹饪步骤，有什么美好的寓意等（可把照片插入 word 文档中，再在文档中写出原料/烹饪步骤/美好寓意），以"班级＋姓名＋作品名称"命名，发班级钉钉群。

2. 代表作品

拿初一（4）班高同学的"创意美食"作业来说，用到的食材有：西红柿、玉米粒、豌豆、胡萝卜粒。其做法步骤：先是准备两个同样大小的西红柿，从四分之三的地方切开，把里面的果肉挖出来；然后，把胡萝卜切成和玉米、豌豆大小的颗粒，一起用油盐炒熟；最后，把胡萝卜粒、豌豆、玉米粒装进西红柿里，寓意"事事如意"。

四、模型制作

"模型制作"创意作业不仅适合布置给高中生做，也适合安排给初中生做。这类作业不仅能锻炼学生的动手能力，而且能强化学生对生物体结构特别是微观结构的认识和理解。例如，无论是细胞的基本结构，还是细胞质中的细胞器结构，对学生来说，都是微观的，肉眼是难以直接观察到的。如果上述微观的结构能进行"宏观化"处理，比如通过制作动植物细胞模型，那么就能让学生获得直观的认知和形象的体验。

1. 具体要求

根据所学的生物学知识，完成生物学模型制作。作品要体现科学性（没有科学性错误、符合客观事实）、完整性（结构完整）、环保性（使用材料绿色环保）、创新性（有创意、有特色）和艺术性（生动、形象、美观）。

2. 代表作品

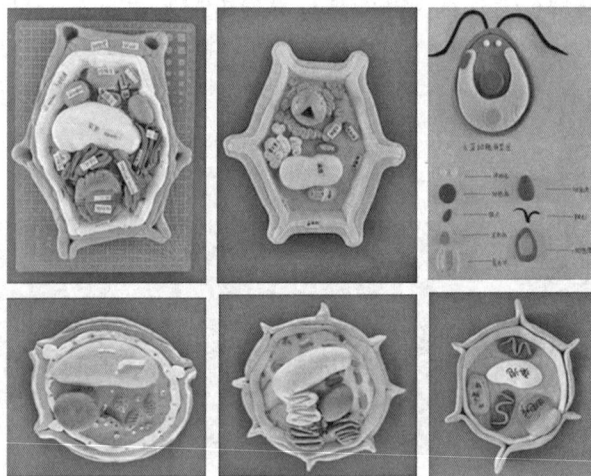

朱正威先生指出："换一个角度说，构建一个模型，是科学研究的重要方

法。模型是以确凿的科学实验获得的成果（如图像、数据等）为依据的，不是堆积木、拼七巧板。我们需要培养的是掌握构建模型的科学思想和方法，而不是做模型的工匠。"① 这就意味着，"模型制作" 创意作业不仅要美观而有创意，而且必须遵守科学性原则，即要追求科学性和人文性相统一。这正是"活慧生物" 创意作业坚守的原则与立场。

---

① 朱正威. 把教学目标装在心里——用"心"教学［J］. 生物学通报，2011，46（1）：27－28.

参考文献

一、著作

1. 陈鹤琴. 陈鹤琴教育思想读本·活教育［M］. 陈秀云，柯小卫，选编. 南京：南京师范大学出版社，2012.

2. 保罗·弗莱雷. 被压迫者教育学［M］. 顾建新，赵友华，何曙荣，译. 上海：华东师范大学出版社，2001.

3. 成尚荣. 核心素养的中国表达［M］. 上海：华东师范大学出版社，2017.

4. 怀特海. 教育的目的［M］. 徐汝舟，译. 北京：生活·读书·新知三联书店，2002.

5. 胡继飞. 生物教育心理学［M］. 北京：北京大学出版社，2017.

6. 华中师范学院教育科学研究所. 陶行知全集：第 2 卷［M］. 长沙：湖南教育出版社，1985.

7. 金生鈜. 理解与教育：走向哲学解释学的教育哲学导论［M］. 北京：教育科学出版社，1997.

8. 刘恩山. 中学生物学教学论［M］. 北京：高等教育出版社，2009.

9. 刘植义. 中国著名特级教师教学思想录·中学生物卷［M］. 南京：江苏教育出版社，1996.

10. 林崇德. 21 世纪学生发展核心素养研究［M］. 北京：北京师范大学出版社，2016.

11. 罗素·G·福斯特、利昂·克赖茨曼. 生命的季节：生生不息背后的生物节律［M］. 严军等，译. 上海：上海科技教育出版社，2021.

12. 李学勤. 字源［M］. 天津：天津古籍出版社，沈阳：辽宁人民出版社，2012.

13. 李政涛. 教育常识［M］. 上海：华东师范大学出版社，2016.

14. 李文送. 教师的生命成长［M］. 长春：东北师范大学出版社，2016.

15. 李文送. 中学生物学教学设计与说课［M］. 芜湖：安徽师范大学出版社，2022.

16. 李文送. 读懂教育：做成长型教师［M］. 西安：西北大学出版社，2022.

17. 马克思，恩格斯. 马克思恩格斯全集：第3卷［M］. 中共中央马克思恩格斯列宁斯大林著作编译局译. 北京：人民出版社，1980.

18. 人民教育出版社生物室. 朱正威教育文集［M］. 北京：人民教育出版社，2020.

19. 苏霍姆林斯基. 给教师的建议［M］. 杜殿坤，译. 北京：教育科学出版社，1984（2）：101.

20. 石中英. 教育哲学导论［M］. 北京：北京师范大学出版社，2002.

21. 陶行知. 陶行知名篇精选［M］. 周洪宇，编. 福州：福建教育出版社，2013.

22. 汤可敬. 说文解字［M］. 北京：中华书局，2018.

23. 吴生才. 著名特级教师教学思想录：生物学卷［M］. 南京：江苏教育出版社，2012.

24. 吴成军. 生物学学科核心素养的教学与评价［M］. 上海：华东师范大学出版社，2020.

25. 王永胜. 生物新课程教学设计与案例［M］. 北京：高等教育出版社，2003.

26. 温·哈伦. 科学教育的原则和大概念［M］. 韦钰，译. 北京：科学普及出版社，2011.

27. 余文森. 有效教学十讲［M］. 上海：华东师范大学出版社，2019.

28. 赵占良. 生物学概念教学论［M］. 南宁：广西教育出版社，2021.

29. 张华. 课程与教学论［M］. 上海：上海教育出版社，2001.

30. 张春兴. 教育心理学［M］. 杭州：浙江教育出版社，1998.

二、期刊

1. 崔允漷. 课程实施的新取向：基于课程标准的教学［J］. 教育研究，2009（1）：74 – 79.

2. 崔允漷. 指向学科核心素养的教学即让学科教育"回家"[J]. 基础教育课程, 2019 (2): 5 - 9.

3. 崔允漷, 郭洪瑞. 试论我国学科课程标准在新课程时期的发展 [J]. 全球教育展望, 2021, 50 (9): 3 - 14.

4. 成尚荣. "活教育" 的核心理念及现代意义 [J]. 江苏教育研究, 2007 (8): 4 - 7.

5. 成尚荣. 为智慧的生长而教 [J]. 中国校外教育: 理论, 2007 (1): 18 - 19.

6. 陈佑清. "学习中心课堂" 教学过程组织的逻辑及其实现策略 [J]. 全球教育展望, 2016, 45 (10): 40 - 47.

7. 陈佑清, 杨红. 学习中心教学: 高质量育人的有效途径 [J]. 人民教育, 2022 (3 - 4): 83 - 85.

8. 冯建军. 简论学校教育中的生命关怀 [J]. 教育评论, 2003 (2): 6 - 8.

9. 郭元祥. 知行合一教育规律: 本质内涵与时代意蕴 [J]. 人民教育, 2022 (2): 53 - 56.

10. 核心素养研究课题组. 中国学生发展核心素养 [J]. 中国教育学刊, 2016 (10): 1 - 3.

11. 贺岭峰. 如何帮助孩子科学提升学习效果——基于脑科学和心理学的视角 [J]. 人民教育, 2022 (10): 19 - 24.

12. 胡继飞. 高质量作业设计旨趣何在 [J]. 中小学班主任, 2022 (6): 1.

13. 林崇德. 从智力到学科能力 [J]. 课程·教材·教法, 2015 (1): 9 - 20.

14. 李吉林. 为全面提高儿童素质探索一条有效途径——从情境教学到情境教育的探索与思考 (下) [J]. 教育研究, 1997 (4): 55 - 63, 79.

15. 李吉林. 情境教学的理论与实践 [J]. 人民教育, 1991 (5): 27 - 33.

16. 李吉林. "情境教学" 的操作体系 [J]. 课程·教材·教法, 1997 (3): 10 - 15.

17. 李妮娜. 论冯契的 "智慧说" 与哲学史书写 [J]. 思想与文化, 2020 (1): 337 - 352.

18. 李文送. 义务教育生物学新课程目标的育人指向 [J]. 中学生物学,

2023（1）：91 - 94.

19. 李文送. 义务教育生物学新课程理念的教学意蕴［J］. 教学与管理，2022（19）：15 - 18.

20. 李文送. 义务教育生物学新学业质量标准的教学导向探究［J］. 中小学教师培训，2022（12）：62 - 65.

21. 李文送. 义务教育生物学核心素养的内涵、特征及培育［J］. 中小学教师培训，2023（4）：52 - 55.

22. 李文送.《义务教育生物学课程标准（2022 年版)》六大新突破［J］. 中学生物教学，2022（19）：4 - 7.

23. 李文送. 论学科教学育人的六重境界［J］. 当代教育科学，2018（6）：3 - 6.

24. 李文送. 论中学生物学优质课堂教学的特征［J］. 中学生物教学，2016（7）：15 - 18.

25. 李文送. 论义务教育生物学新课程的教学转向［J］. 中学生物教学，2023（4）：16 - 19.

26. 李文送. 让学生在生物学教学中长出兴趣的翅膀［J］. 中学生物学，2011，27（12）：28 - 29.

27. 李文送. 让环境教育有效融入生物教学［J］. 环境教育，2010（12）：55 - 56.

28. 李文送. 基于"三维四象"生本教育的课堂教学［J］. 教书育人，2020（29）：42 - 43.

29. 李文送. 基于教育常识的中学生物教学观念［J］. 现代中小学教育，2016（10）：50 - 52.

30. 李文送.《普通高中生物学课程标准（2017 年版)》六大革新［J］. 中学生物教学，2018（9）：17 - 20.

31. 李文送. 高中生物新课程探究式课堂教学模式的构建［J］. 教育研究与实验：新课程研究，2005（12）：11 - 12.

32. 李文送. 高中生物学课程标准的五大教学取向［J］. 教师教育论坛，2018（6）：25 - 28.

33. 李文送. 育全人·少而精·强主动·重探究·促发展——《义务教育生物学课程标准（2022 年版)》的新教学取向［J］. 教学月刊：中学版（教学参考），2022（7 - 8）：11 - 15.

34. 李文送. 中学生物学创新作业的类型及案例［J］. 中学生物学，2016

（5）：30 – 32.

35. 李文送. 初中生物学"问题导学"教学实验效果及反思 ［J］. 中学生物学，2014（2）：9 – 11.

36. 施久铭，陶玉祥. 走好基础教育高质量发展的实践之路 ［J］. 人民教育，2022（23）：20 – 23.

37. 田慧生. 情境教学——情境教育的时代特征与意义 ［J］. 课程·教材·教法，1999（7）：18 – 21.

38. 谭永平. 试论中学生物学教材和教学中的情境创设 ［J］. 中学生物教学，2019（11）：8 – 10.

39. 余文森. 以核心素养为导向：建立与义务教育新课标相适应的新型教学 ［J］. 中国教育学刊，2022（5）：17 – 22.

40. 余文森. 核心素养时代教学的使命 ［J］. 中小学教材教学，2021（10）：1.

41. 余文森. 论核心素养导向的三大教学观 ［J］. 当代教育与文化，2019，11（2）：62 – 66.

42. 余文森. 从"双基"到三维目标再到核心素养 ［J］. 课程·教材·教法，2019，39（9）：40 – 47.

43. 杨计明. "普通高中新课程生物课堂教学研究"总结报告 ［J］. 中学生物教学，2009（2）：29 – 32.

44. 杨守菊. 生物学学科核心素养教学转化的"按书索骥"——兼评《生物学学科核心素养的教学与评价》［J］. 中小学班主任，2021（22）：43 – 45.

45. 朱正威. 把教学目标装在心里——用"心"教学 ［J］. 生物学通报，2011，46（1）：27 – 28.

46. 朱正威. 不要把生物课教成"死物课" ［J］. 大自然，1982（3）：61 – 62.

47. 朱正威. 从教 50 年的一点体会 ［J］. 课程·教材·教法，2004，24（12）：3 – 4.

48. 朱正威. 备课要备语言——以"生物的遗传和变异"为例 ［J］. 生物学通报，1995，30（10）：34 – 35.

49. 赵占良. 试论中学生物学的学科本质 ［J］. 中学生物教学，2016（1 – 2）：4 – 8.

50. 赵占良. 基于核心素养的听评课 ［J］. 中学生物教学，2017（7）：4 – 7.

51. 赵占良. 概念教学刍议（一）——对概念及其属性的认识［J］. 中小学教材教学，2015（1）：40－42.

52. 张华. 陶行知生活教育观：内涵、价值和境界［J］. 中华文化论坛，2017（2）：54－60.

53. 张华. 论道德教育向生活世界的回归［J］. 华东师范大学学报（教育科学版），1998（1）：25－31，60.

54. 张春雷. 生物学核心素养的关键特征及其生成路径［J］. 生物学教学，2022，47（4）：16－19.

三、报纸

1. 褚清源. 走向整体化学习［N］. 中国教师报，2022－03－09（6）.

2. 顾明远. 学生成长在活动中：我提倡"活动教育"［N］. 中国教育报，2014－07－26（4）.

3. 李文送. 学习力的五个层次［N］. 教育导报，2021－09－07（3）.

4. 李文送. 多元化评价：让每个学生都出彩［N］. 教育导报，2022－12－01（3）.

5. 李文送. 好作业要具有"四知"功效［N］. 教育文摘周报，2021－12－01（7）.

6. 李文送. 好的教学目标"适"在哪儿［N］. 教师报，2021－01－20（3）.

7. 李文送. 好教学成就三种"心境"［N］. 中国教师报，2019－03－06（4）.

8. 李文送. 读懂课程：教师重要的职责［N］. 教育导报，2022－04－14（3）.

9. 储召生. 还原朱正威［N］. 中国教育报，2005－04－25（4）.

10. 余文森. 课程教学改革目标方向的40年变迁［N］. 中国教师报，2018－12－26（6）.

11. 杨九诠. 课程衔接的三重境界［N］. 中国教育学报，2015－12－16（9）.

12. 钟启泉. 从"知识本位"转向"素养本位"［N］. 中国教育报，2017－11－15（5）.

四、其他

1. 中华人民共和国教育部．义务教育课程方案（2022 年版）［M］．北京：北京师范大学出版社，2022.

2. 中华人民共和国教育部．义务教育生物学课程标准（2022 年版）［S］．北京：北京师范大学出版社，2022.

3. 张传燧．孔子"学习中心"教学论思想及其启示［C］//中国地方教育史志研究会，《教育史研究》编辑部．纪念《教育史研究》创刊二十周年论文集（2）中国教育思想史与人物研究，2009：1433－1440.

4. 闫守轩．论教学中的生命关怀［D］．南京：南京师范大学，2004.

5. 张晓洁．课堂教学的预设性与生成性研究［D］．兰州：西北师范大学，2009.

6. 徐宜兰．顾巧英"教活学活"思想与教学实践研究［D］．济南：山东师范大学，2003.

7. 贺艳洁．王阳明心学的现代教学意蕴［D］．重庆：西南大学，2012.

后　记　成长需要活慧力量

在提炼教学主张的路上，或许是受情智语文、思意数学、情思历史、人文地理、创意物理、生活化学等教学主张的影响和启迪，我也想找一个恰当的"词汇"放在生物之前，从而形成"某某生物"的教学主张。

记不清经历了多少次的思考、筛选、推敲、推倒、再思、再选、再构，但都没有找到那个让自己心满意足的"词汇"，直到有一天"活慧生物"涌现在我的脑海。或许，此前的自己还需要更多教学实践的历练，需要进一步加强理论学习，提升对生物学教学本质及育人特色的理解，尤其是要去探寻和发现更多的教育规律、教学原理和成长节律。

于是，我不仅在初中生物学教学和高中生物学教学中开展了问题导学、探究教学、生本教学和渗透教学等实践探索，还结合给岭南师范学院基础教育学院（湛江教育学院）生物教育专业专科生和岭南师范学院生命科学与技术学院生物科学专业本科生授课 10 多年的经历，进行了相关的理论研究，先后出版了合著《中学生物学教学技能与艺术》（西安交通大学出版社，2020）和独立编著《中学生物学教学设计与说课》（安徽师范大学出版社，2022）。

本书的出版，标志着我顺利做成了当初竞选广东省中小学"百千万人才培养工程"名教师培养学员最想做的"那件事"。如今，这也是我意外成为湛江市名教师工作室主持人之后再成长为广东省名教师工作室主持人的应有之举。

"活慧生物"教学主张的提炼与形成，不仅离不开自己过去 20 年的中学生物学教学的实践与探索，特别是此前在生物学教学中开展的问题导学之思、探究教学之行、生本教学之探和渗透教学之悟提供了不可或缺的理实基础，而且离不开"百千万人才培养工程"名教师培养项目等教师教育课程给予的营养，还离不开古今中外各位专家、学者和师长的思想引领与智慧点拨，因为这些经历与遇见让我收获了活慧力量。

2021 年 7 月 27 日，在广东省新一轮（2021—2023 年）中小学"百千万人才培养工程"省级培养项目启动仪式上，我有幸作为全省 285 位名教师培养学员代表发言。记得我发言的题目是"扬帆启航，向阳而长"。此后，我还被选为"百千万人才培养工程"初中理科名教师班的学习委员。这激励了我，也鞭策着我，让我有勇气去克服各种困难，去主动汲取拔节成长的高粱，并在不断攀爬与沉淀中，尝试开辟一条既体现学科特色又遵循教学规律的育人通道。

在广东省"百千万人才培养工程"初中理科名教师培养项目组和暨南大学出版社的大力支持下，经过 3 年的策划、撰写和修改，《"活慧生物"教学主张》一书得以成形和顺利出版。借此，衷心感谢广东省"百千万人才培养工程"项目办和初中理科名教师培养项目组的栽培，以及我的"百千万"理论导师胡继飞教授，实践导师夏献平、王建春特级教师和所有授课教师的指导。

本书的出版，还非常荣幸得到人民教育出版社副总编辑、人教版《生物学》教材主编赵占良先生，华中师范大学崔鸿教授，北京教育学院陈丽教授，成都大学陈大伟教授，岭南师范学院白彦茹教授，嘉应学院生命科学学院温茹淑教授，江苏省特级教师吴久宏，东北师范大学丁奕然博士等专家、学者的大力支持和专业指导，以及家人的鼎力支持，在此向他们表达崇高的敬意和万分感激。

最后，祝愿每一个与本书相遇的生命，在成长路上都拥有活慧力量，并过上活慧的生活。

李文送

2023 年 11 月 27 日